财政问题的新思考

——中国财政发展协同创新中心2019级硕士学位论文选集

李俊生　姚东旻　主编

中国财经出版传媒集团
中国财政经济出版社

图书在版编目（CIP）数据

财政问题的新思考：中国财政发展协同创新中心2019级硕士学位论文选集／李俊生，姚东旻主编．--北京：中国财政经济出版社，2023.10

ISBN 978－7－5223－2556－9

Ⅰ.①财…　Ⅱ.①李…②姚…　Ⅲ.①财政政策－中国－文集　Ⅳ.①F812.0－53

中国国家版本馆CIP数据核字（2023）第214872号

责任编辑：庄　莉　　　　责任印制：史大鹏
封面设计：陈宇琰　　　　责任校对：胡永立

财政问题的新思考
——中国财政发展协同创新中心2019级硕士学位论文选集
CAIZHENG WENTI DE XIN SIKAO
——ZHONGGUO CAIZHENG FAZHAN XIETONG CHUANGXIN ZHONGXIN 2019 JI SHUOSHI XUEWEI LUNWEN XUANJI

中国财政经济出版社 出版

URL：http：//www.cfeph.cn
E－mail：cfeph@cfeph.cn

社址：北京市海淀区阜成路甲28号　邮政编码：100142
营销中心电话：010－88191522
天猫网店：中国财政经济出版社旗舰店
网址：https：//zgczjjcbs.tmall.com
北京财经印刷厂印刷　各地新华书店经销
成品尺寸：165mm×240mm　16开　19.25印张　344 000字
2023年10月第1版　2023年10月北京第1次印刷
定价：78.00元
ISBN 978－7－5223－2556－9
（图书出现印装问题，本社负责调换，电话：010－88190548）
本社质量投诉电话：010－88190744
打击盗版举报热线：010－88191661　QQ：2242791300

总目录

目　录

市长任期、地方国有企业债务和区域经济发展

Mayor's term of office, local state-owned enterprise debt and regional economic development

高秋男

摘要

自1978年改革开放以来，中国经济长达四十年的持续稳定增长赢得了世界的瞩目。伴随着中国经济的腾飞，中国的社会主义市场经济体制改革也陆续展开，政府在市场化导向的经济政策和制度建设方面发挥了重要作用。在财政分权与官员政治激励的双重作用下，强化了地方政府通过举债融资的无序竞争，使得地方债务急剧增加，这也造成了中国粗放式的经济增长模式。特别地，本文在官员“弹性任期”制度下，研究中国官员将如何进行地方国有企业债规模和期限选择来创造政绩，并由此对地区经济发展水平和质量造成何种影响。

以2009—2017年地级市宏观经济数据、地方国有企业债务数据匹配地级市市长数据，本文首先将地方政府、地方国有企业债发行和经济增长置于官员任职制度视角下进行分析。研究发现，市长在任时间越长，发行新增地方国有企业债的规模越大。原因可能有两个：一是市长新到任初期带来政策不稳定性以及政府工作有“断档期”，导致发债主体对政策环境的犹豫以及政府项目的耽搁和延迟，造成发债需求下降，规模减小；二是当市长任期处于后半阶段时，将不需要对新发行的长期限地方国有企业债券的偿还责任进行负责。在没有偿还负担压力的情况下，对地方国有企业举债规模的把握程度开始模糊。其次，本文考察了地方国有企业债发行规模对经济增长的影响。基于灯光密度和全要素生产率两个指标，实证结果发现地方国有企业债发行规模从整体上推动区域经济发展水平的提高，通过提高市政公共基础设施建设，带动区域经济可持续发展。而对于经济发展质量，市长任职后期的发债规模越大，越不利于区域经济高效、高质量的发展。

本文提出以下政策建议：第一，客观看待国有企业债对经济发展的作用。地方国有企业债本身不存在利害关系，关键在于对地区债务存量、债务偿还能力以及新增债务规模的把握是否适度、正确；第二，不断完善官员激励治理机制。设置科学合理的企业、环境、人文、经济等多维度考核体系，从制度源头扭转地方过度依赖举债投资做大规模的发展理念，从而在事实上避免债务发行的“权责分离”现象；第三，加强国有企业债务风险管控，防范国有企业重大债务风险，必须重视国有企业债务问题背后的政治制度逻辑，必须关注政府官员行为动机对企业经营决策的影响，引入“权责发生制”打破地方主政官员任职调整与地方国有企业债务偿还责任的分离；第四，督促指导地方国有企业严格落实主体责任，研究出台地方国企债务的终身问责、倒查责任制度，强化权力行使的约束机制，促进国有企业根据财务承受能力和投资项目回报率科学确定融资规模与成本。

关键词： 国有企业债；经济发展；官员任期；权责分离

Abstract

Since the reform and opening up in 1978, China's economy has achieved sustained and stable growth for 40 years. With the take-off of China's economy, the reform of China's socialist market economic system has also been carried out, and the government has played an important role in market-oriented economic policies and system construction. Under the dual effects of fiscal decentralization and official political incentives, the disorderly competition of local governments through debt financing has been strengthened, resulting in a sharp increase in local debt and shaping China's extensive economic growth model. In particular, under the "flexible tenure" system of officials, this paper studies how Chinese officials choose the scale and duration of local debt to create political performance, and what impact this will have on the level and quality of regional economic development.

Using the macro data of prefecture-level cities and the debt data of local state-owned enterprises from 2009 to 2017 to match the data of mayors of prefecture-level cities, this paper analyzes the debt issuance and economic growth of local governments and local state-owned enterprises from the perspective of the official appointment system. The study found that the longer a local official was in office, the larger the size of a single new bond issue. There may be two reasons for this. One is the policy instability and the "break period" of government work in the early days of the new officials' appointment, which leads to the hesitation of the issuer's policy environment and the delay and delay of government projects. Debt demand fell and the scale decreased. Second, when officials are in the second half of their tenure, they will not repay newly issued long-term bonds. Without the pressure of repayment burdens, the degree of certainty about the scale of local borrowing begins to blur. Second, this paper examines the impact of bond issuance scale on economic growth. Based on the indicators of light density and total factor productivity, it is found that the local government bond promotes economic growth, by improving the construction of municipal public infrastructure. As for the quality of economic development, the larger the scale of bond issuance, the less conducive to the efficient and high-quality development of the regional economy.

This paper puts forward the following policy suggestions: First, objectively look at the role of state-owned enterprise debt on economic development. There is no interest in the local state-owned enterprise debt itself. The key lies in whether the regional debt stock, debt repayment ability and the scale of new debt are appropriate and correct. Second, constantly improve the incentive and governance mechanism of officials. Set up a scientific and reasonable multi-dimensional assessment system for enterprises, environment, humanities and economy, and reverse the concept of local over reliance on debt investment for large-scale development from the source of the system, so as to avoid the phenomenon of "separation of rights and responsibilities" of debt issuance. Third, to strengthen the debt risk control of state-owned enterprises and prevent major debt risks of state-owned enterprises, we must pay attention to the political system logic behind the debt problem of state-owned enterprises, pay attention to the impact of the behavior motivation of government officials on enterprise management decisions, and introduce the "accrual system" to break the separation between the post adjustment of local chief government officials and the debt repayment responsibility of local state-owned enterprises. Fourth, supervise and guide local state-owned enterprises to strictly implement the main responsibility, study and introduce the lifelong accountability and backward investigation responsibility system for the debts of local state-owned enterprises, strengthen the restraint mechanism for the exercise of power, and promote state-owned enterprises to scientifically determine the financing scale and cost according to the financial affordability and the return rate of investment projects.

Keywords: Debt of State-owned Enterprises; Economic Development; Tenure of Office; Separation of Rights and Responsibilities

1. 绪论

1.1 研究背景及意义

1.1.1 研究背景

自1978年改革开放以来，中国经济长达四十年的持续稳定增长赢得了世界的瞩目。伴随着中国经济的腾飞，中国的社会主义市场经济体制改革也陆续展开。与西方学者倡导的完全私有制路径不同，政府在市场化导向的经济政策和制度建设方面发挥了重要作用（Chen 等，2005），以渐进式改革的形式推动着市场化改革的进程。20世纪八九十年代财政包干以及分税制改革后，地方政府的主体税源划归中央或者实行央地共享，而地方政府依然承担着大量的地方支出责任，财权和支出责任的不对称使地方政府面临严峻的财政压力，地方政府开始通过地方国有企业特别是城投公司发行地方债来弥补地方财力，导致我国形成了银行信贷资源向国有企业倾斜的结构性特征（钟宁桦等，2016；胡悦和吴文锋，2019）。同时，国有企业举债筹集的资金部分用于承担促民生、稳就业等公共责任，这种债务结构和属性上的双重特征也催生了潜在的预算软约束和公共部门隐性担保问题。加上以GDP为重要考量因素的政绩考核机制的不断强化，经济政绩观的强化激励地方政府主政官员通过债券融资进行基础建设投资的冲动，从而拉动地区经济发展。财政分权与官员政治激励相结合，使得地方债务急剧增加（陈志勇和陈思霞，2014），也造成了中国粗放式的经济增长模式。

地方政府隐性债务已经成为系统性金融风险的潜在触发点（郭树清，2020），所以防范和化解地方政府隐性债务风险，是坚决打好防范化解重大风险攻坚战的题中之义（徐军伟等，2020）。据财政部统计，2019年末，地方政府债务余额为21.33万亿元，全国政府债务规模为38.11万亿元，债务负担率分别为21.4%和38.5%，低于欧盟60%的警戒线。但是若将隐性债务纳入地方政府债务余额，那么债务风险将会急剧增大，根据李丽珍和安秀梅（2019）的研究，2017年地方政府显性债务规模为16.5万亿元，隐性债务为15.42万亿元，综合债务负担率为55%，逼近警戒线。而且不同口径测算的地方政府隐性债务均以超过20%的速度快速扩张（马万里和张敏，2020），所以隐性债务已经成为地方政府债务风险的主要来源。地方政府的隐性债务具有举债主体多元、债务形式多样的特点，关于债务类型的划分大多基于Polackova（1998）提出的“财政风险矩阵”，将地方政府负债划分为直接显性债务、或有显性债务、直接隐性债务和或有隐性债务四种类型，其中或有隐性债务是隐性债务的主要组成部分，而现有研究均发现地方国有企业债务是地方政府或有债务的主要来源（吴盼文等，2013；王柏杰，2018；吉富星，2018；李丽珍和安秀梅，2019）。我国国有企业债务问题背后隐含着深刻的政治制度逻辑，紧密结合政治因素研究国有企业举债决策、债务风险处置问题势在必行。改革开放以来，中国政绩考评体系形成的官员“晋升锦标赛”（周黎安，2007），是理解我国诸多经济问题的重要政治制度线索。官员政绩考核的重要内容是经济增长，地方官员为此有很强动机干预当地资源配置与企业行为以提高GDP增速。其中，国有企业作为当地经济增长、就业和财税收入的最主要来源，是官员为实现晋升目标而重点干预的经济部门。大量文献证明，晋升激励会引起地方国企过度投资行为（曹春方等，2014），并使地方国企在短期内产生大量资金需求。信贷配置偏好、预算软约束、企业产能过剩等均是我国国有企业债务高企的重要成因（钟宁桦等，2016；纪敏等，2017；王宇伟等，2018）。地方官员也会通过调配当地政策、土地、税收、信贷等资源对国有企业的上述行为予以政治支持（王克敏等，2015；纪志宏等，2014），从而对企业债务决策产生影响。

1.1.2 研究意义

首先，国有企业在我国债券市场占据举足轻重地位，其债券余额占整个信用债市场的83%，晋升激励产生的国企债务行为扭曲，不仅导致经济资源配置产生极大损失，也为国企债务风险累积和金融市场稳定埋下隐患。因此，理解官员晋升激励与地方国有企业发债行为的关系意义重大。同时，国有企业债务问题背后存在我国特有的政治制度逻辑，必须关注政府官员行为动机对企业经营决策的影响。目前，大部分关于我国国有企业债务问题的研究是从银行信贷配置偏好、国企预算软约束、企业产能过剩等角度展开的，对制度环境特别是政府官员行为的讨论很少。仅有个别学者在研究政府干预影响企业债务杠杆时讨论了国有企业情况（赵宇，2019；程仲鸣，2019），研究发现官员晋升激励会提高上市公司的债务杠杆率，使企业资产负债率偏离目标水平的程度增大，但是研究对象仅局限于上市公司的债券发行情况。而本文基于2009—2017年全国314个城市1138位市长的任职信息和4524家地方国有企业的33538条债券发行信息考察了地方主政官员与地方国有企业债券发行规模的关系。

其次，债务风险或者债务可持续性的一个重点问题是，通过发行债券所融的资金的使用效率如何。债券融资的资金能不能带来地区经济发展水平的提升，进而增加税基，为未来创造更大发展空间。如果当期地方政府通过地方国有企业发行债务能够促进地区经济发展、使税基扩大而减少政府对于债务的依赖，从而实现债券发行的良性循环，那么通过地方国有企业发债融资便是一条可持续的道路。换言之，当期债务投入相当于只是一个初始投入，更重要的是需要考察地方国有企业债的经济效应如何。债务融资是否能促进地区经济发展水平的提高，从而实现地区经济发展质量的提升是一个亟待回答的问题。本文具体选取灯光密度和全要素生产率作为地区经济发展水平和经济发展质量的衡量指标，考察了地方国有企业债务与地区经济发展之间的关系。

最后，在现有研究中，政府主政官员行为的"时间维度"（Time Frame）并未得应有的重视。其实，除了地方政府"想干什么"，同样值得研究的问题是政府"何时去干"，而后者便属时间维度问题。从时间维度入手，可以更好地考察任期节点如何影响主政官员的行为决策进而对地区经济产生影响（Frey，1997；Drazen，2000）。将行为的目的和结果置于时间背景中，可以更好地考察社会动态的复杂变化（Pierson，2004）。基于这样的思考，本文基于时间维度，考察官员任期制度如何影响政府官员进行地方国有企业债规模和期限结构的决策，最终对地区经济发展产生影响。

1.2 主要研究内容和拟解决的主要问题

1.2.1 主要研究内容

首先，文章对现有关于地方政府、地方债务发行和经济增长之间关系的研究进行梳理，其次，文章对地方国有企业债发行和地区经济发展与地方官员任期关系的典型事实进行考察并刻画，在此基础上提出了本文需要进行检验的几个假说，最后基于实证方法对提出的假说进行检验。

具体来说，正文由以下六个部分构成：

第一章，绪论。该部分主要阐述在中国的制度背景下，关于地方官员、地方政府债务融资以及经济增长之间的基本事实，并说明本文的研究内容是在官员任职制度视角下考察地方国有企业债的发行特征及其对经济发展的影响，在此基础上阐明本文的研究意义。

第二章，文献综述。该部分通过搜集、阅读和整理与本文研究主题相关联的学术文献，厘清当前国内外学术界关于地方官员、地方政府债务融资和经济发展之间关系的研究结果，为后文的事实刻画和实证分析提供参考和思路。

第三章，典型事实与假说提出。该部分主要将地方国有企业债务发行和经济发展基于官员任期框架下进行刻画。对处于不同任期阶段的市长的地方国有企业债发行决策以及由此产生的经济结果进行初步展示，并综合现有文献的研究结论提出可供检验的假说。

第四章，数据、指标与实证策略。该部分主要介绍了本文的核心变量——地方国有企业债务、地区经济发展和官员任期的衡量指标，以及刻画地方经济特征和官员个人特征等控制变量的指标。实证策略采用双向固定效用模型和工具变量法对地方国有企业债务对区域经济发展的影响进行实证检验，并从官员不同任期阶段的角度对地方国有企业债务融资的异质性经济效果展开分析。

第五章，实证结果分析。该部分主要结合前文的理论分析与实证分析，对回归结果进行梳理与总结，对第三章提出的假说进行验证。

第六章，结论与启示。总结全文并归纳研究结论，继而在此基础上提出有针对性的政策建议。

1.2.2 拟解决的主要问题

具体地，本文拟解决以下三个问题：(1) 地方国有企业债发行与地方主政官员的任期是否具有联系，即地方国有企业债发行是否会受到地方主政官员任期年限变化的影响；(2) 地方国有企业债对于地区经济发展是否受到主政官员任期的影响，即在地方主政官员任期的不同阶段，发行的地方国有企业债对于地区经济的影响是否存在差异；(3) 若地方国有企业债对于地区经济的影响确实受到地方政府主政官员任期的影响，这其中的机制为何？

1.3 研究方法和思路

1.3.1 文献研究法

文献研究法主要是指通过收集、阅读和整理与所要研究的领域相关联的学术文献，对以往学者的学术贡献进行回顾、分析和总结之后形成新的认识的一种研究方法。本文查阅了国内外学术界在地方官员、债务发行和经济发展等方面的研究文献，并对此进行了梳理、归纳和总结。

1.3.2 实证分析法

本文收集整理形成了2009—2017年我国277个地级市的宏观经济数据、地方国有企业债数据以及市长信息等数据。全文主要采用固定效应面板回归研究市长任期与债券发行规模和发行期限的关系、地方国有企业债对地区经济发展水平和发展质量的影响以及市长不同任职阶段发行的债券对地区经济影响的异质性进行分析。考虑到模型被解释变量经济发展水平和质量与核心解释变量地方国有企业债规模之间可能存在的反向因果，本文将选择合适的工具变量对研究假设进一步验证，以确保估计系数的准确性。

1.4 研究的创新和特色

与现有文献相比，本文主要有如下贡献：

第一，本文关注了国有企业债务问题背后的政治制度逻辑，分析了政府官员行为动机对企业经营决策的影响目前，大部分关于我国国有企业债务问题的研究是从银行信贷配置偏好、国企预算软约束、企业产能过剩等角度展开，对制度环境特别是政府官员行为的讨论很少。而本文利用2009—2017年的城市面板数据考察了地方主政官员与地方国有企业债券发行规模的关系。

第二，证实了地方国有企业债经济效果的政治周期。与大部分文献仅讨论地方官员、债务发行和经济增长中某两个变量之间的关系不同，本文将地方官员、债务发行和经济增长置于官员任期制度的统一视角下，分析晋升激励如何影响官员的举债行为，进而影响地区经济发展。具体地，本文在官员任期框架下，实证检验了在市长不同任期阶段，地方国有企业发行的债券对于地区经济发展水平和经济发展质量的异质性影响。

第三，从债务发行规模和期限结构角度分析了地方国有企业债的政治周期产生的机理。地方主政官员为了地区经济增长而竞争，通过国有企业债券发行的方式为地方财政融资。但由于债券发行权力和偿还责任在时间维度上存在分离，官员倾向于在任期后期发行更大规模、更长期限的债务来实现经济的增长。若在大规模债券融资完成之后、投资项目完成之前，发生现任市长从职位调离的权责分离现象，便会降低债券所融资金的使用效率。

2.

文献综述

2.1 地方官员和经济发展

自1978年改革开放以来，中国经济伴随着市场化改革的进程实现了持续稳定增长。与西方学者倡导的完全私有制路径不同，地方政府充分发挥了独特的市场化导向的作用（Walder，1995），以渐进式改革的形式推动着市场化改革的进程，实现了中国经济的高速增长。那么，理解中国经济增长动力一个重点便在于如何解释地方政府特别是地方官员为何如此致力于发展经济。使用“财政联邦主义”理论来解释中国央地间财政关系的学者认为，财政包干制、“分税制”改革等财政制度的变革赋予了地方政府对于所增加财政收入的产权，从而为地方官员追求地区经济发展创造了强大动力（Oi，1992；Qian and Roland，1998）。然而不同于西方国家的竞选形式，中国并不存在地方选举制度，同时居民在户籍制度下难以通过自由迁移来实现“用脚投票”，使得财政分权理论在解释中国地方政府激励机制方面的适用性受到限制。后期的研究开始将地方政府的官员从抽象化的地方政府概念中剥离开来，单独从地方官员的个人激励机制入手来理解地方政府追求经济增长的动力来源（Li and Bachman，1989）。与西方政治选举制度的一个差异在于，虽然存在名义上的五年一届的任期，但地方官员实际上不存在一个确定的执政年限。这是由于中国独特的官员异地交流制度和晋升制度的存在，官员在任职期间被交流或晋升至其他职位的可能性很大，从而使得中国的地方官员产生了为晋升而努力的动机（张军和高远，2007）。Li and Zhou（2005）以及周黎安（2007）提出了地方官员任职期间业绩越好，特别是经济工作业绩越好，其晋升的概率越大的观点，形成了“晋升锦标赛”理论的基本内核。“晋升锦标赛”模型精炼又直白地揭示了晋升激励成为官员发展地方经济的动力来源，成为从地方政府视角特别是主政官员的视角解释中国经济增长奇迹的重要学说，随后大量的实证研究也陆续发现并验证了“晋升锦标赛”理论在中国的适用性（徐现祥等，2007；王贤彬等，2011；杜兴强等，2012）。

“晋升锦标赛”理论一经提出很快便得到了学界的广泛重视，并深刻影响了后来研究中国经济增长的相关文献。然而许多研究都将关注重点置于检验地区经济增长有利于官员晋升这一关系是否成立的问题上，却忽略了政治激励给经济发展和社会发展带来的成本。虽然地方政府可以通过调整产业结构、加快体制改革等方式来实现经济高效率地增长，实现局部利益和整体利益的统一，但是中国地方政府还是通过一味加大投资、盲目扩大产能的路径来实现地区经济增长，以牺牲经济长期发展的潜力换取短期内经济的粗放式增长，以实现官员个人的政治利益（Shirk，1993）。蒋德权等（2015）发现相较于其他去向，离任后晋升的省长和省委书记所任地区的经济效率更低，说明省级政府主政官员虽然通过耗资巨大的政绩工程实现了地区经济总量的快速增长，但是也造成了地区生产效率的损失。在市级层面，现有同样发现市委书记为了实现个人晋升会通过行政手段向企业提供低成本的土地和金融资源，使得地方企业过度扩张产能投资，而在市场需求难以同步扩张的情况下便形成了产能过剩，降低了产能利用率（干春晖等，2015；徐业坤和马光源，2019）。李长青等（2018）发现经济政绩观在推动地方经济增长的同时也造成了地区生产效率损失，且在经济发达城市这种效率损失更为严重。

2.2 政府债务与地区经济发展

政府债务与经济发展长期以来一直是经济学领域备受关注的研究话题，这其中的经典问题便是政府债务对于经济增长起到何种作用，不同学者从不同的角度得到了不同的答案。新古典经济学派的学者一般认为政府债务不利于实现经济增长，这是因为政府债务规模增加会对私人投资产生挤出效应，抑制了社会资本的积累。但凯恩斯主义学派的学者则认为政府债券拉动经济增长。他们主要强调，政府债务在短期内是进行需求管理的重要手段。当社会有效需求不足时，政府通过债务融资取代原本等量的税收有利于居民收入的增加，通过扩大社会总需求来促进经济增长（Spilioti and Vamvoukas，2015）。Barro（1974）提出了“李嘉图等价”命题，在标准的世代交叠模型中的效用函数中引入了对其后代的跨代际利他动机，证明了政府通过发行债券进行融资与等量税收是一致的，不会对经济的长期均衡和短期波动造成额外影响，从而阐述了政府债务是中性的观点。也有研究发现经济增长对政府债务的反应是非线性的，因为随着债务到达承受上限，市场利率的上升会对经济产生巨大的反作用（Reinhart 等，2003；Reinhart and Rogoff，2010）。在实证研究方面，由于跨国研究受到样本异质性、变量测度和逆向因果等因素的影响，容易产生估计偏误（Eberhardt and Presbitero，2015），如中国的政治、经济制度和社会背景等状况存在特殊性，与西方发达国家消费型或福利型政府债务不同，中国地方政府债务主要用于基础设施建设等生产性项目。吕健（2015）发现，规模合理的地方债务有助于拉动地方经济增长，而过度依赖发行债券进行投资虽在短期内可以实现经济增长，但也会因为过度透支未来流动性对长期经济增长造成不利影响。而郭步超和王博（2014）也同样发现政府债务对于经济增长具有非线性影响，当政府债务发行规模超过上限导致资本过度积累时，便会因为降低资本回报率而抑制经济增长。

现有文献多从经济增长数量或速度的角度来考虑地方政府债务的增长效应，但也有研究从经济发展质量维度进行相关讨论。范剑勇和莫家伟（2014）发现地方政府虽然可以通过发行债券融资推动地区经济增长，但是此种经济增长模式无论在发达或欠发达城市都是不可持续的，因为分别会导致房价快速上涨的民生性问题和借新还旧的恶性债务循环。Song and Xiong（2018）指出，由于存在软预算约束以及隐性的政府担保等现象，相较于私营企业，国有企业更加受到金融体系的偏好，从而导致信贷资源的偏向性配置。地方国有企业债务的积累可能通过占用金融部门的流动性，引起信贷资源在国企与私企间的重新配置。更进一步，由于国企的生产效率普遍低较低（Hsieh and Kleno，2009），地方政府债务扩张所导致的国企与私企间信贷资源的重新配置就会导致全要素生产率的下降以及产出损失。

2.3 地方主官与地方债发行

分税制改革后，地方政府事权不减，而主体税源却划归中央或央地共享，使得地方政府财力面临严峻考验（傅勇和张晏，2007），全面“营改增”后，地方主体税源更是受到严重冲击。地方政府通过债券融资相当于等量地减少了居民即期的纳税负担（毛寿龙，2005），同时在我国税收法定的制度框架下，债务融资成为地方政府扩充财力的优先选项。然而，在《国务院关于加强地方政府性债务管理的意见》（国发〔2014〕43 号）发布之前，地方政府并没有实际的债券发行权力，于是只能通过地方国有企业特别是地方城投公司，通过发行企业债券来进行债务融资，并将资金投向城市基础建设领域，以获得运营收益来偿还债务。已有研究表明银行信贷资源具有向国有企业倾斜的结构性特点（钟宁桦等，2016；胡悦和吴文锋，2019），同时，由于国有企业承担的公共责任较多，举债筹集的资金部分用于促民生、稳就业等公共事业。我国很大部分的债务是为国有企业筹资，而国有企业举债获得的资金又用于提供准公共品，这种结构和属性上的双重特征也催生了潜在的预算软约束和公共部门隐性担保问题。

在“晋升锦标赛”模式下，官员有强烈动机将其政治意愿体现在当地可支配资源中，最典型的领域就是地方国有企业。一方面，在我国经济结构中，地方国有企业一直充当着地区经济的支柱，是拉动地方经济、就业和财税收入的重要力量和来源，有些大型国有企业甚至掌握地方经济发展命脉。另一方面，相比非国有企业和中央政府控制的国有企业，政府干预地方国有企业的难度最低、成本最小也更为直接（陈冬华，2002）。在我国特有的国有企业管理制度下，地方国企存在相当大的政治服从压力。根据《中华人民共和国企业国有资产法》第四条和第十一条的规定，对于地方国有企业，由地方人民政府或其授权的国务院国有资产监督管理机构代表国家履行出资人职责，第十二条规定履行出资人职责的机构对国家出资企业依法享有资产收益、参与重大决策和选择管理者等出资人权利。大量研究也发现国有企业作为当地经济增长、就业和财税收入的最主要来源，是官员为实现晋升目标而重点干预的经济部门。地方国企因此在短期内会产生大量资金需求。地方官员亦会为此调配当地政策、土地、税收、信贷等资源予以政治支持（王克敏等，2015；纪志宏等，2014），从而对企业债券发行决策产生影响。

关于地方债发行与地方主政官员更替方面的关系，受到政策不确定性和政企关系变化的影响，地方主政官员的变更会减少城投债发行的次数和规模（罗党论和佘国满，2015）。同时由于地方政府在债务期限结构选择上具有鲜明的长期偏好，即债券发行的平均期限远大于地方政府主政官员的任职期限，大部分债券偿债期限甚至要跨越两届以上的地方主政官员的任期（罗党论和佘国满，2015）。由于地方政府债发行制度尚未引入权责发生制，实际发行长期限债券的政府主政官员并不需要负担其偿债负责，由此导致的结果便是地方主政官员的更替同时也意味着地方债偿债责任的更替，地方政府债的发行权力和偿债责任在时间维度上发生了分离，这种客观存在的“权责分离”现象产生了普遍的“债务递延”和“前任推后任”情况（缪小林和伏润民，2015）。

2.4 文献评述

现有研究分别是在地方主政官员、政府债务和经济发展三个主题间的两两关系中进行，这是本文重要的研究基础。然而，一个更具有意义的研究视角在于如何将三者置于官员任期框架下，分析三者间内在逻辑一致的变化关系。本文认为，地方主政官员、政府债务与经济增长三者间存在的逻辑联系为：地方主政官员作为抽象地方政府背后做出经济行为决策的实际主体，将政府债务作为补充地方财力的融资手段，通过将资金投向基础建设领域，以实现地区经济增长为目标。除此之外，在地方政府追求经济政绩的过程中，由于债务发行成本并不会纳入晋升考核体系内，并且现实中债券的预期偿付成本相当程度上是由其他主体来分担的，时间上的权责分离会导致地方债务发行的规模和期限结构受到官员任期的影响，那么一个值得研究的问题便是，受到官员任期影响的地方债发行呈现出何种特征？此种债务发行模式又会对地区经济产生何种影响？同时，虽然债务为地方基础建设投资积累了大量资金，推动了中国地方经济奇迹般增长，但已有研究也发现了债务造成了经济效率损失，在官员任期框架下衡量官员债务发行的经济成本或者经济效率损失也是本文需要研究的。

3. 典型事实与假说提出

本章将在官员任期框架下，对地方国有企业债发行和经济发展的特征事实进行刻画，着重分析市长在不同任期阶段的地方国有企业债发行特征和债务表现出的异质性经济效应，并基于典型事实和现有研究提出有待检验的假说。具体地，本文首先考察市长在不同的任期阶段，地方国有企业债发行的规模和期限结构表现出怎样的特征；进一步地，对于不同任职阶段发行的地方国有企业债，考察其对地方经济发展的作用是否呈现出不同的效果。

3.1 市长任期与地方国有企业债发行

关于市长任期和债务发行，本文主要考察市长在其不同任职阶段的债务发行规模和债务期限选择呈现出怎样的特征。首先，本文利用市长任期与地方国有企业债发行的月度数据，绘制了如图 3－1 左图所示的市长任期比例和累计发债比例的散点图。其中横轴的任职比例是指市长已任职年数与其完整任职年数的比例，取值范围为 0—1。0 表示每一位市长刚刚上任的时点，1 表示市长离任的时点。纵轴的累计发债比例是指截至其对应横轴的任职时点，累计发行的地方国有债规模与其完整任期区间发行的地方国有债总规模的比例，取值范围同样为 0—1。

具体地，本文考察了 2009—2017 年全国 314 个城市任职的 1138 位市长和地方国有企业债发行情况，将每位市长对应任职比例的累计发债规模比例取均值便得到了图中散点。不难理解，若是市长在任职期间随着其任职年限的增加均匀地发行债券，那么散点的拟合线应与图 3－1 中的虚线（45 度线）重合。但是，图中散点真实的拟合曲线凸向右下，累计发债比例曲线的增速越来越快，这表明市长在其任职期间地方国有企业债的发债规模呈现出先慢后快的增长趋势，即随着市长越接近其任职结束时点，新发的地方国有企业债规模越大。具体来看，在市长任期比例为 0.5 时，其对应的

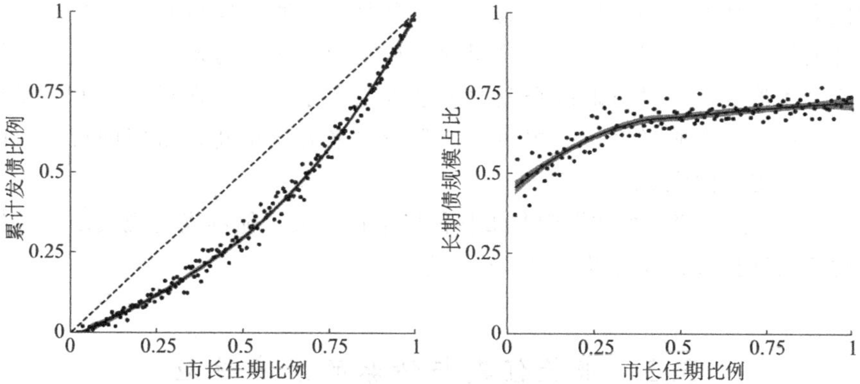

图 3－1 市长任期比例与地方国有企业债发行特征

注：实线为散点拟合线；左图虚线为 45 度参考线，表示市场在任职期间均匀发债。

累计发债比例略高于 0.25。这表明在市长任职前半阶段，地区仅发行了其任职期间债券总发行规模的四分之一，而任职后半阶段发行的地方国有企业债规模则为前期发行规模的整整 3 倍。为何地方国有企业债的发行会随着市长任期比例呈现出此种特征呢？从政府主政官员的角度来说，在新旧市长交替期间，政府工作效率较低（曹春方，2013），这是由于新任市长需要了解当地各方面工作情况来制订新的政府工作计划，从而导致债务发行工作可能会暂时搁置。同时从市长更替产生的政策不确定性来说，在换届后的一段时间内，新一届政府工作班子可能会与上一届政府班子具有不同的城市建设思路和方案，这在很大程度上提高了政策的不连续性和不稳定性。并且，新市长上任导致原有的政企关系在一定程度上受到减损，不利于当地企业开展正常经营和投资活动（徐业坤等，2013；Julio and Yook，2013），从而对地区经济发展经济产生不利影响（Jones and Olken，2005）。此种影响会降低企业和民众对政府偿债能力的预期，从而降低地方国有企业债券的发行的频率和规模。

除了债务发行的规模特征外，本文还刻画了长期债规模比例随任期比例的变化关系，以考察市长在不同任期阶段对于债券期限结构的选择具有何种特征。本文根据债券期限对地方国有企业债进行划分，将发行期限为五年及以上的国有企业债定义为长期限债券。具体地，与图 3－1 左一致，图 3－1 右的横轴同样是取值范围为 0—1 的市长任期比例。纵轴的长期债规模占比是指截至对应任期比例时，市长发行的长期债券的累计规模与已发行国有企业债规模的比例。可以发现，长期债规模占比的拟合线呈现先上升后平稳的变化趋势，在任职比例取值范围为 0—0.5 时，长期债规模占比从 0.45 快速提高至 0.65，随后便一直保持稳定且呈现缓慢提升态势，表明随着地方国有企业债发行规模的增加，长期债的占比也在同时增加。这说明随着市长任期比例的增加，地方国有企业主要通过发行长期债券来扩大债券发行规模。随着市长任职时间的增加，新一届政府班子对于城市建设方案基本形成，同时与地区企业的关系也趋于紧密，这在很大程度上支持了地方国有企业通过发行大规模长期限债券来为城市建设融资的行为。由此，本文提出假说1：

假说1：发债规模和期限与市长任期呈正相关，债券发行规模随市长任期比例逐渐扩大，并且以长期债券为主。

3.2 市长任期与债券的经济效应

图3-1展示了在市长的不同任期阶段，地方国有企业债在规模和期限结构上的发行特征。具体地，受到市长换届以及由此产生的政策不确定性的影响，市长会集中在任职后期发行债券，同时以发行长期限债券为主。那么因市长任期而导致的债券发行规模和期限结构的特征变化会对地区经济发展造成何种影响呢？具体地，本文根据地区夜间灯光密度和全要素生产率两个指标对于地区经济发展水平和经济发展质量两个维度进行考察，对比分析市长任职前半阶段和后半阶段发行的地方国有企业债经济效应的差异。

图3-2具体展示了市长任职前半阶段和后半阶段，地方国有企业债发行的经济效应影响的差异，两图的横轴均为任职前半阶段的债券经济效应与任职后半阶段的比值，若该比值大于1，则表明任期后期发行的地方国有企业债对于经济发展的促进作用要弱于前期。首先，债券的灯光密度效应具体是指地区当年灯光密度除以当年的地方国有企业债发行总额，以衡量每一单位地方国有企业债对于灯光密度的作用；相似的，债券的全要素生产率效应为地区当年的全要素生产率除以相应的当年的地方国有企业债发行总额，以衡量每一单位地方国有企业债对于地区全要素生产率的影响。然后，使用市长任期前半段的债券经济效应均值除以任期后半段经济效应的均值，便可得到每一位市长任期前半段相对于任期后半段的债券经济效应比，从而绘制出图3-2所示的两条债券经济效应比的概率分布曲线。可以看出，图3-2中的两个概率密度曲线表明地方国有企业债的灯光密度效应比和全要素生产率效应比的均值分别为1.78和1.87，均显著地大于1，这在一定程度上表明市长任职前半阶段发行的地方国有企业债的经济效果要好于任职后半阶段。图3-2的典型事实与现有研究中的发现是一致的，地方政府通过债务融资补充地方财力，并通过大量的基础建设投资拉动地方的经济增长。但是由于债券发行的规模会受到市长任期的影响，虽然任

职前期适量发行的地方国有企业债对于经济发展起到了积极的作用，但是任职后期大规模发行的债券可能会对地区经济发展的水平和质量都造成负面影响。这是由于随着地方国有企业债券发行规模的急剧增加，基础建设投资的拉动作用趋于平缓，所以在任职后期，单位债券带来的经济水平的拉动作用要小于任职前期，这与图 3 -2 中债券的灯光密度效应比曲线是相符的。同时，随着地方国有企业债发行规模的不断增加，公共部门过度挤占了可供私人部门使用的信贷资金，使得市长任职后半阶段发行的债券产生了明显的挤出效应，导致地区的资源配置效率和生产效率降低（Song and Xiong，2018）。由于地方国有企业债券的资金主要投向基础建设领域，长期限、大规模的特点使得其在短期内会对地区的生产效率造成冲击。同时，通过长期限债券进行融资也存在动态无效率的可能。若在债券融资完成之后、投资项目完成之前，现任市长便从职位调离，那么由此产生的债券发行权力、债券偿还责任以及项目责任在时间维度上的分离可能会降低债券所融资金的使用效率，从而使得市长任期后期的债券全要素生产率效应也低于任职前期。由此，本文提出假说 2 和假说 3：

假说 2：市长任期前后所发行的债券对地区经济发展的影响存在异质性。相较于市长任职前期，市长任职后期所发行的债券不利于地区经济发展水平和效率的提升。

假说 3：权责分离是造成市长任期前后发债经济效应存在差异的原因。权责分离使得市长在任职后期倾向发行大规模、长期限债券，导致债券的经济效应变差。

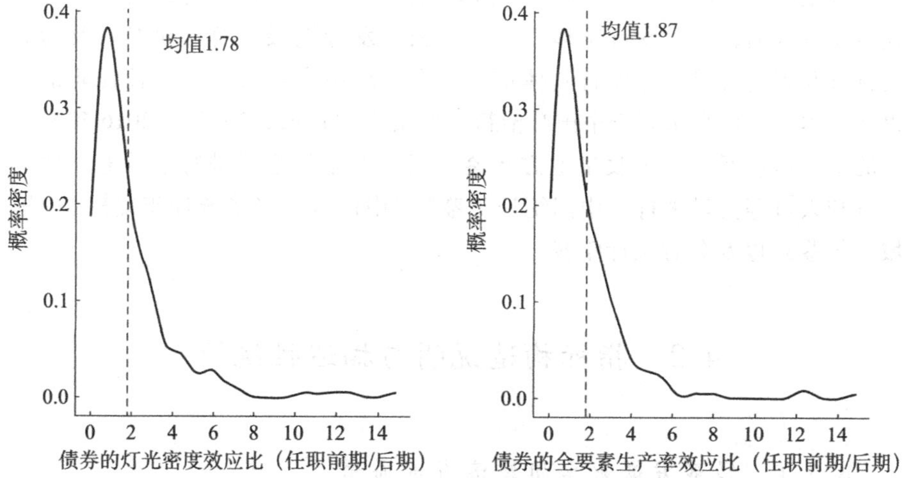

图 3 -2　市长任期与债券的经济效应

4. 数据、指标与实证策略

为了验证以上假说，本文借助中国地市面板数据，考察在官员任期制度下，地方国有企业债对区域经济发展的影响。本文实证逻辑分为四部分。首先检验地方国有企业债与市长任期的关系，以证明假说1。其次探讨债务发行的经济效应。接着从市长任期的不同阶段进行异质性分析。最后对市长不同任期阶段债务的经济效应的差异进行解释。

4.1 数据说明

本文利用277个地级市2009—2017年的地方国有企业债务数据、宏观经济数据以及市长信息数据进行研究。地方国有企业债务数据来源于中央国债登记结算有限责任公司和中国债券信息网，共约33548条地方国有企业债券发行数据，包含发行主体、发行金额、发行期限、发行利率以及债券发行日和到期日等债券发行具体信息。全国地级市和直辖市市长任职信息以及基本个人信息来源于中国政治精英数据库（Jiang，2018），2016年及之后的市长信息通过人工收集地方年鉴、网络搜索等途径进行了补充。地方经济和人口等变量来自《中国统计年鉴》《中国区域经济统计年鉴》《中国城市年鉴》以及各省统计年鉴。

4.2 指标构造说明与描述性统计

4.2.1 经济发展水平和经济发展质量

为了较为全面地评估地方国有企业债对区域经济效应的影响，本文分别从“量”和“质”两个维度对地区经济发展进行刻画。

（1）经济发展水平：灯光密度。考虑到地级市 GDP 测量精度的准确性问题，本文参考范子英等（2016）和张俊（2017）的研究，选取夜间卫星灯光数据作为地级市经济发展水平的代理变量。卫星检测传感器能够锁定城市、工业建设用地和居住地等灯光亮度，与农村乡村等经济不发达地区的微弱光源产生鲜明对比。因此夜间卫星灯光数据综合体现了 GDP 计算在内的市场化以及非市场化提供的地区生产、经营的商品服务的价值量（Sutton 和 Costanza，2002），真实反映了人类生活、生产作业等经济发展状况，是被学术界广泛应用于测度地区经济发展水平的重要指标和良好数据来源。

但由于常用的 DMSP-OLS（1992—2013 年）和 NPP-VIIRS（2012—2018 年）两种夜间卫星灯光数据因为传感器差异在灯光数据中存在不可比的情况，限制了夜间灯光数据的可用时间序列长度。本文使用 Chen 等（2021）提出的一种基于自编码器的跨传感器校正后的 2000—2018 年的夜间灯光数据集，从而满足文章研究区间的要求。本文首先运用 ArcGIS 软件，采用全国地理信息资源目录服务系统提供的全国 1:100 万基础地理数据库中地市级行政区矢量图对原始灯光图像进行边界裁剪和栅格化处理，然后将得到的栅格数据对灯光图像进行掩膜提取，最终得到本文使用的 2009—2017 年中国 277 个地市（包含北京、上海、天津和重庆四个直辖市）的灯光数据。具体地，本文使用行政区内的灯光数量除以栅格数计算出的灯光密度作为地区的经济发展水平的衡量指标。

（2）经济发展质量：全要素生产率。本文采用随机前沿分析法（SFA）作为测算方法。计算过程中产出指标选择地区生产总值。投入指标中的劳动采用全社会就业人数数据。投入指标中的资本存量计算运用永续盘存法。盘存基期选取为 1991 年，对基期资本存量采用 GDP 为权重折算方法处理（余泳泽等，2020），其中各省份 1991 年资本存量采用了张军等（2004）的数据。由于全社会固定资产投资数据在地区统计年鉴中仅汇报到 2017 年，因此本文数据研究区间为 2009—2017 年。

4.2.2 市长任期变量

为了构造与宏观经济数据、发债数据相匹配的官员面板数据，本文参考王贤彬等（2009）、谭之博和周黎安（2015）的研究，界定市长的离任时间。对于上半年即 1 至 6 月离任的市长，本文将该年的上一年记为该市长在该市任职的最后年份；对于下半年 7 至 12 月离任的市长，则将该年记为市长在任的最后年份。按照以离任时间计算相适应的规则，界定市长的上任时间。每个市长在该地市任职期限为任职最后一年减去任职第一年后加一。本文将任职期限平分为任职前期和任职后期，并构建虚拟变量——是否处于任职后期，是等于1，否则为0；任职比例等于任职第几年除以任职期限，任职比例越大，则表示该市长在该地的在任时间越长。

4.2.3 地方国有企业债和债务余额

本文使用的原始债券发行数据来自中央国债登记结算有限责任公司提供的地方国有企业债。该数据包含两个方面，一是由地方国有企业独立发行的债务，二是由地方融资平台发行的城投债。地方融资平台在本质上同样属于地方国有企业，因而城投债也属于一般意义上的地方国有企业债，故本文语境下的地方国有企业债包含以上两部分企业债务。值得说明的是，由于2014年后地方政府发行的债券是由省级政府统一发行后转贷地市政府，地方政府债的发行数据难以获得。因此本文主要仅选取地方国有企业债务数据进行研究，而没有对地方政府债务进行考量。此外，本文根据债券的发行期限对地方国有企业债进行划分，将发行期限为五年及以上的国有企业债定义为长期限债券，将发行期限小于五年的国有企业债则定义为短期限债券。

本文在处理过程中根据“债券简称”和“证券代码”剔除内容完全重复的观测值，并将“债券简称”作为每一只债券的唯一标识。再根据发行主体（公司）所在地级市将债券月份数据合并为年度数据。债务余额的处理过程中，本文将息票品种分为到期一次还本付息、附息和贴现三类，并依据发行规模、发行期限和发行利率对债务余额进行计算。在将地方国有企业债与市长任期数据相匹配的过程中，本文通过将两者月度数据进行精准匹配后转换为年度数据。这里对市长换届年所发债务进行特殊处理：由于对1—6月离任的市长记上一年为换届年，所以将对应时间区间内发行的债券归为上一年所发债务；而对7—12月离任的市长记当年为换届年，所以将对应时间区间内发行的债券归为当年地方国有企业所发行的债务。

4.2.4 控制变量

考虑到其他一般性因素对实证结果的影响，本文添加债务余额以及地区经济特征和市长个人特征等方面的指标作为控制变量。首先，由于地方国有企业债存量对新增债务有影响，本文对地方国有企业债务余额进行控制，通过地市当年未到期地方国有债务的累计加总得到。其次，在城市经济特征层面，本文参考陶然等（2010）与刘蓉和李娜（2021）等研究，选择地区产出水平、负债水平、对外开放程度和人均消费总额作为控制变量。地区产出水平选取各地市对数处理后的地区生产总值加以衡量；负债水平为年末金融机构各项贷款余额与地区生产总值比值，反映了地市的偿债风险程度；对外开放程度以对数处理后的人民币进出口总额占地区生产总值比例衡量；人均消费总额为社会消费品零售总额除以总人口。此外本文在模型中控制了人口和就业因素，人力资本水平以高等院校在校学生与初中在校学生之和占总人口比例来衡量；私营经济发展水平使用城镇私营和个体人员数占地区常住人数比例衡量；劳动增长率为就业人口占地区常住人数比重的增长率。最后在市长特征层面，本文对市长的任职期限、在任时年龄和是否接受过大学及以上学业水平教育等市长个人特征变量进行控制。文中各变量的描述性统计结果如表 4－1 所示。

表 4－1　各变量的描述性统计

		变量	观测值	均值	标准差	最小值	最大值
被解释变量		灯光密度	2493	0.87	1.78	0.01	18.02
		全要素生产率	2493	1.67	0.76	0.10	2.95
债务规模		地方国有企业债发行规模	2493	71.82	178.75	0	2348.26
		长期限债券规模	2493	72.52	139.85	0	1331.2
		短期限债券规模	2493	61.87	167.86	0	2348.26
市长任期		任职期限比例	2493	0.71	0.26	0.13	1
		任职后半段取 1，否则为 0	2493	0.52	0.48	0	1
控制变量	债务信息	债务余额	2493	195.4	562.91	0	8709.85
	市长信息	市长任期期限	2493	3.81	1.72	1	12
		市长在任年龄	2493	50.92	3.75	29	64
		市长是否是本科及以上学历	2493	0.98	0.15	0	1
	市级层面	地区产出水平	2493	16.42	0.92	14	19.54
		负债水平	2493	0.89	0.59	0.12	8.54
		人力资本水平	2493	0.10	0.04	0.03	0.46
		对外开放程度	2493	1.81	1.81	0	20.33
		人均消费总额	2493	178.68	166	4.14	1458.16
		私营经济发展水平	2493	0.13	0.14	0	1.87
		劳动增长率	2493	0.05	0.28	-0.94	8.68

4.3 计量模型

为验证假说 1，即发债规模与市长任期的相关性。在固定效应面板回归中，本文选取了地方国有企业债券发行规模作为被解释变量，市长的任期比例作为核心解释变量，构建如下回归模型。

$$Debt_{it} = \alpha_0 + \alpha_1 Ratio_{it} + \alpha_2 X_{it} + \mu_i + \varphi_t + \varepsilon_{it} \tag{1}$$

$$Debt\_Longperiod_{it} = \alpha_0^{long} + \alpha_1^{long} Ratio_{it} + \alpha_2^{long} X_{it} + \mu_i + \varphi_t + \varepsilon_{it} \tag{2}$$

其中，i 表示为地级市，t 是年份；被解释变量 $Debt_{it}$和 $Debt_Longperiod_{it}$分别为当年地方国有企业债发行规模和当年发行期限为 5 年及以上债券的地方国有企业债发行规模。解释变量 $Ratio_{it}$表示现任市长的任职比例。X_{it}表示控制变量，包括城市经济特征和市长个人特征的控制变量。由于当年地方国有企业发行债券势必受到之前已发行但未偿还的债务存量的影响，本文控制了地方国有企业债务余额。μ_i 和 φ_t 为不可观测的地区固定效应和时间固定效应，ε_{it}是随机扰动项。α_0 和 α_0^{long} 表示模型的截距项，α_1 和 α_1^{long} 分别表示市长任职比例对地方国有企业债券发行规模和长期债发行规模的影响系数，若 α_1 和 α_0^{long} 均显著大于 0，则表明随着市长任期的增加，地方国有企业的债券发行规模和长期债发行规模都会显著增加，即假说 1 成立。

基于文章研究思路，接着需要验证地方国有企业债的经济效应如何。本文选取经济发展水平和经济发展质量作为被解释变量，前一年地方国有企业的发债规模作为解释变量。采用回归方程如下所示。

$$Y_{it} = \beta_0 + \beta_1 Debt_{it-1} + \beta_2 X_{it} + \mu_i + \varphi_t + \varepsilon_{it} \tag{3}$$

其中，被解释变量 Y_{it}表示第 i 个地级市第 t 年灯光密度或全要素生产率。为克服被解释变量与解释变量之间的反向因果问题，本文选取的债务规模变量为滞后一期的地方国有企业债券发行规模。β_1 衡量了地方国有企业发行债对于区域经济发展的影响，若 $\beta_1 > 0$，则说明地方国有企业债对地区经济发展水平或质量起到正向促进作用，反之则起到抑制作用。公式中其余变量和下标所表达的含义与前述模型保持一致。

进一步地，为了检验市长任期前后两个阶段，地方国有企业发行债券的经济效应是否存在差异，本文在式（3）的基础上，增加虚拟变量来检验市长任职的前半阶段对发债经济效果影响的异质性。具体地，本文构建是否处于市长任职后期的虚拟变量 *Latter*，$Latter = 1$ 表明地方国有企业发债当年，市长处于其任职的后半阶段；$Latter = 0$ 则表明地方国有企业发债当年，市长处于其任职的前半阶段，回归方程如式（4）所示：

$$Y_{it} = \beta_0 + \beta_1 Debt_{it-1} + \beta_2 Debt_{it-1} \times Latter_{it} + \beta_3 Latter_{it} + \beta_4 X_{it} + \mu_i + \varphi_t + \varepsilon_{it} \quad (4)$$

若 $\beta_2 < 0$，则说明市长任职的后半阶段，地方国有企业所发行的债券对经济发展的影响不及后半阶段所发行的地方国有企业债，即相较于市长任职前期，市长任职后期所发行的地方国有企业债券不利于地区经济发展水平和效率的提升，则假说 2 成立。

在假说 2 成立的基础上，即相较于市长任职的前半阶段，地方国有企业在后半阶段所发行的债券对地区经济发展具有抑制作用，本文进一步探讨导致这一现象出现的可能原因。本文认为，我国地方政府对于国有企业债务发行存在权力与责任相脱节的现象，具体表现为政府主政官员的任职期限与新增债务发行期限的两者之间的期限错配。我国市长任期集中在 3—5 年，而地方国有企业债期限则是一至十五年不等。根据缪小林和伏润民（2015）研究，若地方政府持有超过五年及以上期限的债券较多，则说明该政府存在举债权力与债务偿还责任相分离的可能性越大，即现任市长进行发债，但对未来该市是否具备债务偿还能力等问题的考量降低。正因即将离任的市长对新增债务的负责程度降低，进而可能导致后期所发债券对地区经济发展水平产生负向影响。据此，本文将债券期限超五年及以上的债务定义为长期限债券（$DebtL_{it}$），小于五年的债务则定义为短期限债券（$DebtS_{it}$），分别考量市长任职前后阶段发行的长短期限国有企业债券对地区经济发展的影响。采用回归方程如下：

$$Y_{it} = \theta_0 + \theta_1 DebtL_{it-1} + \theta_2 DebtL_{it-1} \times Latter_{it} + \theta_3 Latter_{it} + \theta_4 X_{it} + \mu_i + \varphi_t + \varepsilon_{it} \quad (5)$$

$$Y_{it} = \pi_0 + \pi_1 DebtS_{it-1} + \pi_2 DebtS_{it-1} \times Latter_{it} + \pi_3 Latter_{it} + \pi_4 X_{it} + \mu_i + \varphi_t + \varepsilon_{it} \quad (6)$$

其中，交互项系数 θ_2 和 π_2 的解读与式（4）相同，公式中其余变量和下标所表达的含义与前述模型保持一致。若 θ_2 的系数显著为负，且 π_2 为正或不显著，则说明市长任职后半阶段所发行的地方国有企业债对于地区经济发展的负面影响主要是由长期限债务导致的，从而验证任职期限与债券期限两者间的错配所产生的“权责分离”现象是债券经济效应变差的原因，从而验证假说 3。

5. 实证结果分析

在实证分析中，本文首先考察政府市长任职比例与地方国有企业债发行规模和期限结构的关系，以验证本文的假说1。其次，本文考察了在市长任职期间的不同阶段发行的地方国有企业债是否对地区经济发展水平和发展质量的影响存在异质性，以验证假说2。再次，文章分别对长期限和短期限国有企业债对于地区经济发展的影响进行了估计，从权责分离视角对市长任期前后举债经济效果的差异进行了解释，从而为假说3提供实证支持。最后，文章考察了在面临不同财政缺口压力的城市，地方国有企业债对于经济效率的扭曲程度是否差异。

5.1 市长任职比例与债务规模的关系

表5-1报告了市长任职比例与国有企业债发债规模的回归结果。(1)—(3)列展现了市长任职比例对国有企业债发行规模的影响。第(1)列未添加控制变量。考虑到未到期债务余额对新增债务的影响，第(2)列加入债务余额和城市层面控制变量，第(3)列在第(2)列基础上进一步控制了市长的个体特征变量。考虑到各地市之间债务发行状况的差异，也为了减轻遗漏变量的偏误，本文控制了城市固定效应和时间固定效应。从第(1)列到第(3)列的回归结果来看，无论是否加入控制变量，任职比例的系数均为正，且在5%的水平上显著，表明市长的任职比例越大，即在任时间越长会导致当年地方国有企业债的新增债务规模越大。

(4)—(6)列展现了市长任职比例对长期限地方国有企业债发行规模的影响，依次加入债务余额、城市经济层面和市长基本信息等控制变量，结果表明任职比例与长期限地方国有企业债规模表现出显著的正向关系，这表明市长在该地级市任职时间越久，当地越有可能发行长期限的地方国有企业债，即假说1成立。原因可能在于新官上任初期存在政策不确定和不稳定，导致政府工作短时间停滞或断档，从而推延地方政府债务发行活动（罗党论和佘国满，2015）。而市长任职越到后期，新发行债券规模越大，且多以发行长期限债券为主。可能的解释为任职时间越长，市长对个人任期换届的预期越强烈，一方面可能会增加投入创造更好的业绩；另一方面也可能是因为市长在位后期将不会对新发行的长期限债券进行偿还。在没有偿还负担压力的情况下，对地方举债规模的把握程度开始模糊。

表 5-1　地方领导任职比例与债务规模的关系

	债务发行规模			长期限债券规模		
	(1)	(2)	(3)	(4)	(5)	(6)
任职比例	18.9** (8.357)	18.661** (7.835)	18.362** (8.137)	27.279*** (10.121)	24.192** (9.75)	22.198** (10.047)
债务余额		-8.863*** (2.467)	-8.83*** (2.469)		-8.67*** (3.255)	-8.708*** (3.244)
地区产出水平		11.477*** (1.617)	11.494*** (1.62)		9.707* (4.157)	10.15** (4.128)
负债水平		3.774 (6.975)	3.65 (6.98)		2.483 (10.357)	1.73 (10.325)
人力资本水平		275.714 (244.144)	280.632 (244.511)		91.131 (299.336)	109.143 (298.266)
对外开放程度		-0.368 (2.069)	-0.332 (2.076)		1.899 (2.738)	2.694 (2.739)
人均消费总额		0.01*** (0.001)	0.01*** (0.001)		0.007*** (0.001)	0.007*** (0.001)
私营经济发展水平		-115.957*** (36.525)	-115.818*** (36.608)		-115.906*** (43.962)	-119.077*** (43.879)
劳动增长率		-5.004 (7.291)	-4.78 (7.312)		-6.798 (7.837)	-7.721 (7.834)
市长任期期限			-1.013 (1.621)			-7.275*** (2.022)
市长年龄			0.072 (0.733)			1.052 (0.917)
市长学历			-14.853 (16.285)			-17.432 (20.881)
截距项	7.374 (7.685)	-1967.774*** (259.729)	-1955.558*** (264.854)	-23.216** (11.201)	-1673.514*** (324.294)	-1748.564*** (328.964)

续表

	债务发行规模			长期限债券规模		
	(1)	(2)	(3)	(4)	(5)	(6)
城市固定效应	YES	YES	YES	YES	YES	YES
时间固定效应	YES	YES	YES	YES	YES	YES
观测值	2493	2493	2493	1633	1633	1633
R-squared	0.18	0.324	0.325	0.204	0.283	0.291

注：(1) 系数下方括号为标准误；(2) ***、**、* 分别表示在1%，5%和10%水平上显著。

5.2 地方国有企业债的经济效应

在确定市长任期与债务发行规模呈正相关的基础上，本文进一步分析地方国有企业债对当地经济发展效率和经济发展水平的影响如何。表5-2中报告了地方国有企业债对地区灯光密度和全要素生产率增长影响的估计结果。在固定效应模型下，地方国有企业债规模对地区灯光密度具有显著的正向影响。第（1）列系数为0.718，且在1%的显著性水平为正。这是因为地方国有企业发债主要服务于地区基础性建设和公益性项目，通过高效的公共投资拉动地区经济发展水平的提高。与之不同的是，地方国有企业债规模对全要素生产率增长的影响是负向的，但不显著。

虽然前文已选取滞后一期的债务规模来克服反向因果问题，但模型中仍可能存在内生性问题，本文将选择合适的工具变量加以克服，以确保实证结果的准确性。工具变量法的关键在于选择与地方国有企业债相关但与区域经济发展无关的指标。我国地方政府发债目的或动机分为主动举债和被动举债。一方面是基于官员自身晋升激励为提高政治业绩而主动举债，此举债行为与经济增长密切相关；另一方面则是由于地市财力与支出责任不匹配所产生的被迫举债。由于我国分权体制下财政垂直不平衡，即中央与地方政府之间存在博弈，导致地方政府被动举债的行为与经济增长无直接关联（刘蓉和李娜，2021）。因此本文选取财政垂直不平衡作为工具变量。借助贾俊雪等（2020）的度量方法并结合文章研究目的，财政垂直不平衡指标具体等于（1-收入分权/支出分权）×地方财政一般预算内支出。其中财政支出分权为地级市一般预算内支出占省级预算支出比重，财政收入分权为地级市一般预算内收入占省级财政收入比重。

此外，本文选取了土地招拍挂成交价格作为第二个工具变量。在我国现行分税制体制下，通过土地出让进行财政融资是各级政府缓解地方财力不足的重要手段（赵文哲和杨继东，2015）。伴随我国经营性用地“招拍挂”出让制度的确立，地方政府开始利用土地所获得的收入作为抵押品或是担保，从商业银行、信托机构等金融机构快速筹集获得建设资金。土地收入在这过程中转化为地方政府的融资手段进而形成地方债务（郑思齐等，2014）。与此同时，地方政府的土地出让行为在一定程度上反映地方政府债务偿还能力和还本付息能力，对债券投资具有指导和预期信号，其投资决策进而影响债务发行（杨继东等，2018）。因此本文选取土地出让收入中最具代表性、最重要的“招拍挂”出让收入即土地招拍挂成交价格作为地方国有企业债的工具变量，其与本文的解释变量债务规模具有强相关性。同时，本文考虑到经济增长可能对土地出让收入产生外生冲击，为了确保工具变量满足外生性要求，本文使用招拍挂成交价款滞后四期作为工具变量①。

表5-2的第（3）、第（4）列汇报了工具变量法的回归结果。第（3）列的系数表明地方国有企业债的发行规模依然与经济发展水平呈正相关，这说明地方国有企业债对于提高地区经济发展水平发挥了积极作用，这与现有文献结论具有一致性（吕建，2015）。相较于第（2）列固定效应回归的结果，第（4）列地方国有企业债务规模的系数为-0.464，在1%的显著水平下为负，这表明每增加一单位上一期新增地方国有企业债，地区当期全要素生产率下降0.464。这表明随着地方国有企业发行债务规模不断扩大，由于部门间资金配置的不平衡，金融资源错配导致生产要素配置功能无法发挥最大功效，对我国地区的经济发展效率的提升产生了牵制作用。同时，第（3）列和第（4）列的不可识别检验的P值均为0，即两个工具变量对解释变量是可识别的。Cragg-Donald Wald F的统计值均大于10，证明工具变量的选取不存在弱工具变量问题。过度识别检验中两列P值均大于0.1，即通过过度识别检验。以上三种检验均通过证明本文工具变量选取的合理性。

表5-2　债务发行的经济效应分析

	(1)	(2)	(3)	(4)
	FE		IV	
	灯光密度	全要素生产率	灯光密度	全要素生产率
地方国有企业债发行规模	0.718** (0.283)	-0.121 (0.101)	1.098*** (0.150)	-0.464*** (0.160)

① 使用工具变量招拍挂成交价格的短期滞后项可能会受到经济增长阶段性波动的影响，使得内生性仍存在；使用长期滞后项，工具变量会使与地方国有企业债的相关性变弱。

续表

	(1)	(2)	(3)	(4)
	FE		IV	
	灯光密度	全要素生产率	灯光密度	全要素生产率
负债水平	-0.774**	0.126	-0.124	0.112
	(0.393)	(0.275)	(0.283)	(0.239)
人力资本水平	2.845	6.14	-1.750	6.711
	(15.886)	(7.732)	(11.424)	(8.396)
对外开放程度	-0.101	-0.032	-0.025	-0.030
	(0.138)	(0.069)	(0.088)	(0.071)
人均消费总额	0.394***	0.002	0.161***	0.047
	(0.072)	(0.023)	(0.037)	(0.031)
私营经济发展水平	2.491	-0.225	3.563**	-0.798
	(3.517)	(1.631)	(1.564)	(1.287)
劳动增长率	1.097***	0.133	0.608**	0.140
	(0.25)	(0.145)	(0.291)	(0.251)
市长任期期限	0.032	-0.03	0.025	-0.031
	(0.041)	(0.028)	(0.032)	(0.024)
市长年龄	-0.004	-0.027	0.048	-0.041
	(0.145)	(0.066)	(0.071)	(0.056)
市长学历	-1.122	0.28	-2.145***	0.206
	(1.091)	(0.499)	(0.764)	(0.561)
截距项	0.177	24.195***	-0.871	27.280
	(2.439)	(1.726)	(2.183)	(1.745)
Kleibergen-Paap rk LM			28.052	30.375
			(0.000)	(0.000)
Cragg-Donald Wald F			39.654	15.401
			(19.93)	(19.93)
Hansen J p-value			0.333	1.416
			(0.564)	(0.234)
城市固定效应	YES	YES	YES	YES
年份固定效应	YES	YES	YES	YES
观测值	2216	2216	2216	2216
R^2	0.390	0.872	0.314	0.870

注：(1) 系数下方括号为标准误；(2) ***、**、* 分别表示在 1%，5% 和 10% 水平上显著；(3) 弱工具变量检验中统计值括号里的值为 10% 水平标准值。

5.3 市长任期前后阶段的债券经济效应

表5-2回归结果论证了地方国有企业债务对经济发展的整体效果，本节将在市长政治周期视角下，讨论国有企业债对于地区经济发展影响的异质性。表5-3报告了添加市长是否处于任职后期的虚拟变量的回归结果。从灯光密度来看，第（1）列第一行发债规模的系数为0.914，且在1%水平下显著，这说明市长任职前期的地方国有企业债有利于促进区域经济增长。然而第二行发债规模与是否处于任职后期的交互系数则是-0.215，且在5%水平下显著，说明市长任职后期所发行的地方国有企业债带动区域经济发展的效果减弱。这可能是因为，市长任职后期大量累计的地方国有企业债会使得地区债务规模超出既定条件下的最优水平，一方面大量投资无法在短时间内有效形成社会需求，另一方面地方国有企业债转化形成的公共投资对民间私人资本存在挤出效应，从而对地区经济增长的拉动作用趋于下降。与之类似的，第（3）列工具变量回归结果中，交互项系数为-0.410，比固定效应模型中的系数更低，显著性更高，进一步证实了地方国有企业债对于地区经济发展的影响与市长任期的前后阶段有关。

表5-3　　地方领导任期前后的债券发行经济效应差异

	(1)	(2)	(3)	(4)
	FE		IV	
	灯光密度	全要素生产率	灯光密度	全要素生产率
地方国有企业债发行规模	0.914***	0.167	1.434***	-0.129
	(0.135)	(0.105)	(0.203)	(0.225)
发债规模×是否处于任职后期	-0.215**	-0.331***	-0.410***	-0.407***
	(0.104)	(0.082)	(0.122)	(0.122)
是否处于任职后期	-0.043	0.245*	0.196	0.338**
	(0.182)	(0.142)	(0.180)	(0.150)
负债水平	-0.781**	0.117	-0.142	0.101
	(0.304)	(0.238)	(0.283)	(0.238)
人力资本水平	2.59	6.443	-1.871	7.194
	(10.709)	(8.361)	(11.425)	(8.372)
对外开放程度	-0.096	-0.024	-0.012	-0.020
	(0.091)	(0.071)	(0.088)	(0.071)

续表

	(1)	(2)	(3)	(4)
	FE		IV	
	灯光密度	全要素生产率	灯光密度	全要素生产率
人均消费总额	0.388*** (0.031)	-0.006 (0.024)	0.156*** (0.037)	0.040 (0.031)
私营经济发展水平	2.328 (1.616)	-0.513 (1.262)	3.120** (1.562)	-1.183 (1.276)
劳动增长率	1.079*** (0.321)	0.129 (0.25)	0.592** (0.291)	0.137 (0.251)
市长任期期限	-0.011 (0.071)	-0.032 (0.056)	0.037 (0.071)	-0.047 (0.056)
市长年龄	0.033 (0.031)	-0.031 (0.024)	0.026 (0.032)	-0.033 (0.024)
市长学历	-1.109 (0.714)	0.335 (0.558)	-2.101*** (0.764)	0.274 (0.560)
截距项	0.286 (2.025)	24.209*** (1.581)	-0.958 (2.182)	27.593 (1.746)
Kleibergen-Paap rk LM			32.166 (0.000)	26.031 (0.000)
Cragg-Donald Wald F			30.036 (11.04)	30.684 (11.04)
Hansen J p-value			0.280 (0.869)	1.405 (0.496)
城市固定效应	YES	YES	YES	YES
年份固定效应	YES	YES	YES	YES
观测值	2216	2216	2216	2216
R^2	0.392	0.873	0.314	0.871

注：(1) 系数下方括号为标准误；(2) ***、**、* 分别表示在 1%，5% 和 10% 水平上显著；(3) 弱工具变量检验中统计值括号里的值为 10% 水平标准值。

从全要素生产率来看，在固定效应模型和工具变量中，发债规模与是否处于任职后期虚拟变量的交互项的回归系数，分别为 -0.331 和 -0.407，且均在 1% 的水平下显著。这表明相较于市长任职前期，市长任职后期发行的地方国有企业债降低了地区的全要素生产率，恶化了地区经济发展的质量。这可能是因为市长在任职后期发行了过量的地方国有企业债，同时未对债券所融资金的具体使用方式加以重视，忽略效率的粗放式经济发展方式给地区经济发展质量造成了负面影响。综合来看，表5-3的回归结果证实了地方国有企业债对于地区经济发展的影响与市长任期的阶段有关，市长任职后期发行的地方国有企业债对于地区经济发展的水平和质量都造成了显著的负面影响。

5.4 市长任期前后阶段的长短期限债券的经济效应

前文特征事实以及实证结果表明，我国地方国有企业债的经济效应在官员政治周期下存在异质性。官员处于任期后半阶段所发行的地方国有企业债，其经济效果不及官员任职前期的举债效果。参考麻宝斌和郭蕊（2010）、缪小林和伏润民（2015）的研究，本节从“权责分离”这一视角对官员任职阶段所导致的地方国有企业债经济效果的差异进行初步分析。本文认为我国地方国有企业债存在权责分离现象是时间维度的分离，即本届地方政府领导人下达任务命令，但由下届领导人为上一届任务命令进行负责。由于地方政府领导任期与债务期限不一致，本届领导人拥有发行、置换债务的权力，而债务偿还责任、未来还本付息任务的责任则递延到下届政府。地方国有企业债权责分离现象的存在使得地方政府主政官员可以不对债务发行行为负责，即地方政府主政官员可能只关心举债，而不去考虑债务规模及结构以及债务偿还过程中出现债务违约等问题。

具体地，本文通过区分长期限债券和短期限债券来分析地方国有企业债的权责分离现象。表5-4报告了短期债券和长期债券在官员任期前后阶段的经济效应。第（1）列短期限债券规模系数为1.01，在1%水平下显著。而短期限债券规模与任职后期的交互项系数为0.588，同样在1%水平下显著为正。这说明无论在市长任职的前半阶段或是后半阶段，短期限地方国有企业债对于地区经济发展水平均具有显著的促进作用，且在后期发行的短期限国有企业债券具有更好的促经济发展的效果。从长期债券规模来看，第（2）列长期限债券规模系数为1.09，在5%水平上显著为正。但长期限债券规模任职后期的交互项系数为-0.08，但不显著。这表明与短期限债券不同，市长任期前半阶段发行的适量长期限地方国有企业债对于地区经济发展水平起到显著的促进作用，而市长任职后期发行的长期限债券对于地区经济发展水平的拉动作用则有一定程度的下降趋势。第（4）列回归结果显示长期限债券的回归系数为0.132，但不显著，而长期限债券规模任职后期的交互项系数为-0.391，且在1%水平下显著。这表明在市长任期前半阶段发行的长期限国有企业债对于地区经济发展质量不具有显著影响，而市长任职后期所发行的长期限债券则显著降低了地区的全要素生产率。整体来看，不同期限的地方国有企业债均促进了地区经济发展水平的提高，这说明通过国有企业债务融资再进行地方公共投资的方式对于中国经济增长起到了重要作用。但值得注意的是，市长任期后半阶段发行的长期限地方国有企业债抑制了地区经济发展的效率。这是因为国有企业债实际上可能面临时间期限不匹配、成本收益不匹配等问题。例如，大量地方国有企业债投入了基建领域，尤其是高投入、慢回报的交通基建。交通基础设施的完善理论上可以联动其他地区，产生更多经济往来，带来更多经济效益产出。然而这可能是一个漫长的过程，投入的资金并不一定能在短时间内取得经济效益。特别地，若长期限地方国有企业债是在市长任职后半阶段大规模发行的，便会产生在债券融资完成之后、投资项目完成之前，现任市长便从职位调离的权责分离现象。那么，由此产生的债券发行权力、债券偿还责任以及项目责任在时间维度上的分离可能会降低债券所融资金的使用效率，从而使得市长任职后期发行的长期限地方国有企业债对于地区经济发展效率造成负面影响。

表 5-4　　官员任期前后长短期限债券发行的经济效应分析

	(1)	(2)	(3)	(4)
	灯光密度		全要素生产率	
短期限债券规模	1.01*** (0.377)		0.075 (0.147)	
短期限债券规模×是否处于任职后期	0.588*** (0.218)		-0.247 (0.242)	
长期限债券规模		1.09*** (0.227)		0.132 (0.146)
长期限债券规模×是否处于任职后期		-0.08 (0.212)		-0.391*** (0.136)
是否处于任职后期	-0.096 (0.183)	-0.27 (0.313)	0.014 (0.19)	0.158 (0.201)
负债水平	0.011 (0.844)	0.154 (0.816)	0.451 (0.543)	0.431 (0.542)
人力资本水平	53.34** (22.082)	53.329** (21.168)	3.782 (9.614)	4.499 (9.826)
对外开放程度	-0.292 (0.181)	-0.251 (0.186)	0.041 (0.095)	0.042 (0.094)

续表

	(1)	(2)	(3)	(4)
	灯光密度		全要素生产率	
私营经济发展水平	12 ***	11.866 **	-1.034	-1.017
	(4.289)	(4.894)	(2.164)	(2.094)
劳动增长率	0.788 ***	0.762 **	-0.043	-0.05
	(0.303)	(0.304)	(0.165)	(0.169)
市长任期期限	-0.306	-0.297	-0.025	-0.04
	(0.261)	(0.275)	(0.094)	(0.096)
市长年龄	0.091	0.095	-0.002	-0.005
	(0.073)	(0.075)	(0.045)	(0.045)
市长学历	-1.779	-1.741	0.959	0.965
	(1.997)	(1.974)	(0.76)	(0.771)
截距项	-2.973	-3.552	21.434 ***	21.529 ***
	(4.382)	(3.571)	(2.827)	(2.298)
城市固定效应	YES	YES	YES	YES
年份固定效应	YES	YES	YES	YES
观测值	1410	1410	1410	1410
R^2	0.378	0.373	0.866	0.867

注：(1) 系数值括号中为标准误；(2) ***、**、* 分别表示在1%，5%和10%水平上显著。

5.5 地方财政缺口压力与债券的经济效应

分税制改革后，地方政府面临的财力不足问题是产生地方政府债务性融资的重要原因。当地方政府收不抵支，面临严重的财政缺口压力时，其更有可能通过地方国有企业发行债券的方式为地方公共投资进行融资。为了检验财政缺口压力对于地方国有企业债的经济效应是否存在影响，本文在方程（4）的基础上添加一个城市分组变量，将面临严重财政缺口压力的城市赋值为1，而财政缺口压力较小的城市赋值为0。具体地，本文参考赵文哲和杨继东（2015）的做法，使用该城市财政支出减去财政收入占财政总收入的比例来表示地方政府的财政缺口压力指数，选取压力指数排名位于前1/3的城市为财政缺口压力较大的城市，赋值为1；位于后2/3的城市为财政缺口压力较小的城市，赋值为0，回归结果如表5-5所示。列（1）和列（2）表明市长任职后期的地方国有企业债对于地区经济发展水平的影响不受到地方政府的财政缺口压力的影响，但列（3）和列（4）的回归结果表明市长任职后期所发行的地方国有企业债对于全要素生产率的负向影响在面临严重财政缺口压力的城市更大。这表明虽然地方政府通过地方国有企业债务融资的方式可以有效地拉动地方经济发展水平的提升，但是对于在财政缺口压力本身就较大的城市，地方国有企业债对于经济效率的扭曲程度更大。当前我国债务面临的一个重要议题在于债务是否可持续，而这主要取决于当期发债是否能提升未来税收收入。如果当期举债能够为未来创造更大发展空间，尤其是使未来的税收收入增长、税基扩大而减少政府对于债务的依赖，发行债券就是一条可持续的道路。表 5－5 的回归结果表明，地方国有企业债务可能是以地区经济长期发展的潜力作为代价来拉动短期内的经济增长，这样的粗放式经济增长方式难以持续。

表 5－5　　财政缺口压力的异质性分析

	(1)	(2)	(3)	(4)
	灯光密度		全要素生产率	
发债规模×是否处于任职后期×财政缺口压力	0.459 (0.328)	0.333 (0.325)	－0.541** (0.246)	－0.537** (0.248)
是否处于任职后期×财政缺口压力	0.112 (0.471)	0.124 (0.466)	0.102 (0.354)	0.062 (0.355)
发债规模×财政缺口压力	－2.116*** (0.349)	－1.903*** (0.347)	0.483* (0.263)	0.477* (0.265)
发债规模×是否处于任职后期	－0.364*** (0.129)	－0.278** (0.128)	－0.264*** (0.097)	－0.272*** (0.097)
地方国有企业债发行规模	2.009*** (0.139)	1.794*** (0.14)	0.128 (0.105)	0.119 (0.107)
是否处于任职后期	－0.196 (0.419)	－0.186 (0.415)	0.214 (0.315)	0.262 (0.317)
财政缺口压力	0.676 (0.58)	0.432 (0.578)	－0.198 (0.436)	－0.202 (0.441)
人力资本水平		46.086*** (10.251)		6.189 (7.818)
对外开放程度		－0.228** (0.093)		－0.027 (0.071)
私营经济发展水平		7.202*** (1.587)		－0.45 (1.21)

续表

	(1)	(2)	(3)	(4)
	灯光密度		全要素生产率	
劳动增长率		0.658**		0.129
		(0.328)		(0.25)
市长任期期限		0.013		-0.041
		(0.073)		(0.056)
市长年龄		0.009		-0.029
		(0.032)		(0.024)
市长学历		-0.73		0.316
		(0.732)		(0.558)
截距项	4.594***	-0.132	23.515***	24.334***
	(0.511)	(2.106)	(0.384)	(1.606)
城市固定效应	YES	YES	YES	YES
年份固定效应	YES	YES	YES	YES
观测值	2216	2216	2216	2216
R^2	0.344	0.364	0.873	0.873

注：(1) 系数值括号中为标准误；(2) ***、**、* 分别表示在 1%，5% 和 10% 水平上显著。

6.

结论与启示

以 2009—2017 年地级市宏观经济数据、地方国有企业债务数据匹配地级市市长数据，本文首先将地方政府、地方国有企业债务发行和经济增长置于官员任职制度视角下进行分析。研究发现，市长在任时间越长，发行单笔新增债券的规模越大。原因可能有两个：一是市长新到任初期带来政策不稳定性以及政府工作有“断档期”，导致发债主体对政策环境的犹豫以及政府项目的耽搁和延迟，造成发债需求下降，规模减小；二是当市长任期处于后半阶段时，对债务的负责程度会降低，即在任期间将不会对新发行的长期限债券进行偿还。因此在没有偿还负担压力的情况下，对地方举债规模的把握程度开始模糊。

其次，本文考察了发债规模对经济增长的影响。基于灯光密度和全要素生产率指标，发现发债规模从整体上推动区域经济发展水平的提高，通过提高市政公共基础设施建设，带动区域经济可持续发展。而对于经济发展效率，发债规模越大，越不利于区域经济高效、高质量的发展。当地区债务规模超出既定条件下的最优水平，一方面大量投资无法有效形成社会需求，另一方面债务转化为过多的公共投资或基础社会设施投资对民间私人资本存在挤出效应，使得地区债务资源得不到有效配置，从而对地区经济发展效率产生负面影响。

再次，为了进一步讨论地方国有企业债发行规模对地方经济发展水平和质量造成异质性影响的原因，本文从“权责分离”视角给出了解释。由于债务发行权力和偿还责任在时间维度上存在分离，市长可能会以各种合法合规的方式在任职后期发行长期限大规模的债券，而资金筹集和项目实施在时间维度上的分离导致了债券所融资金的使用效率低，从而对地区经济发展质量造成了负面影响。

最后，从地方财政缺口压力的视角，文章发现对于面临严重财政缺口压力的城市，地方国有企业债对于经济效率的扭曲程度更大，这表明财政自给能力不足的地市是以经济长期发展的潜力为代价换取了短期内的经济增长，以地方国有企业债务融资发展地方经济的方式是难以持续的。

基于以上研究结果，本文提出以下政策建议。

第一，客观看待地方国有企业债对经济发展的作用。地方国有企业债本身不存在利害关系，关键在于地方政府及领导人对地区债务存量、债务偿还能力以及新增债务规模的把握是否适度、正确。在举债过程中，地方政府应合理控制债务发行规模，促进优化公共资本配置，根据地区实际发展情况，掌握债务平衡点以有效提升经济发展水平和发展效率，从而发挥地方国有企业债对地区经济增长的拉动作用。

第二，不断完善官员激励治理机制。设置科学合理的企业、环境、人文、经济等多维度考核体系，从制度源头扭转地方过度依赖举债投资做大规模的发展理念，从而在事实上避免债务发行的“权责分离”现象。

第三，加强国有企业债务风险管控，防范国有企业重大债务风险，必须重视国有企业债务问题背后的政治制度逻辑，必须关注政府官员行为动机对企业经营决策的影响。打破地方主政官员任职调整与地方国有企业债务偿还责任的分离，在官员政绩考察或者地方债务审计工作中适当引入企业会计中的“权责发生制”，使得无论官员任职和职责如何调整，都无法轻易逃脱偿债责任的约束，倒逼地方主政官员合理管理其任期期间内的债务发行规模和期限结构。

第四，督促指导地方国有企业严格落实主体责任，研究出台地方国企债务的终身问责、倒查责任制度，强化权力行使的约束机制，促进国有企业根据财务承受能力和投资项目回报率科学确定融资规模与成本。

参考文献

[1] 曹春方. 政治权力转移与公司投资：中国的逻辑 [J]. 管理世界，2013 (1)：143-157.

[2] 曹春方、马连福、沈小秀. 财政压力、晋升压力、官员任期与地方国企过度投资 [J]. 经济学（季刊），2014，13 (4)：1415-1436.

[3] 陈冬华. 地方政府、公司治理与企业绩效 [D]. 上海：上海财经大学，2002.

[4] 陈志勇、陈思霞. 制度环境，地方政府投资冲动与财政预算软约束 [J]. 经济研究，2014，49 (3)：76-87.

[5] 程仲鸣、金必简、俞中坚. 官员晋升激励、债务杠杆与企业技术创新 [J]. 科学决策，2019 (7)：1-33.

[6] 杜兴强、曾泉、吴洁雯. 官员历练、经济增长与政治擢升——基于1978—2008年中国省级官员的经验数据 [J]. 金融研究，2012 (2)：30-47.

[7] 范剑勇、莫家伟. 地方债务，土地市场与地区工业增长 [J]. 经济研究，2014，49 (1)：41-55.

[8] 范子英、彭飞、刘冲. 政治关联与经济增长——基于卫星灯光数据的研究 [J]. 经济研究，2016，51 (1)：114-126.

[9] 傅勇、张晏. 中国式分权与财政支出结构偏向：为增长而竞争的代价 [J]. 管理世界，2007 (3)：4-12.

[10] 干春晖、邹俊、王健. 地方官员任期、企业资源获取与产能过剩 [J]. 中国工业经济，2015 (3)：44-56.

[11] 郭步超、王博. 政府债务与经济增长：基于资本回报率的门槛效应分析 [J]. 世界经济，2014 (9)：95-118.

[12] 郭树清. 坚定不移打好防范化解金融风险攻坚战 [J]. 求是，2020，16 (8)：70-80.

[13] 胡悦、吴文锋. 逆转的杠杆率剪刀差——国企加杠杆还是私企去杠杆 [J]. 财经研究，2019 (5)：44-57.

[14] 吉富星. 地方政府隐性债务的实质、规模与风险研究 [J]. 财政研究，2018 (11)：62-70.

[15] 纪敏、严宝玉、李宏瑾. 杠杆率结构、水平和金融稳定——理论分析框架和中国经验 [J]. 金融研究，2017 (2)：11-25.

[16] 纪志宏、周黎安、王鹏、赵鹰妍. 地方官员晋升激励与银行信贷：来自中国城市商业银行的经验证据 [J]. 金融研究，2014 (1)：1-15.

[17] 贾俊雪、晁云霞、李紫霄. 财政分权与经济增长可持续性——基于情势转换

与聚类视角的分析［J］. 金融研究，2020（10）：55－73.

［18］将德权、姜国华、陈冬华. 地方官员晋升与经济效率：基于政绩考核观和官员异质性视角的实证考察［J］. 中国工业经济，2015（10）：21－36.

［19］李长青、禄雪焕、逯建. 地方政府竞争压力对地区生产效率损失的影响［J］. 中国软科学，2018（12）：87－94.

［20］李丽珍、安秀梅. 地方政府隐性债务：边界、分类估算及治理路径［J］. 当代财经，2019（3）：37－47.

［21］刘晨晖、陈长石. 土地出让如何影响城市间发展不平衡——基于财政缺口弥补视角的实证分析［J］. 财贸经济，2017，38（11）：23－38.

［22］刘蓉、李娜. 地方债务密集度攀升的乘数和双重挤出效应研究［J］. 管理世界，2021，37（3）：51－66.

［23］罗党论、佘国满. 地方官员变更与地方债发行［J］. 经济研究，2015，50（6）：131－146.

［24］吕健. 地方债务对经济增长的影响分析——基于流动性的视角［J］. 中国工业经济，2015（11）：16－31.

［25］麻宝斌、郭蕊. 权责一致与权责背离：在理论与现实之间［J］. 政治学研究，2010（1）：72－78.

［26］马万里、张敏. 地方政府隐性举债对系统性金融风险的影响机理与传导机制［J］. 中央财经大学学报，2020（3）：10－18.

［27］毛寿龙. 市政债券与治道变革［J］. 管理世界，2005（3）：43－49.

［28］缪小林、伏润民. 权责分离、政绩利益环境与地方政府债务超常规增长［J］. 财贸经济，2015（4）：17－31.

［29］谭之博、周黎安. 官员任期与信贷和投资周期［J］. 金融研究，2015（6）：80－93.

［30］陶然、苏福兵、陆曦、朱昱铭. 经济增长能够带来晋升吗？——对晋升锦标竞赛理论的逻辑挑战与省级实证重估［J］. 管理世界，2010（12）：13－26.

［31］王柏杰. 基于地方政府资产负债表的地方债务规模与风险估算—来自中国七个资源型省份的经验证据［J］. 山西财经大学学报，2018（10）：17－30.

［32］王克敏、杨国超、刘静、李晓溪. IPO资源争夺、政府补助与公司业绩研究［J］. 管理世界，2015（9）：147－157.

［33］王贤彬、张莉、徐现祥. 辖区经济增长绩效与省长省委书记晋升［J］. 经济社会体制比较，2011（1）：110－122.

［34］王贤彬、徐现祥、李郇. 地方官员更替与经济增长［J］. 经济学（季刊），2009（3）：1301－1328.

［35］王宇伟、盛天翔、周耿. 宏观政策、金融资源配置与企业部门高杠杆率［J］. 金融研究，2018（1）：36－52.

［36］吴盼文、曹协和、肖毅、李兴发、鄢斗、卢孔标、郭凯、丁攀、徐璐、王守贞. 我国政府性债务扩张对金融稳定的影响——基于隐性债务视角［J］. 金融研究，2013（12）：57－71.

[37] 徐军伟、毛捷、管星华．地方政府隐性债务再认识——基于融资平台公司的精准界定和金融势能的视角 [J]．管理世界，2020，36 (9)：37－59.

[38] 徐康宁、陈丰龙、刘修岩．中国经济增长的真实性：基于全球夜间灯光数据的检验 [J]．经济研究，2015，50 (9)：17－57.

[39] 徐现祥、王贤彬、舒元．地方官员与经济增长——来自省长、省委书记交流的证据 [J]．经济研究，2007 (9)：18－31.

[40] 徐业坤、钱先航、李维安．政治不确定性、政治关联与民营企业投资——来自市委书记更替的证据 [J]．管理世界，2013 (5)：116－130.

[41] 徐业坤、马光源．地方官员变更与企业产能过剩 [J]．经济研究，2019，54 (5)：129－145.

[42] 杨继东、杨其静、刘凯．以地融资与债务增长——基于地级市面板数据的经验研究 [J]．财贸经济，2018，39 (2)：52－117.

[43] 余泳泽、王岳龙、李启航．财政自主权，财政支出结构与全要素生产率——来自230个地级市的检验 [J]．金融研究，2020 (1)：28－46.

[44] 张俊．高铁建设与县域经济发展——基于卫星灯光数据的研究 [J]．经济学(季刊)，2017，16 (4)：1533－1562.

[45] 张军、吴桂英、张吉鹏．中国省际物质资本存量估算：1952—2000 [J]．经济研究，2004 (10)：35－44.

[46] 张军、高远．官员任期、异地交流与经济增长——来自省级经验的证据 [J]．经济研究，2007 (11)：91－103.

[47] 赵文哲、杨继东．地方政府财政缺口与土地出让方式——基于地方政府与国有企业互利行为的解释 [J]．管理世界，2015 (4)：11－24.

[48] 赵宇．官员晋升激励与企业负债——地级市层面的经验分析 [J]．经济管理，2019，41 (4)：93－110.

[49] 郑思齐、孙伟增、吴璟、武赟．“以地生财，以财养地”——中国特色城市建设投融资模式研究 [J]．经济研究，2014，49 (8)：14－27.

[50] 钟宁桦、刘志阔、何嘉鑫、苏楚林．我国企业债务的结构性问题 [J]．经济研究，2016 (7)：102－117.

[51] 周黎安．中国地方官员的晋升锦标赛模式研究 [J]．经济研究，2007 (7)：36－50.

[52] Barro R J. Are Government Bonds Net Wealth [J]. Journal of Political Economy. 1974, 82 (6): 1095－1117.

[53] Chen Y, Li H, and Zhou. Relative Performance Evaluation and the Turnover of Provincial Leaders in China [J]. Economics Letters, 2005, 88 (3): 421－425.

[54] Chen Z, Yu B, Yang C, Zhou Y, Yao S, Qian X, Wang C, Wu B, Wu J. An Extended Time Series (2000－2018) of Global NPP-VIIRS-like Nighttime Light Data from a Cross-Sensor Calibration [J]. Earth System Science Data, 2021, 13 (3): 889－906.

[55] Drazen A. The Political Business Cycle after 25 Years [J]. NBER Macroeconomics Annual, 2000, 15: 75－117.

[56] Eberhardt M, Presbitero A F. Public Debt and Growth: Heterogeneity and Non-linearity [J]. Journal of International Economics, 2015, 97 (1): 45 -58.

[57] Frey B. Political Business Cycles [M]. Edward Elgar, 1997.

[58] Hsieh C T., Klenow P J. Misallocation and Manufacturing TFP in China and India [J]. Quarterly Journal of Economics, 2009 (4): 1403 -1448.

[59] Jiang J Y. Making Bureaucracy Work: Patronage Networks, Performance Incentives, and Economic Development in China. American Journal of Political Science, 2018, 62 (4): 982 -999.

[60] Jones B F., Olken B A. Do Leaders Matter? National Leadership and Growth since World War II [J]. Quarterly Journal of Economics, 2005, 120 (3): 835 -864.

[61] Julio B, Yook Y. Policy Uncertainty, Irreversibility, and Cross-Border Flows of Capital [J]. Journal of International Economics, 2013, 103: 13 -26.

[62] Li C, Bachman D. Localism, Elitism, and Immobilism: Elite Formation and Social Change in Post-Mao China [J]. World Politics, 1989, 42 (1): 64 -94.

[63] Li H, Zhou L A. Political Turnover and Economic Performance: The Incentive Role of Personnel Control in China [J]. Journal of Public Economics, 2005, 89 (9 -10): 1743 -1762.

[64] Oi, J. C. Fiscal Reform and the Economic Foundations of Local State Corporatism in China [J]. World Politics, 1992, 45 (1): 99 -126.

[65] Pierson P. Politics in Time: History, Institutions, and Social Analysis [M]. Princeton University Press, 2004.

[66] Polackova H. Contingent Government Liabilities: A Hidden Risk for Fiscal Stability [J]. World Bank Policy Research Working Paper, 1998, No. 1989.

[67] Qian Y, Roland G. Federalism and the Soft Budget Constraint [J]. American Economic Review, 1998, 88 (5): 1143 -1162.

[68] Reinhart C M., Rogoff K S. Growth in a Time of Debt [J]. American Economic Review, 2010 (100): 573 -578.

[69] Reinhart C M., Rogoff K S, Savastano M A. Debt Intolerance [J]. Brookings Papers on Economic Activity, 2003, 34 (1): 1 -62.

[70] Shirk S L. The Political Logic of Economic Reform in China [M]. California: University of California Press, 1993.

[71] Song Z, Xiong Wei, Risks in China's Financial System [J]. Annual Review of Financial Economics, 2018, 10 (1), 261 -286.

[72] Spilioti S, Vamvoukas G. The Impact of Government Debt on Economic Growth: An Empirical Investigation of the Greek Market [J]. Journal of Economic Asymmetries, 2015, 12 (1): 34 -40.

[73] Sutton P C., Costanza R. Global Estimates of Market and Non-market Values Derived from Nighttime Satellite Imagery Land Cover, and Ecosystem Service Valuation [J]. Ecological Economics, 2002, 41 (3): 509 -527.

[74] Walder A G. Local Governments as Industrial Firms: An Organizational Analysis of China's Transitional Economy [J]. American Journal of Sociology, 1995, 101 (2): 263 - 301.

[75] Xu C. The Fundamental Institutions of China's Reforms and Development [J]. Journal of Economic Literature, 2011, 49 (4): 1076 - 1151.

致 谢

硕士论文在2月就完成了，而我却在4月27日才写下这篇致谢。不是因为偷懒，而是觉得写完致谢，好像硕士生涯的求学之路就随之结束了。从小到大，一路走来，自己也一直在人生这奔波的旅途中不断探索自己是谁、自己想要什么生活、自己未来的可能性等问题。

回望三年的研究生生涯，白驹过隙，恍然如梦。首先，很感谢从论文选题到答辩，一次次为我认真琢磨、提供建议的姚东旻老师，整篇论文的打磨完善离不开姚老师的耐心引导和细心指正。三年的相处时光，导师在学业和生活上都给予了我很多的鼓励和关心。其次，我也想感谢各位任课老师，带领我探索了不同的学术领域、学到了很多受益终生的知识。

家人也一直是我的坚强后盾，偶尔是我不想努力的温柔乡和避风港。虽然父母都是感情表达较为含蓄的人，但是他们对我的包容和爱是远超同龄人的，所以非常感谢我的父母对我的付出和栽培，让我在平凡的生活里也可以有无限的安全感和快乐源泉。

同时，我也要感谢一路走来陪在我身边的朋友们，是你们给了我最温暖的庇护和支持，一直陪着我，带给我快乐和感动，很感谢大家出现在我的人生里，让我原本无趣的生活变得灿烂、有趣了许多，在我稍显散漫庸碌的硕士求学之路的终点，我希望用我不够舒展却足够真诚的文笔，向这二十年所遇见的美好与幸运致以我最饱满热烈的谢意，未来也希望仍旧和你们在一起，长长久久地在一起。

另外，我想在致谢里加上自己。二十余年的求学生涯里，你都是一个非常要强的孩子，但随着年岁渐长，你已经慢慢发现很多事情尽力之后仍然达不到你的预期，这个时候可以沮丧，但是心里一定不要害怕。在人生的旅途中，很多事物都是沧海一粟，千万不要一叶障目，也千万不要过分怀疑自己，要看到自己手里拥有的牌，专注地享受这场游戏。最后，希望你真的可以养成不断读书、不断思考的好习惯，不要再推给下次了！

论文短评

点评人：范翻

政治经济周期理论是西方宏观经济周期理论中的一支重要文献，其理论思想为宏观政策会随着政治选举表现出周期性变化。对于西方国家的研究已经证实政治经济周期，特别是财政政治周期的存在。尽管中国与西方国家实行不同的政治制度，但一些文献开始着眼于我国特有的官员弹性任期制度，分析地方政府财政行为的周期性变化。高秋男同学的论文《市长任期、地方国有企业债务和区域经济发展》研究了任期时间如何影响市长的发债行为及其如何影响地区经济发展的水平和质量，是一次颇具创新和勇气的尝试。地方政府隐性债务是中国目前经济运行的“灰犀牛”，防范和化解地方政府隐性债务风险，是坚决打好防范化解重大风险攻坚战的必然要求。现有研究发现，地方国有企业债务是地方政府或有隐性债务的主要来源，但已有文献大多从预算软约束、信贷配置偏好、产能过剩等视角分析我国国有企业债务的形成。本文指出，在晋升锦标赛下，地方官员有强烈的激励去干预国有企业部门，并为此调配土地、税收、信贷等资源予以政治支持。在债券发行期限和官员任期期限不一致的情况下，往往会出现“新官不理旧账”的现象，导致地方债务的发行权力和偿债责任在时间维度上发生了分离，导致地方官员在任期不同阶段选择不同的发债行为。更重要的是，本文不仅局限于讨论官员任期对发债行为的影响，还进一步研究了债务发行模式对地方经济高质量发展的影响，并在此基础上提出了相应的政策建议。

高秋男同学的这篇文章收集了2009—2017年全国314个城市1138位市长的任职信息以及4524家地方国有企业的33538条债券发行信息，并在此基础上考察了市长任期阶段与地方国有企业债的发行规模和期限结构之间的典型事实。利用市长任期与地方国有企业债务发行的月度数据，本文发现：（1）地方国有企业债发行规模随着市长任期表现出先慢后快的变化趋势，即随着任期接近结束时点，市长会发行更多的地方国有企业债；（2）长期债务占比随着市长任期表现出先上升后平稳的变化趋势，即随着市长任期比例的增加，地方国有企业主要通过发行长期债券来扩大发行规模。利用地区夜间灯光密度和全要素生产率分别测度地方政府发展水平和质量，本文发现任期后期发行的地方国有企业债对于经济发展的促进作用要弱于前期，且这种不利影响会同时作用于地方经济增长和效率提升。

基于翔实可靠的数据和典型事实，本文围绕官员任期、国有企业债务和地方经济发展提出了相应的假说。本文的核心解释变量是市长任期，分别以任期期限比例和是否为任期后半段两个变量来捕捉官员的任期阶段。实证研究发现，官员任期阶段会影响国有企业债规模和期限结构：市长在本地任职时间越久，当地国有企业债的新增规模越大，且其中长期限债务占比越高。关于地方国有企业债的经济效应，本文发现，地方国有企业债规模会通过公共投资拉动地方经济发展水平，但不会影响全要素生产率。从政治经济周期的角度来看，国有企业债对地方经济发展存在异质性的影响：相比于任期前半阶段，后半阶段的国有企业债发行对地方经济发展的带动效应有明显减弱。在区分债券期限的情况下，短期限债务无论在任期前后均存在促进经济增长的效果，但长期限企业债仅在任期前期存在促进作用。作者指出，这种债券期限在不同任期阶段出现的一致性影响是“权责分离”的结果。地方国有企业债存在权责分离现象，即本届官员具有发行债券的权力，但债务偿还的责任则递延到下届政府，这导致地方官员可能关心举债，而不去考虑债务规模、结构以及未来的违约风险。权责分离的现象无疑在任期后半期更为明显，这也解释了为什么任期后半期的长期企业债对经济发展没有作用。

当然，本文尚存在一些不足之处，如：(1) 官员任期具有潜在的内生性问题，即不同类型的官员可能会面临不同的任期约束，同时具有相异的行为模式；(2) 未能进一步探讨国有企业债规模和期限结构对经济社会发展的具体作用机制。但总的来说，本文选题具有一定的前沿性和创新性，尤其是对深化地方债务管理具有重要的应用价值；论文结构完整合理、资料翔实可信，实证部分采用了科学合理的研究方法；行文文字通顺流畅，写作符合学术规范。综上所述，本论文达到一篇优秀硕士研究生毕业论文的水平。

我国预算绩效审计的审计特征及整改情况研究

——基于审计署2016—2020年审计报告的分析

Analysis of audit characteristics and rectification of Budget performance audit in China

——Based on the audit reports of the National Audit Office from 2016 to 2020

孙路路

摘 要

随着20世纪七八十年代新公共管理运动的兴起，公众呼吁将企业经营领域的绩效概念引入公共事务领域，要求政府部门在资源使用、行政管理方面注重效益性。在预算管理领域，各国政府开始了从预算审计到预算绩效审计的探索。新公共管理运动后，西方国家相继将绩效审计的理念写入法律法规，绩效审计概念逐渐得以规范化，我国的预算审计也逐渐开始向预算绩效审计转变。审计署2003年在新的发展规划中，对审计机关提出了逐步增加效益审计活动的要求，此后多次在相关法律法规文件中予以强调并且不断完善。2018年党和国家提出全面实施预算绩效管理的要求，更是开启了预算绩效管理的元年。目前，伴随我国预算规模的不断扩大和经济新常态的现实背景，迫切需要加强预算绩效审计，发挥审计机关的审计监督功能，在审计端发力，与财政部门共同促进全面预算绩效管理体系的实现。审计机关开展预算绩效审计的基本流程包括“准备—实施阶段—报告及整改阶段”，审计机关通过三个环节的环环相扣，实现预算绩效审计到整改的全过程监督，推进预算绩效管理体制的建设。其中审计实施环节体现了我国审计机关在开展审计时的工作思路和审计特征，而审计整改作为审计的“后半篇文章”能够直接反映审计整改情况。因此，本研究从跨学科的角度出发，研究审计机关在预算绩效建设中的审计工作特征，并且分析审计整改落实情况，最终通过对特征事实的总结，从中发现问题，提出关于进一步完善预算绩效审计的建议。

本文旨在分析我国预算绩效审计的审计特征和整改情况，具体从行文上，包括以下几个部分：首先是文章的绪论部分，通过对研究背景的介绍，引出本文的研究意义。然后进行国内外文献综述，发现我国预算绩效审计研究与国外相比起步较晚，但是近年来对该领域的研究关注不断提升。最后，本文基于相关文献，提出本文的研究创新点。第二章为本文的理论基础，首先对于文中的关键概念进行界定，包括从预算审计到预算绩效审计的概念变迁以及我国预算绩效审计的一般性程序，最后对我国的审计公告制度进行介绍。第三章节展开对预算绩效审计的审计特征的研究，研究方法是文本分析技术，语料来源是2016—2020年的中央预算执行的审计工作报告。本研究选择该类型审计工作报告是因为中央预算审计包含的内容较多、每年的结果公布比较规律。此外，当年审计署会公布该项审计报告的整改情况，便于收集数据统计审计整改的情况。这一章旨在分析我国预算绩效审计报告体现的审计重点问题和重点领域是什么，哪些绩效问题"屡审屡犯"，不同年份的审计重点存在何种差异。第四章节是对审计整改情况的分析，这部分主要是对2016—2020年审计整改报告中的整改资金规模进行分类统计，从而分析我国预算绩效审计的整改落实情况，并且详细分析不同问题类型、不同领域的整改差异，然后对整改不足的原因进行了文本技术分析。第五章节主要是总结我国预算绩效审计的审计工作特征、相应问题的审计整改情况，分析总结目前我国绩效审计中的问题，进而基于以上分析，提出完善我国预算绩效审计的建议。

最终本文得到以下关键结论：首先，在审计特征方面，我国预算审计工作正在从合规审计向绩效审计转变，体现了国家预算资金使用追责与问责的要求。其次，近五年间审计报告中绩效问题涉及的问题类型和领域较多，覆盖范围广泛。2016—2020年高频出现的问题有自评、资金闲置、绩效目标、预算安排、政策落实、不够细化、不够规范、不完善、交叉重叠等问题，绩效问题主要来自专项转移支付、转移支付、债务、扶贫、生态、国有资本经营预算、科技、增值税、科研、一般性转移支付等领域。再次，不同问题类型、不同领域的绩效之间具有一定的相关性，有助于审计机关在工作时举一反三，精准识别重点，提高审计工作穿透力。最后，预算绩效审计对关键领域的"持续性"审计，对于突发性问题的"阶段性"审计，体现了审计工作的开展适时调整，服务于国家治理政策的灵活性。在整改情况方面，我国预算绩效审计的问题资金整改比例整体较高，但不同年份的整改比例波动较大，并且与合法合规类资金整改比例相比仍然较低。此外，不同类型、不同领域的绩效问题资金在整改落实情况上存在差异。最后，在影响整改情况的原因方面，底层制度是导致整改效果不足的主要原因。

综合以上分析，文章认为我国预算绩效审计工作的开展越来越广泛和深入，问题资金整改整体较好。但是绩效审计及整改工作也存在一些问题，例如我国预算绩效管理体系不健全，相关体制机制不完善；有些绩效问题和领域反复出现；绩效类资金整改比例仍然有待提高；一些领域的整改欠佳等。对于以上问题，文章从审计工作和整改工作两个角度，提出了完善我国预算绩效审计工作的建议。

关键词：预算绩效审计；审计报告；审计整改

Abstract

In the 1970s and 1980s, more and more people are calling for a new theory, which called for the use of the basic concept of enterprise into the government. People want the government to enhance the effiency of public resources, and the staffs to get out of the ofiice to care more about the people. In that peorid, governments of various countries have begun to explore from budget audit to budget performance audit. After the 1970s, representative western countries successively included the concept of performance auditing into laws and regulations, and the concept of performance auditing was gradually standardized. The traditional budget auditing objective of our government is the the wright and efficent of budget activities. With the continuous increase of the scale of fiscal revenue and expenditure in our country, our budget auditing has gradually begun to change to budgetary performance auditing. In 2003, in the "2003—2007 Audit Work Development Plan of the National Audit Office", the requirements for audit institutions to gradually increase efficiency audit activities were put forward. 2018 marked the beginning of the first year of budget performance management. At present, with the huge scale of china's budget scale and the new state of the economy, it is urgent to strengthen budget performance auditing, give full play to the "immune system" function of audit institutions, make efforts on the audit side, and jointly promote a comprehensive budget performance management system with financial departments. realization. The basic process for audit institutions to conduct budget performance audits includes "preparation-implementation-report and follow-up rectification stage". The audit implementation link reflects the work ideas and audit characteristics of my country's audit institutions when conducting audits, and audit rectification, as the "second half article" of audit, can directly reflect the effect of audit rectification. Therefore, this research studies the audit work characteristics of audit institutions in budget performance audit, and analyzes the effect of audit rectification and implementation. Finally, through the summary of the characteristics and facts, it finds problems and finally we can give some suggestions on my country's budget performance audit. relevant suggestions to promote the realization of my country's comprehensive budget performance management.

The purpose of this paper is to analyze the audit characteristics and rectification effects of my country's budget performance audit. Specifically, it includes the following part: Firstly, we will introduce some background of this paper and analysis the meaning in this paper, besides, the research significance of this article is analyzed. Then, I will give a literature review in deep, and we can know that the research on budget performance auditing in my country is relatively late compared with foreign countries, but domestic and foreign scholars all put forward a relatively unanimous opinion on the importance of budget performance auditing. Finally, after introducing the relevant literature, this paper will do some research innovations. First, it introduces the key concepts in the text, including the concept change from budget audit to budget performance audit, the general procedure of budget performance audit in our country, and finally introduces the audit announcement system in our country. The third part officially launched the research on the audit characteristics of budget performance audit. The research method is text analysis technology. This part is mainly to classify and count the scale of rectification funds in the 2016—2020 audit rectification report, so as to analyze the rectification and implementation effect of my country's budget performance audit, and to analyze in detail different types of problems, Differences in rectification in different fields, and then a textual technical analysis of the reasons for insufficient rectification. The fifth part mainly summarizes the audit work characteristics of my country's budget performance audit, the audit rectification effect of corresponding problems, and analyzes the problems existing in my country's budget performance audit. Finally, this paper puts forward suggestions for improving my country's budget performance audit.

This paper mainly points these conclusions. In terms of audit characteristics, first of all, my country's budget audit work is changing from compliance audit to performance audit, which reflects the requirement of national budget funds that "the use of money must be effective, and the ineffectiveness must be held accountable". Secondly, the performance issues in the audit reports in the past five years have involved many types and fields, covering a wide range. From 2016 to 2020, the frequently-occurring problems included self-assessment, idle funds, performance goals, budget arrangements, policy implementation, insufficient refinement, insufficient standardization, imperfection, overlapping and other issues. Performance problems mainly came from special transfer payments, transfers

Payment, debt, poverty alleviation, ecology, state-owned capital operating budget, science and technology, value-added tax, scientific research, general transfer payments, etc. Then, I will give some introdution about the performance of different problem types and different fields have some valid relationships, which helps audit institutions to draw inferences from one case and accurately identify the key points in their work. Finally, budget performance audits are "continuous" audits of key areas and "phased" audits of emergent issues, which reflect the timely adjustment of audit work and serve the flexibility of national governance policies. In terms of rectification effect, the rectification ratio of problematic funds in my country's budget performance audit is generally high, but the rectification ratio fluctuates greatly in different years, and is still lower than the rectification ratio of legal and compliant funds. In addition, there are differences in the effect of rectification and implementation of funds for performance problems in different types and fields. Finally, in terms of the reasons that affect the effect of rectification, institutional reasons are the main reason for insufficient rectification.

At last, the article believes that my country's budget performance audit work has achieved great results as a whole, and the overall effect of my country's budget rectification is good. Such as the performance audit in the whole work is more important than before, more people have the awareness to hance the levle of audit, which is a such a fancy thing, so we must trust in it, and believe that it will be better. However, also some problems comes in performance auditing and rectification work. For example, the management system of my country's budget system itself is not perfect; some performance problems and areas appear repeatedly; the rectification effect in some areas is not good; the rectification rate is still low which compared to the another. To asolve the above problems, the article will give some suggestions on budget performance auditing in my country from three perspectives: system and mechanism construction, audit work, and rectification work.

Key words: budget performance audit; audit report; audit rectification

1.

绪　论

1.1　研究背景

近年来，伴随财政收支规模不断增长以及国内经济下行压力的增大，党和国家多次提出财政资金使用要提质增效。在此背景下，我国绩效管理改革不断深化，越加重视预算支出的责任和效率。党的十九大报告明确指出要加快建立起规范化、科学化且信息公开化的预算绩效体系。[①]” 2018 年 9 月，中央全面深化改革委员会第三次会议审议通过了《中共中央　国务院关于全面实施预算绩效管理的意见》，对于在新形势下如何更好开展绩效管理提出了总体布局。该文件指出了目前工作中存在的一些重视投入忽视产出、重点领域资金闲置、项目推进不畅等问题[②]”，要求有关部门要牢固树立预算绩效意识，重视提高财政资金效益，对损失浪费等绩效问题加大监督问责力度，加快形成全面预算绩效管理体系。因此在深化预算绩效管理的背景下，切实提高预算效益符合现实需要和政策导向，是当前我国财政工作的重点方向。

审计机关作为国家经济的“安全卫士”，每年会依据国家治理需要开展审计监督，具有审计监督“免疫系统”的功能[③]。在我国建立全面绩效管理的体系框架下，除了需要预算管理部门、预算单位做好预算相关监督工作，同样需要审计机关参与其中，对预算资金进行全流程的评价与监督。图 1－1 体现了我国预算绩效审计中预算管理部门、预算单位、审计机关的联动关

① 习近平．决胜全面建成小康社会，夺取新时代中国特色社会主义伟大胜利——在中国共产党第十九次全国代表大会上的报告［Z］．北京：人民出版社，2017：10.

② 中华人民共和国中央人民政府网站 http://www.gov.cn/zhengce/2018－09/25/content_5325315.htm.

③ 刘家义．树立科学审计理念发挥审计监督“免疫系统”功能［J］．中国审计，2009（11）：9－11.

系。可以看到，审计机关在执行国家财政资金审计时，除了合法合规性审计外，更应该加大对于预算资金绩效问题的审计，即开展预算绩效审计。审计工作通过构建“实施审计—结果报告—整改报告”的工作机制，在审计环节发现揭露问题，在后续整改环节进行落实整改，从而在审计层面形成促进预算绩效管理的完整体系。因此，有必要了解我国预算绩效审计当前的审计特征和整改情况，了解我国预算绩效审计的重点问题类型和主要来源领域，以更好地把握审计机关工作思路。

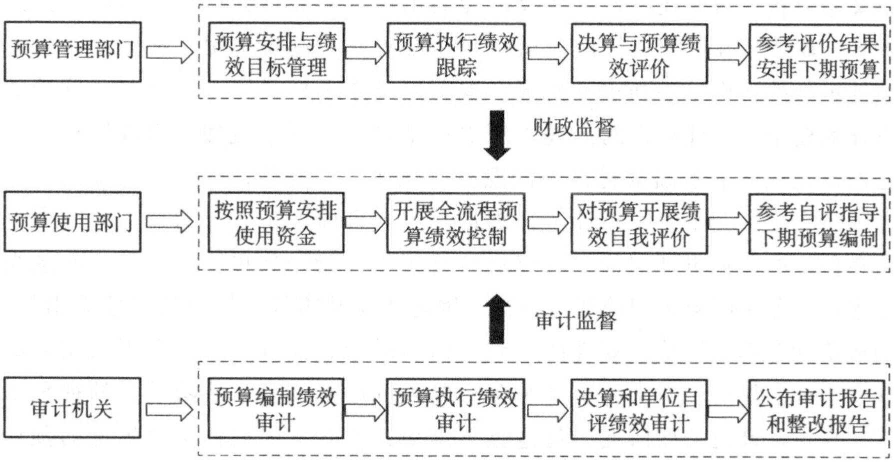

图 1－1　预算绩效管理中财政监督和审计监督协同机制

《中华人民共和国审计法》要求审计机关要按时对预算执行进行审计，并且由政府部门及时向人大进行报告，接受监督①”，截至目前，国家审计署官网已经连续二十多年向公众公布预算审计结果的报告，并且在 2016 年后的每年 12 月，审计署会对当年的审计整改情况进行总结报告，这为我们通过审计报告了解国家预算绩效审计工作及整改工作提供了窗口。因此，本文计划依据审计署公布的 2016—2020 年审计报告及相应年份的整改报告，共计十份文件，对我国预算绩效审计的审计工作特征和整改情况进行分析。本文分析的目的在于把握我国预算绩效审计工作的工作思路，分析审计报告中的重难点问题和问题易发的关键领域，以及评估我国预算绩效审计整改工作开展的落实情况，为今后的预算绩效审计工作开展提供建议，进而促进我国全面预算绩效管理体系的建设。

① 《中华人民共和国审计法》第四条。

1.2 研究意义

1.2.1 理论意义

本文创新性地采用了文本分析技术，对于2016—2020年的审计报告进行文本分析，研究我国预算绩效审计的工作特征并且分析其在不同年份的差异。研究旨在了解这一问题的审计特征和整改落实情况，把握我国预算绩效审计的工作思路和审计情况。本文通过图表形式等对于我国预算绩效审计的概念、审计报告的形成等历史沿革进行了详细梳理，为以后相似主题的研究提供了基础素材，丰富现有研究成果。此外，本文对预算绩效审计的研究，有利于完善审计工作理论。因为目前关于审计的相关研究仅停留在传统的财务审计层面，仅仅将审计工作作为一项单独的活动，而忽视了审计服务于国家治理的现实特征。因此本文从审计的国家监督职能出发，分析审计工作如何从合规性向绩效性内核转变，并且不断符合国家发展的现实需要。最后，本文将审计与预算绩效问题相结合，从跨学科的视角出发，探寻审计机关如何发力促进预算绩效的实现，因此这是对传统的预算绩效理论的一次完善和创新，研究审计工作如何更好地促进国家财政管理的需要，从而形成财政审计协同监督的大格局，共同促进预算绩效管理体系的建设。

1.2.2 现实意义

伴随我国收支规模增加和经济下行压力增大，叠加疫情冲击，我国预算资金使用迫切需要提质增效。虽然我国已经较早地开始提出建立预算绩效的相关理念，但是目前在绩效建设方面仍然存在一些问题，财政部门在绩效建设方面稍显乏力，难以对社会各个方面全部兼顾，因此需要发挥审计机关的职能，结合审计监督力量共同建设预算绩效体系。但值得注意的是，我国预算绩效审计的开展目前仍然存在一些突出问题，例如有些领域的绩效问题较为严重，某些绩效问题整改不到位等，因此需要了解我国预算绩效审计开展的特征是什么，整改效果究竟存在怎样的差异，造成整改不足的原因是什么。因此，本文立足于审计报告的文本和数据，从中梳理归纳出我国绩效审计的关注重点，主要问题及其来源领域，分析整改资金的差异，便于为审计机关在后续审计工作中更好地开展提供参考，提高预算绩效审计工作的质量和成效。

1.3 文献综述和评述

1.3.1 文献综述

（1）关于预算绩效审计的概念及重要性

关于预算绩效审计的概念经历了从预算审计到预算绩效审计的变迁。20 世纪二十年代，McKinsey（1923）在 *Budgetary Control* 一书中首次提出了预算审计的概念，认为预算审计是对预算中支出和收入的核算和监督，是对预算进行控制的重要手段。之后随着对于预算资金使用绩效的重视，越来越多学者将研究目光从合规性审计转变为预算绩效管理视角下的预算绩效审计。比较早提出预算绩效审计这一概念的是英国学者 T · G. Ross，他在 1932 年出版的《The Management Audit》一书中将预算绩效审计定义为“用效率来衡量管理程序的主要手段”。美国最高审计机关审计总署（General Accounting Office，GAO）在 1972 年的《政府组织、项目和活动的审计标准》这一文件中首次较为全面地提出了绩效审计的三个要求，分别是“效率性、经济性、效果性”的“3E”原则，即倡导对政府日常工作、项目实行等活动的结果从效率性、经济性、效果性三个方面进行绩效审计。此后，各国预算绩效审计的概念逐渐进入官方文件并且不断规范。

表 1 - 1 是关于代表性国家预算绩效审计纳入法律依据的时间梳理，但是这个时期各个国家关于绩效审计的概念表述存在一定差异，例如美国将其称为绩效审计；英国将体现绩效审计的概念称为货币价值审计；加拿大称为综合性审计等。以上差异主要是基于各国在绩效审计具体实施方法的差异和翻译的不同①。对于绩效概念不一致的情况，世界审计组织（INTOSAI）1986 年在最高审计机关会议上，将预算绩效审计的概念归纳为审计公共部门活动的经济性、效益性和效果性。此后在 2004 年，该组织出版了《Implementation Guidelines for Performance Auditing》一书，进一步提出预算绩效审计是在政府编制预算、执行预算、预算评价过程中，对各级政府的日常工作、项目实行等活动的效率性和效果性进行独立于该政府机构的第三方检查。至此，预算绩效审计的概念得以不断完善。

① 孙平. 我国政府绩效审计发展研究［M］. 北京：经济日报出版社，2018：3 - 78.

表 1-1　　代表性国家预算绩效审计规范化时间表

国别	时间	审计主体	法律依据	内容
美国	1972 年	审计总署	《政府组织、项目和活动的审计标准》	第一次公开提出建立绩效审计要求，提出审计的“3E”标准。
加拿大	1977 年	审计长公署	《审计长法》	提出建立独立的审计机构——审计署，绩效审计是审计长公署的主要业务。
澳大利亚	1979 年	效率审计部	新《审计法》	明确赋予了澳大利亚最高审计机关效率审计部对公共事务领域开展效益审计权力。
英国	1983 年	审计委员会	《国家审计法》	在法律层面规范了审计权的归属，明确审计长官能够对一切政府部门开展绩效审计。
日本	1997 年	会计审计院	新《审计院法》	首次增加了关于绩效方面的审计要求，审计工作包括正确性、合法性、经济型和效益性。

资料来源：作者根据 Glynn（1985）、孙平（2018）等资料整理。

国内对于预算绩效审计的内涵，学者们分别从不同的视角进行了阐述，总结来看主要包括以下角度：①刘家义审计长（2004）基于经济发展视角，认为绩效审计是在法律的规定下，审计机关对财政资源的合理性、效益性进行监督审计，从而促进社会经济发展。②从国家监督视角，审计署成都特派办理论研究会课题组（2019）将其定义为：根据国家政策目标和财政资金的预期使用效果，对预算资金的资金效益、项目效益、政策执行和体制机制类问题进行的审计工作。③郭旭（2019）总结审计学会年会与会专家观点，从“全方位、全过程、全覆盖”视角出发，认为预算执行绩效审计是对所有政府部门和单位所涉及的四本预算资金以及所有政策法规、项目的执行过程的效益方面进行绩效审计。④从界定范围的视角来看，黑龙江省审计学会课题组（2020）认为可以区分狭义内涵和广义内涵，其中预算资金绩效审计狭义内涵指“确定目标及对象—明确审计内容—统一相关方法和程序—撰写相关报告并公布”的全流程。在广义内涵上，合规审计也属于绩效审计的一个方面。

表1-2　国内学者关于预算绩效审计的内涵界定

视角	内涵	作者
基于经济发展视角	绩效审计是审计机关基于相关法律法规，对财政资源的合理性、科学性进行审查，最终促进社会经济发展。	刘家义（2004）
基于国家监督视角	根据国家政策目标和财政资金的预期使用效果，对预算资金的资金效益、项目效益、政策执行和体制机制类问题进行的审计和监督工作。	审计署成都课题组（2019）
基于“全方位、全过程、全覆盖”视角	预算绩效审计是对所有政府部门和单位所涉及的四本预算资金以及所有政策法规、项目的全执行过程的效益进行的绩效审计。	郭旭（2019）
基于界定范围的视角	预算资金绩效审计狭义内涵指“确定目标及对象—明确审计内容—统一相关方法和程序—撰写相关报告并公布”的全流程。在广义内涵上，合规审计也是绩效审计的一部分。	黑龙江省审计学会课题组（2020）

在预算绩效审计的重要性方面，此前多数学者大多关心预算审计与预算违规的关系。例如孟焰，张军（2010）分析了国家审计作为“免疫系统”的实施机制，认为审计可以通过不断完善审计机制、提高审计工作质量等方式发挥免疫机制，促进免疫功能发挥。郑石桥，孙硕（2015）基于中央部门预算的审计数据，认为预算审计频率与预算违规存在显著负相关。后来学者逐渐更多地关注政府预算审计与绩效之间的关系。审计署财政审计司也在其出版物中明确指出，“财政预算审计的目标之一，就是通过发现损失浪费、政策未实现等效益类问题，提高预算资金和财政收支绩效”①。山东省审计学会课题组的黄利明等（2019）认为开展预算绩效审计工作有助于建立现代财政制度，推动预算审计工作创新，不断符合国家治理的要求。

（2）关于预算绩效审计的审计特征的研究

Alexia Nalewaik（2015）对预算绩效审计的审计特征在“3E”基础上进行发展，增加了对于项目的总成本管理、投入产出比较、风险识别等审计要求，并且认为绩效审计标准可以由审计单位和被审计单位共同协商确定，审计工作的开展要适时灵活调整。戚啸艳等（2005）较早地对我国绩效审计开展的变化及规律进行了梳理，指出我国绩效审计大致可分为三个阶段，

① 审计署财政审计司．财政审计［M］．北京：中国时代经济出版社，2015.

随着经济社会发展经历了审计范围不断扩大的过程。薛芬（2012）则是从国家治理的视角出发，认为我国预算审计存在“屡审屡犯”等特征，分析认为这种现象的原因在于我国预算审计工作的开展较为固化，不能灵活适应政府预算制度变革的需要，提出预算审计的开展要积极适应政府预算的发展变革。吴勋，孙萌（2016）根据2003—2015的部门预算审计报告，分析认为部门预算审计存在逐渐常态化、广泛化特征，并且以财政预算执行和专项资金审计为主体。刘玉廷等（2016）同样认为伴随着政府预算的变化，国家审计工作的要求不断转变，并且从审计程序的公开化、审计过程的民主化、审计流程的规范化、审计工作的绩效化、审计实施的公正化和审计结果的问责化等方面，分析了国家审计工作如何才能更好地与政府预算制度相互支持。浙江省审计学会课题组（2020）从地区经验出发，基于当地审计工作开展的实际，指出了浙江省审计厅的审计工作重点集中在部门预算、专项资金、民生资金等几大核心方面。

但是本文认为，以上关于审计特征的研究大多是就预算审计的大问题而言，没有细化到预算绩效审计领域，无法了解目前我国预算绩效审计究竟关注哪些问题，关注重点在不同年份如何变迁。审计署审计报告作为重要官方文件反映了我国预算绩效审计工作的重点，不同年份的关注重点差异体现了审计工作的特征和思路。近几年少部分学者开始通过对审计工作报告反映的重点及趋势变化展开分析，如张俊民等（2013）基于对审计报告的分析，认为审计工作的开展伴随着国家治理目标的变化而变化，最终服务于国家治理的需要。肖振东和吕博（2013）基于对审计报告的梳理发现，我国的国家审计工作主要是围绕着对中央预算情况的审计展开，并且在不同历史时期，国家审计始终围绕国家治理的重心开展审计工作。上述文献研究多是基于审计报告的理论描述，随着文本挖掘技术推广和应用，有少数学者开始探索基于审计报告的文本分析技术的应用。郑小容等（2018）是较早地将文本分析技术应用于财税领域研究的学者，作者基于审计文本挖掘了审计报告中蕴藏的政府情感倾向，分析结果认为审计报告中的情感倾向整体波动较大，作者认为这一方面与宏观的政治环境变动有关，另一方面与审计机关主要领导的官员换届变动有关。姜爱华和杨琼（2020）运用了pathon技术，基于部门预算审计结果报告，分别从高频词汇和主题提取两个角度分析了部门预算审计的特征及变迁逻辑。

（3）关于预算绩效审计的整改情况的研究

美国最高审计机关审计总署认为在整个审计工作中非常重要的一个环节就是审计整改，这个环节可以通过监督整改的方式督促有关部门尽快落实相关绩效责任，能够最为直接发挥审计效果，肯定了整改工作在审计流程中的重要地位。Johnson（2006）重点分析了挪威和芬兰两国的基层审计机关，认为整改效果的落实需要有力的监督措施保障，缺乏相应保障制度下，审计效果难以充分发挥，因此指出了监督制度建设的重要性。Murphy Smith（2008）将美国国家审计署与英国审计机关的工作制度进行对比分析，认为美国的审计机关与政府机关相对独立，因此审计相对公平，但是同时也会导致在政府体系内部的细节性问题上，审计署的反映不够敏感，审计开展不够精准有效。Faraja Asukile（2022）对坦桑尼亚政府预算绩效进行研究，认为政府绩效的提高需要根据之前的预算执行情况积极进行调整，从而不断提高财政支出效率。

国内一些学者运用实证和数据分析的方法，例如田聪聪，郑石桥（2016）基于中央部门支出数据，研究发现预算越公开，预算的违规率越低；预算审计的覆盖面越广，预算的违规率也会越低。王翠琳，赵珈（2017）研究发现审计整改具有明显的正向促进效果，整改力度越大，越能促进预算资金健康使用，带动国家长久发展。宋夏云，闫帅（2019）认为加强预算审计整改工作能够更好地发挥审计的监督和惩戒的重要作用，具体来看，审计整改通过计划管理、责任落实、协调沟通、效果评价和信息公开五个环节实现审计整改工作机制。王纪颖（2019）通过建立数学模型，分析验证在我国中央部门预算资金的审计中，存在着较为严重的“屡审屡犯”的现象。也有一些学者开始基于审计整改报告进行审计工作效果的分析。例如谢加涛（2012）较早地基于中央部门预算的相关公告信息，通过对问题资金按照部门类别的归纳加总，分析认为被审计单位的整改效果不佳，有些部门在审计之后会再次发生类似的审计问题。赵威（2021）基于审计整改公告发现，国家审计整改存在着信息披露标准不统一、整改程度不够、整改法律法规不健全等问题。

1.3.2 文献评述

在预算绩效审计的审计特征方面，目前学术界大多关心我国预算审计的相关研究，关于预算绩效审计的文献几乎没有。仅有的关于预算审计的文献也多是基于理论层面，将文本分析技术应用于审计报告分析的文献相对较少。因此，本文将以此作为创新点，应用文本分析技术对预算审计报告中的绩效审计部门进行文本挖掘，通过词频分析和共现网络分析，分析我国预算绩效审计工作在不同年份的关注重点和工作思路。

在预算绩效审计的整改效果方面，目前关于整改效果的研究较少，仅有的关于我国预算绩效审计情况的文献多是针对某一单一类型预算，难以反映预算绩效审计全貌。本文研究基于中央预算审计报告，涉及财政四本预算内容，包含的范围更广，分析视角更加全面。在分析方法上，现有的描述性统计比较笼统粗略，本文将依据绩效问题所属的类型、绩效问题涉及的领域等不同标准，分类统计预算绩效审计的执行效果，进而分析不同类型的资金在审计整改方面是否存在差异，并且尝试解释背后的原因。

综合来看，由于我国预算绩效审计的研究与国外相比起步较晚，目前相关主题的研究并不丰富。目前的研究多注重于预算的合规合法性审计，而忽视对于预算绩效方面的审计。此外，目前的文章多是从理论层面剖析审计机关发力预算绩效管理的必要性，提出预算绩效审计开展的重要性，但是定量分析的文章并不多见，运用文本分析技术分析审计报告的文章更是寥寥。因此，在我国提出全面预算绩效管理的背景之下，定量研究预算绩效审计具有深刻的理论价值和现实意义。

1.4 研究内容和方法

1.4.1 研究内容

在全面预算绩效管理的背景下，为了进一步了解我国预算绩效审计工作开展的审计工作特征和对应年份的整改效果，本文基于2016年至2020年国家审计署发布的预算审计公告和预算审计整改公告的文本内容和金额数据进行分析。围绕预算绩效审计主题，主要回答以下问题：（1）在预算绩效的审计特征方面，我国预算绩效审计工作具有什么特征？哪些问题和领域是绩效审计的重点难点？不同年份的审计重难点是否存在差异？这些差异现象的背后体现了审计机关怎样的工作思路和特征？（2）在预算绩效的审计整改方面，不同问题类型、不同领域的绩效问题整改情况是否存在差异？哪些问题及领域的整改效果整体较好？整改效果存在怎样的差异？导致整改效果不佳的原因是什么？（3）根据本文发现的审计工作特征和整改情况差异，今后我国预算绩效审计工作如何更好地开展？

第一章是绪论部分。首先是结合目前政策要求和当前的时代背景，提出审计机关和财政部门协同促进预算绩效管理的重要性，突出预算绩效审计工作的意义；然后阅读文献发现目前国内外对于预算绩效审计的问题研究较少，提出文章的创新之处。

第二章是预算绩效审计的概述部分。这部分是全文研究的理论起点，首先是对预算审计和预算绩效审计的概念变迁进行梳理，指出了两者在概念上的内在关联。其次从审计工作报告及审计整改报告两个方面，介绍了我国的预算审计报告制度，为后文中使用审计报告作为数据分析来源的合理性进行说明。最后分别在三种理论的基础上分析了预算绩效审计开展的理论基础。

第三章是我国预算绩效审计的审计特征分析。这部分是论文的主体部分之一，主要是基于2016—2020年预算审计报告中与绩效问题相关的文本数据，利用文本分析软件进行分析。第一小节是对于文本分析使用的软件和数据资料进行详细说明，第二小节是从审计报告中涉及的问题角度出发，分别利用词频分析和主题编码，分析我国预算审计的相关文本中，经常出现的问题有哪些。然后通过对类似词汇编码为单个主题，进而分析我国预算绩效审计中经常出现的问题有哪几类，不同年份审计关注的重点问题类型是否存在差异。第三小节则是从问题来源领域的角度出发，分别从词汇和主题角度，分析不同年份的绩效问题主要来自哪些领域。第四小节则是进行问题与领域间的共现分析，旨在分析两者之间存在怎样的相关性，哪些问题与领域之间相伴发生，从而掌握绩效审计的审计特征。第五小节是对本章内容的总结。

第四章是我国预算绩效审计的整改情况分析。因为预算绩效审计工作不仅需要发现问题，更需要解决问题，因此需要审计机关根据审计工作结果认真推进整改。这部分将基于2016—2020年对应的审计整改公告，从资金金额角度统计分析整改效果。第一小节对整改前的资金特征进行分类统计分析，分别是总体特征、按照问题类型划分的特征以及按照所属领域划分的特征。第二小节是分类统计了整改资金规模特征，并且计算了整改比例，分析不同年份、不同问题类型、不同领域的问题资金整改效果的差异。第三小节则是对审计报告文本中关于整改不足的文本进行文本分析，总结一些领域整改效果不佳的原因。第四小节是对本章内容的总结。

第五章是文章的结论和建议。这部分将基于前两章中的审计特征和整改情况特征进行总结，从审计报告的角度，归纳出关于我国预算绩效审计及后期审计整改的关键特征。第二小节将根据总结的特征，提出相应的对策建议，促进我国审计机关在预算绩效审计方面更好地开展工作，最终加快实现全面预算绩效管理体系的目标。

1.4.2 研究方法

本文在研究方法上进行了一定的创新，主要包括：

（1）文献分析法

收集、整理相关研究文献及官方政策文件，对当前国内外最新研究情况进行综合评价，分别从国外和国内两个视角梳理出从预算审计到预算绩效审计的概念变迁；依据政策文本对文章中的核心概念预算绩效审计进行界定；然后通过对预算绩效审计的相关基础理论进行梳理，分析在全面预算绩效管理背景下，预算绩效审计工作开展的重要性和意义，提出从审计机关角度发力推进预算管理的重要理论基础。

（2）文本分析技术

本文计划使用的工具软件是 KH-coder，具体使用到的分析功能包括词频分析、主题分析、网络共现分析三种。其中词频分析分别对三年间审计报告中涉及问题的整体词频和各个年度的词频进行分析，旨在观察审计报告三年内整体关注的绩效重点问题和各个年度关注的重点问题。主题分析是将词频分析中的重点问题按照所属的主题进行分类，进一步分析 2015—2020 年审计报告中涉及的重点领域和各年度关注的重点领域问题。网络共现分析包括词汇（主题）与词汇（主题）、词汇（主题）与年份的共现分析，旨在观察在审计报告中哪几类问题或者哪几类主题通常会共同出现。通过以上文本分析技术帮助我们更好地分析审计报告中体现的重点问题和重点领域，以及其在不同年份的时间变化。

（3）描述性统计分析

国家审计署公告中的文本大致包括两类形式，一是关于问题的文字描述，二是关于具体金额的相关数据。由于审计报告中的金额数据较为分散，不易于读者直接观察总结规律，因此作者采用描述性统计分析方法，对报告中的相关金额数据进行分类统计，从而更加直观地展示审计报告中的数字信息。具体来看，本文选取 2016 年到 2020 年五年间的审计报告及相应的整改公告中的金额进行统计，分析探讨不同年份审计公告反映的审计发现的绩效问题和问题来源是否存在一定的变化。通过总体的统计数据，可以看到问题资金的大致比例分布，发现预算绩效审计的审计效果如何，通过对于违规资金的整改情况分析可以看出，在审计整改过程中，审计有效性的实现情况，分析哪些问题、哪些领域的预算绩效整改难以落实或者落实不足。

图 1－2 为文本的技术路线图。

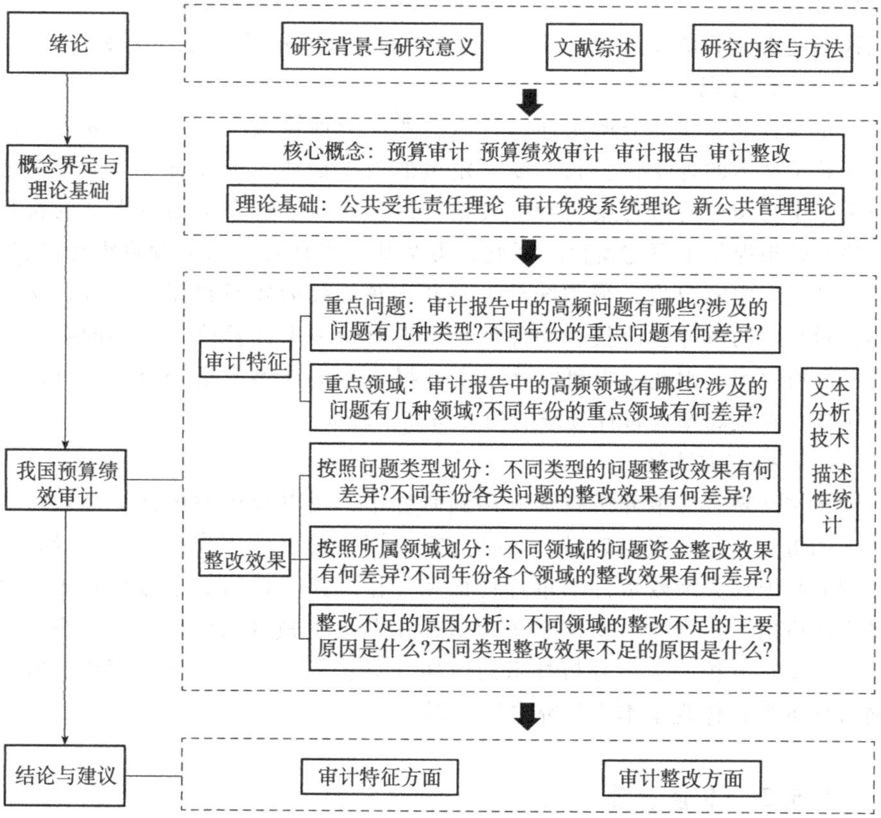

图 1－2 技术路线图

1.5 本文创新和不足

1.5.1 创新之处

（1）研究问题新

预算绩效管理是提高财政资金效益的重要一步，审计机关可以发挥审计监督的功能，共同促进预算绩效管理体系建设。结合文献综述部分可知，目前国内对于预算绩效和预算审计的研究数量较多，但对于绩效审计的研究目前尚不丰富。本文从跨学科的视角展开，从审计机关角度研究开展预算执行绩效审计的特征，研究问题贴合目前全面预算绩效管理的政策背景，较为新颖。此外，大多文献仅关注预算绩效的审计结果，却忽视了审计后的整改落实情况，本文对审计整改公告的关注也是一大创新。本文将分类统计问题资金的整改比例差异，全面分析我国绩效审计整改的效果。

（2）研究视角新

正如文献综述部分所阐述，目前学者关于预算绩效审计的研究大多停留于政策文本的理论性分析，缺乏定量的数据描述。审计署每年会定期公布关于中央预算的审计报告和整改报告，这就为了解我国预算审计的特征和整改效果提供了研究窗口。因此，本文基于审计署公布的预算审计报告，从审计报告内容出发，分类统计汇总我国预算绩效审计结果。此外，文章还将对每年的审计整改报告一并汇总，进而发现审计整改存在的问题并且尝试分析原因。因此，本研究基于审计报告和审计整改报告分类进行描述性统计，在预算绩效审计领域的相关研究中较为新颖。

（3）研究方法新

本文计划将文本分析技术利用到研究中，用以分析我国预算绩效审计关注的重点问题和重点领域，并且分析不同年份审计工作重点的差异，进而把握我国预算绩效审计的审计特征和工作思路。目前文本分析技术已经被广泛应用于教育学、新闻学等领域，在财政学领域的应用非常之少。因此，本文对于相关文本分析技术的应用（如关键词分析、主题编码、共现网络分析等）体现了本文研究方法的创新。

1.5.2 不足之处

（1）缺乏对于地方预算绩效审计报告的统计分析。本文仅选取中央预算审计报告作为分析依据，主要是因为在审计署官网上公布的全国各个省份的预算审计报告具有较大的不连续性，有一些省份在某些年份未公布相应的审计报告或者审计整改报告，不便于作者进行统计分析；加之文章篇幅和写作时间的限制，难以对全国各个省份的审计报告进行统计分析。这是本文的一个不足，希望以后可以继续完善。

（2）审计报告数据的分类统计标准可能无法完全客观。在对审计报告进行描述性统计时，作者按照不同的类别对于相关问题资金进行了分类统计。例如将效益类问题具体划分为“资金效益”“项目效益”“政策执行”“体制机制”四类，在对审计报告中的资金进行归类时，有些问题资金可能分类界限比较模糊，作者结合个人思考将资金进行分类，可能具有一定的主观性。但是作者在进行分类时，尽量阅读了相关的文献资料，尽量保持了与多数学者的观点一致，尽量做到资金分类标准的客观性。

2.

预算绩效审计概述

本章作为理论前言部分，主要是对预算绩效的相关内容予以界定和说明。第一小节主要是对文章涉及的核心概念进行界定，首先对我国的预算审计工作从预算审计到预算绩效审计的变迁进行梳理；其次对相关审计实施程序进行总结，具体包括“准备—实施—报告及整改”三大环节。最后，对审计工作的重要成果即审计报告和审计整改报告进行介绍，为后文运用审计报告进行分析进行合理性说明。第二小节分别从三个理论出发，论述预算绩效审计的理论基础。第三节是本章小结。

2.1 相关概念的界定

2.1.1 预算审计与预算绩效审计

预算审计是指国家审计机关和审计人员根据国家法律法规或者国家的重大政策措施和宏观调控部署等要求，对国家预算收支以及其他重大政策措施的真实性、合法性和效益性实施的审计监督①。具体包括以下含义：在审计标准方面，预算审计更多地体现为财务审查，即审核相关预算资金的使用是否合规，财务记录是否明细，预算资金使用是否合规。在审计依据方面，主要包括国家法律法规，如《宪法》《审计法》《预算法》《审计法实施条例》等。在审计对象方面，主要包括国家的预算执行情况、重要项目执行情况、重点资金使用情况及重大政策落实情况。目前，我国的预算绩效审计从原来的单一资金效益的审计，逐渐转变为更加关注项目效果、政策落实等方面，更多地反映涉及体制机制的绩效问题。

伴随预算绩效理念的深入，我国的预算审计工作逐渐由预算合规性审

① 审计署编写组．《财政审计读本》［M］．北京．中国时代经济出版社，2016：3－5.

计向预算绩效审计转变，图 2－1 是关于我国预算绩效审计的形成梳理。参考曲明（2016）的观点，绩效审计形成历程可以划分以下阶段：（1）理论萌芽阶段（1982—1989 年），随着我国改革开放的不断深入，传统的以经济建设为中心的思想逐渐受到了生产力落后、设备陈旧等因素的制约，迫切要求从以经济建设为中心，转向兼顾经济建设与经济效益并行。1982 年我国提出并确立了审计监督制度，此后一年，国家最高审计监督机关审计署成立，从而我国的审计监管制度正式确立。在这个阶段，审计署相关司局大量翻译了西方发达国家的绩效审计文献，审计学会等组织也对绩效审计问题开始了热烈的讨论。（2）探索发展阶段（20 世纪 90 年代），这一时期相关的部门组织主要围绕经济效益审计如何适应中国的社会主义市场经济体制的相关问题，展开了激烈的讨论与研究。1995 年中央颁布了《中央预算执行情况审计监督暂行办法》，文件确定了审计署有权利和义务对于中央预算进行监督，审计的目标包括预算的真实性、合法性和效益性①。这时的绩效审计只是作为预算审计的一个方面，尚不占据主要地位。（3）高度重视阶段（21 世纪以来），随着经济社会各个领域的快速发展，审计制度、审计环境也发生了诸多变化，要求预算审计工作相应做出调整。在此后的审计发展规划文件中，多次明确提出加强绩效目标审计的相关要求。文件要求审计目标逐渐开展转变，更多地关注效益问题，尤其着重突出专项资金等重点问题，进一步拓宽了预算审计目标的广度与深度，切实增强预算执行审计的科学性、宏观性、整体性、建设性和时效性。

因此，结合相关学者观点和文件精神，本文将预算绩效审计的内涵界定为：预算绩效审计是在预算审计的基础上，更加关注财政资金及相关政策执行的效益性和效果性。具体包括投入经济性、绩效目标合理性、预算资金和资产配置效率、使用效益、政策使用效果等重要指标。与传统预算审计相比，绩效审计更多地关注财政预算资金是否以最低的成本达到财政政策目标，从而为之后的预决算草案的编制提供依据。预算绩效审计与传统预算审计的区别包括：第一，从审计对象来看，传统预算审计以财政预算收支和财务会计核算为主，预算绩效审计既包涵财政预算收支和财务会计核算，又兼顾资金效益、项目效果、政策实施、体制机制等方面。第二，从审计标准来看，传统预算审计以真实性和合法性为主，而预算绩效审计重视评价预算执行的效益情况。

---

① 《中央预算执行情况审计监督暂行办法》（中华人民共和国国务院令 181 号）第四条。

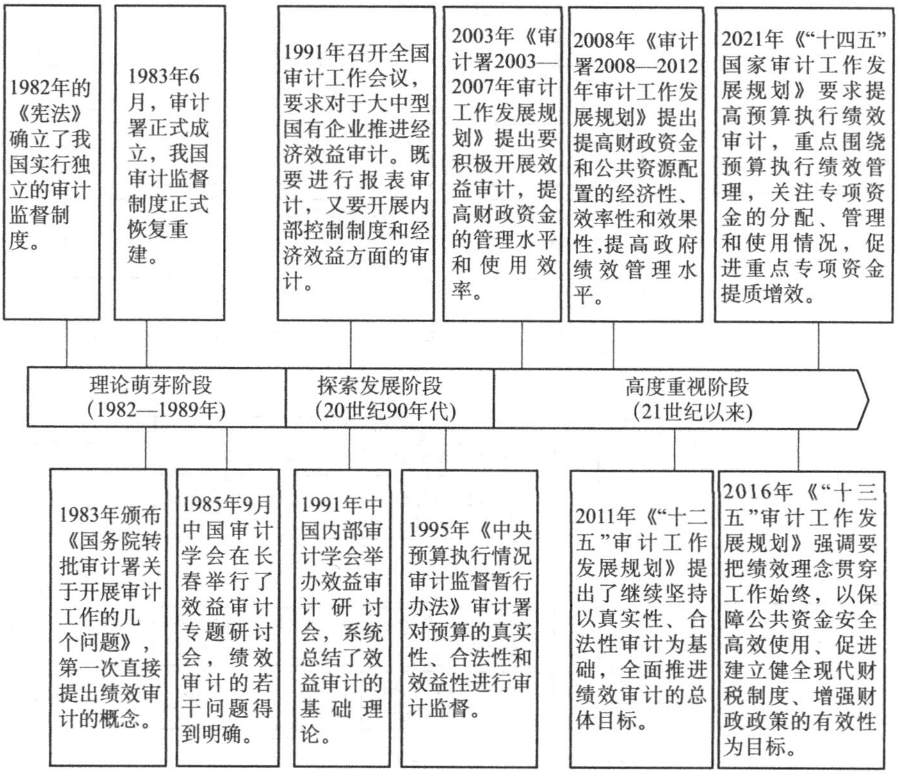

图2-1　我国预算绩效审计发展历程梳理

2.1.2　预算绩效审计的实施程序

曲明（2016）认为我国政府的绩效审计程序基本与财务收支合规性程序相同，并且作者查阅审计署网站上公布的审计结果报告也发现，所有绩效类问题均包含在预算审计结果的报告中，没有单独披露有关绩效审计的相关报告。可见我国的预算绩效审计基本与预算审计流程大致一致，只是在审计过程中提高对于“效益性”问题的审计力度。

图2-2是根据审计署出版书籍中相关内容总结的预算审计程序图，从图中可以看到，绩效审计在实施程序上主要包含以下三个阶段。

在审计准备阶段，首先，审计机关需要了解审计对象的概况，包括单位职能属性、公共职责定位、被审计单位预算内部控制制度及执行情况、该单位以往接受审计结果及整改情况。其次，审计机关需要初步评估本次审计的风险，分析被审计单位可能存在的审计难点及绩效问题，并且审计机关讨论确定相应的应急措施。最后，审计机关需要依据前期的了解及预

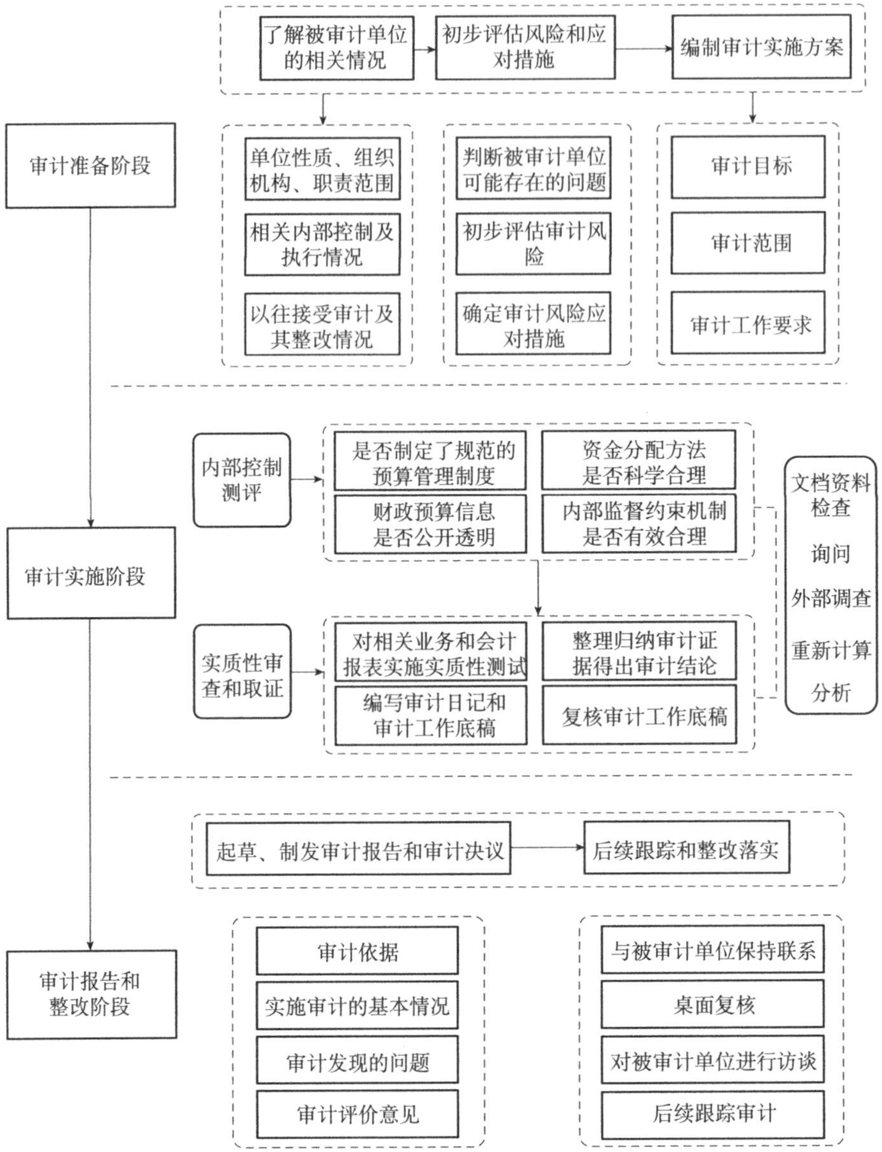

图 2-2 我国预算绩效审计程序图

资料来源：作者依据审计署财政审计司《财政审计》、审计署行政事业审计司《部门预算执行审计指南》相关内容整理。

判，编制具体的审计方案，具体包括审计的依据、审计的目标和原则、审计的程序和方法、时间进度安排规划等。

在审计实施阶段，审计机关将基于前期的准备了解工作，正式入驻相关单位或者要求对方提交相关审计材料，正式实施审计程序。审计实施过程需要严格按照公平和公开的原则进行，相关程序流程需要满足相关法律法规要求。对于一般性的审计工作需要经过审计组负责人审定，并且报审计业务单位备案；对于重要的审计工作，需要经由审计机关的最高负责人执行。当然审计工作不是一成不变的，而是需要根据被审计对象、客观外部环境等因素适时变化。当被审计单位或者审计目标发生变化时，审计机关应该及时调整审计方案，相应变化需要报审计机关主要负责人批准。

在审计报告和整改阶段，完成现场审计后，审计机关需要提交审计工作报告。审计工作报告应该严谨完整、事实清楚、格式规范。其内容大致包括：相关的审计环境背景（如审计法规、重要政策文件等），审计的基本情况（如审计程序、审计时间进度等），审计发现的重要问题（基本事实、问题定性等），审计评价意见（处罚决定、总体审计结果评价等）。在公布审计结果后，有关部门需要立即实施整改。审计机关主要通过以下方式督促整改，包括与被审计单位保持联系，及时更新整改情况；或是查阅书面材料督促整改；或是对相关部门和人员进行访谈，了解整改效果。对于国家重大政策和重点资金的审计，审计署会每年出具审计整改报告，及时向社会公众公告审计整改效果。

从审计工作的流程中可以看到，“审计准备—审计实施—审计报告及整改”三个环节彼此联系，环环紧扣，共同构成了我国预算绩效审计工作的流程，通过从审计到整改的完整闭环，实现对预算绩效管理的有效促进。其中审计结果报告和审计整改环节，作为展示审计结果、促进审计效果实现的关键环节，在整个审计流程中非常重要。因此，本文将基于审计公告和审计整改公告，分析我国在预算审计和审计整改方面的特征，挖掘其中的规律，进而推动审计机关更好地促进预算审计工作的开展，提高审计工作本身的绩效，最终从审计端促进全面预算绩效管理的实现。

2.1.3 国家审计报告制度

政府信息的及时披露，有助于保障公民的基本政治权力，进而实现保证民主政治的发展[①]。在预算管理领域，预算审计工作结果及后期整改效果的披露，有助于促进审计工作的规范性和审计整改的有效性。因此这部分将对我国的审计报告制度进行介绍，梳理审计工作报告的形成历程以及审计整改报告的主要特征。

---

① 谢柳芳．国家治理视域下政府审计与预算绩效研究——机制、路径和效果［M］．北京：科学出版社，2020：101－102.

(1) 审计工作报告

审计工作报告作为直接体现审计结果并向公众传播审计监督信息的媒介，是推进国家良政善治的重要载体。国家审计报告制度是指国家审计机关在有关法律要求下，准确及时地将审计过程、审计问题和审计意见等信息向公众报告的一项信息披露制度[①]。《审计法》规定了各级政府需要就财政预算执行接受审计，同时就审计情况及时向人大进行报告，初步勾勒了审计报告制度的雏形。为了提高审计结果的透明度，国务院在1995年发布了关于审计署审计工作报告制度的正式文件，由此，我国预算审计工作报告制度正式形成，此后审计署在八届人大二十次会议上提交了我国正式的第一份审计工作报告[②]。1999年审计署对于预算审计报告的相关格式、内容等做出了详细的规范和要求，进一步提高了审计报告的规范性和可读性。此后，经过不断的修订完善，审计结果公告制度体系不断完善。

图2-3梳理了我国审计工作报告制度的形成进程：

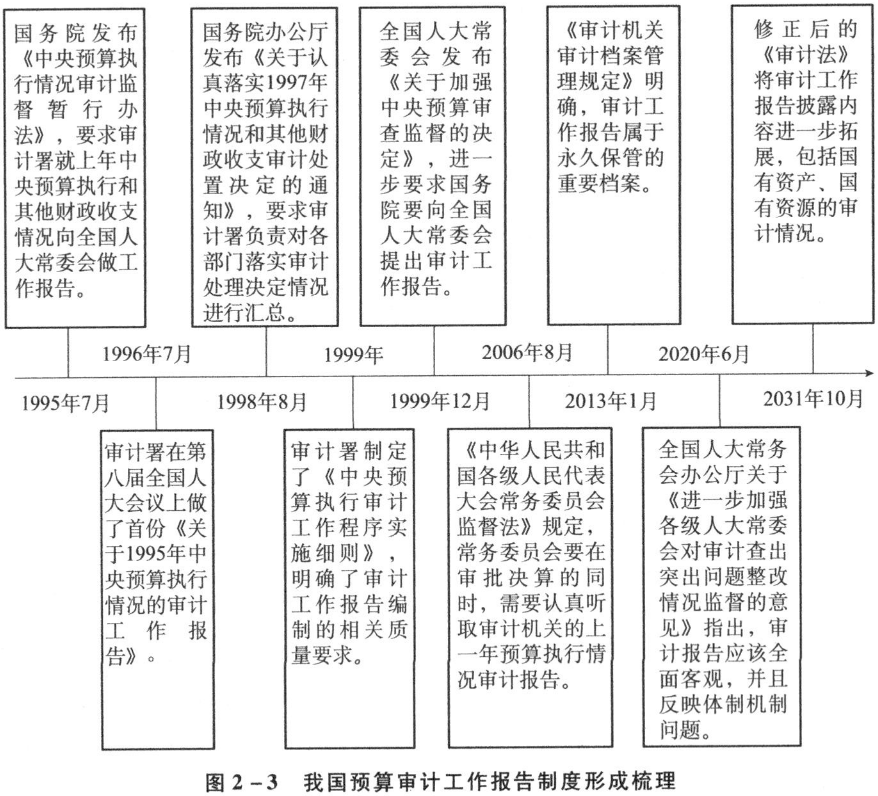

图2-3 我国预算审计工作报告制度形成梳理

① 魏明，宋妍贞，高衡．国家审计公告制度创新路径研究［J］．财会通讯，2022（1）：9-13.

② 肖振东，吕博．从审计工作报告看国家审计发展［J］．审计研究，2013（5）：17-22.

从1995年第一份正式的预算审计工作报告发布以来，目前审计署官网上已经公布了超过300份审计工作报告，审计工作报告的数量不断增加①。纵观审计工作报告，其内容大致包括审计情况及背景总体介绍、本次重点审计的问题、本次审计发现的相关问题、整改进度及下一步安排等。审计工作报告反映了我国预算审计工作的关注重点和审计开展的工作思路，通过对审计工作报告的分析有助于了解和分析不同时期国家审计的审计特征和工作思路。

（2）审计整改报告

审计整改是促进审计效果提高的关键环节，后续整改处理的效果关乎审计工作成效。为了进一步巩固审计工作成果，督促审计整改落实，2006年《审计法》要求政府部门要向人大提交关于本级的预算审计中相关问题的整改情况，自此开始了关于预算审计整改内容的披露。但是这一时期的整改情况的公布格式尚不规范，并且整改情况在审计工作报告中仅仅作为一个较小的内容板块，难以全面反映整改全貌，并且整改报告的公布时间也具有较大的随意性。为了进一步规范审计整改的报告制度，2015年中央通过了《关于改进审计查处突出问题整改情况向全国人大常委会报告机制的意见》，进一步对整改报告的相关格式和质量问题进行规范，要求将审计整改报告从审计工作报告中独立出来单独反映，并且各级政府在每年人大常委会听取审议审计工作报告后的半年之内，就要发布当年的审计整改情况。这一文件对于审计整改报告的形式和信息发布的时效性方面都做出了较大的明确。2015年12月22日，国务院公布了《2014年度中央预算执行和其他财政收支审计查出问题整改情况的报告》，这是第一份形式较为完备的审计整改报告。至此，我国预算审计中的审计整改报告制度正式形成。

截至目前，除了2005年审计整改结果未公布外，审计署于每年定期公布当年中央预算审计的整改报告情况，对当年审计指出的问题一一回复，并报告目前整改进度。从2006年开始，至今审计署官网已经公布了15份预算审计整改报告，十余年间仅有2005年有所间断，其余时间每年均向社会公告概念预算整改情况。其中2015年受到中央深改组的意见指导，该年公布了两个年份的审计整改报告。2016年前审计整改报告在“审计署公告及解读”栏目下发布，2006年后调整到在“审计署公告及解读”栏目下公布，因而没有文件编号，表2-1是关于预算审计整改报告文件发布时间的梳理，从审计报告名称和发布时间的变化中，可以总结我国预算审计整改工作的

① 魏明，宋妍贞，高衡．国家审计公告制度创新路径研究［J］．财会通讯，2022（1）：9-13.

变革与发展特征。

表 2-1　　　　审计署历年审计整改报告梳理

文件编号	审计报告公布日期	整改报告公布日期	滞后（天）
2006 年第 1 号	2005-9-28	2006-3-28	181
2008 年第 1 号	2007-9-19	2008-1-30	131
2009 年第 1 号	2008-9-05	2009-4-17	224
2009 年第 15 号	2009-9-01	2009-12-30	120
2011 年第 1 号	2010-6-23	2011-1-17	208
2012 年第 1 号	2011-6-27	2012-1-4	191
2013 年第 1 号	2012-6-27	2013-1-16	203
2014 年第 1 号	2013-6-24	2014-1-10	200
2015 年第 2 号	2014-6-25	2015-1-16	205
2015 年第 33 号	2015-6-28	2015-12-22	177
2016 年第 30 号	2016-6-29	2016-12-23	177
2017 年整改报告（无文号）	2018-6-20	2018-12-24	187
2018 年整改报告（无文号）	2019-6-26	2019-12-25	182
2019 年整改报告（无文号）	2020-6-18	2020-12-23	188
2020 年整改报告（无文号）	2021-6-07	2021-12-21	197

资料来源：作者根据审计署官方网站“审计报告及解读”“审计公告及解读”相关信息整理。

总结十多年来的审计整改报告变化，作者发现如下特征：①在审计整改报告的表述上不断规范化。在 2006 年至 2008 年，发布的整改文件名称为“××年度中央预算执行和其他财政收支审计查出问题的纠正结果”；在 2009 年文件名称改为“××年度中央预算执行和其他财政收支审计查出问题的纠正情况和整改结果”，同时包括“纠正情况”和“整改结果”；从 2009 年后至今审计整改报名名称统一改为“××年度中央预算执行和其他财政收支审计查出问题的整改结果”，文件名称的规范化反映了国家对于预算审计整改工作的重视。②审计整改报告的公布时间不断规范化，与审计结果公告之间的时滞整体缩短。从表 2-1 中可以看到，在 2015 年以前，审计整改公告的公布时间基本在第二年的 1 月，距离审计结果公告的时间在 200 天左右。随着 2015 年关于整改情况报告机制的文件出台后，审计整改报告的规范化水平不断提升。2015 年后的审计整改公告的公布时间基本在当年的 12 月 21—25 日，审计整改报告的滞后性大大降低了。这一方面有利于督促审计机关加快监督工作、被审计单位加快落实整改责任，另一方面有利于公众及时掌握审计相关信息，增强审计工作的透明度和有效性。

③在审计整改报告的内容上不断丰富，信息公开更加透明。整改报告公开之初，内容比较简短，有一些问题在整改报告中难以找到对应条款，整体而言报告的可读性和信息量比较小。目前审计整改报告内容质量不断提升，包括整改工作的具体推进部署情况、整改具体落实情况、未整改问题及下一步计划几大主要板块，并且会附上重点部门和重点资金的整改情况，因此较公告初期内容上更加丰富，更具有可读性。整改报告内容的丰富体现了国家对于审计整改的要求日益提高。

2.2 预算绩效审计的理论基础

2.2.1 公共受托责任理论

受托责任是指受托方基于委托方的要求使用资产，负有向委托方尽责的义务。按照划分的标准不同，受托责任有不同的分类：(1) 根据受托资产的所有权和公开性，可以分为私人受托责任和公共受托责任。学者 Glynn (1985) 分析认为，公共受托责任指的是执行财政预算的单位，需要向国家的特定部门或者全体人民负有解释的义务。各级政府将预算资金拨付到各预算单位后，使用预算资金的部门和单位负责按照预算安排完成国家经济建设支出等支出责任，受托关系由此确立，受托人的受托责任由此产生。其中，拥有所有权的为委托方，拥有经营使用权的为受托方，受托方需要就资金的使用向委托人负责，接受其监督。由于在这项委托受托关系中，委托方和受托方均为国家部门，预算资金属于国家和人民，因此称为公共受托责任。(2) 按照政府机构的不同，可以分为外部受托责任和内部受托责任[①]。从预算使用单位视角看，预算单位对于立法机关和人民的受托责任属于外部受托责任，需要预算单位及时向人民群众反映预算资金的使用效益。对于上级政府部门受托责任属于内部受托责任，例如图 2 - 4 中的各财政预算使用部门和单位，这些部门都是接受人民委托，使用预算资金支持国家建设和人民生活的。因此，内部受托责任的委托人是上一级的预算分配部门，它们之间的关系称为内部受托责任。

在公共受托责任关系中，由于委托人无法直接对受托对象进行审计监督，并且在受托关系中存在信息不对称、道德风险等问题，导致委托人对

---

① 陈平泽. 中央部门预算审计研究［M］. 北京：中国时代经济出版社，2021：40 - 41.

于受托人的责任监督存在重重困难[①]。具体在财政预算领域，人民群众无法直接监督每一处预算资金的使用，对于预算信息的获得受到限制。同时，立法机关的职责涉及社会生活的多个领域，也难以投入全部精力监督预算使用情况，因此需要引入第三方审计机关，对预算使用单位的预算资金使用情况进行定时监督检查，并且通过审计报告制度及时向社会公众公布。正如国外学者 Flint D（1988）指出的，公共受托责任关系的存在是审计产生的前提和基础。

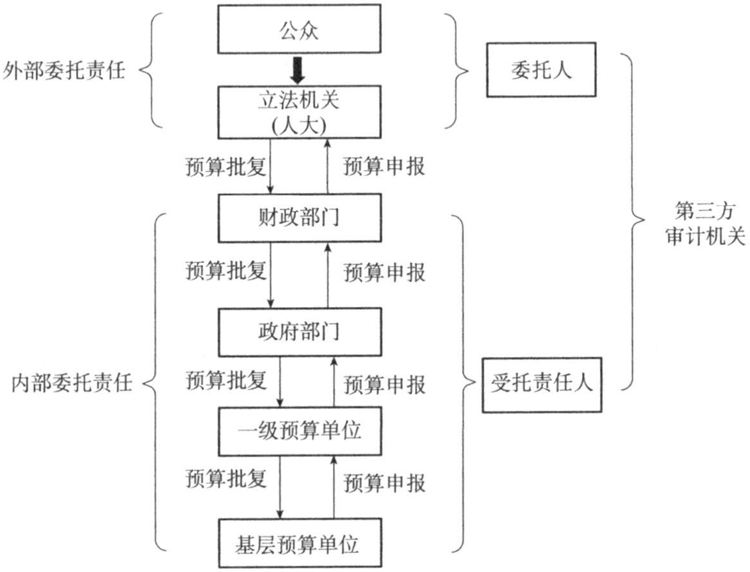

图 2－4　预算资金使用中的受托责任关系

公共受托责任不是固定不变的，而是要求审计机关随着经济社会变化及时调整预算审计目标，以更好地评估和反映公共受托责任[②]。在委托受托关系产生之初，公众主要关注的是预算资金的使用是否按照预算安排严格执行，各项收支活动是否真实、合法、有效地发生，因此此时审计机关主要是对财政预算资金的真实合法性进行审计。随着预算绩效理念的普及，公众更加关注资金使用的效益和效果，因此要求审计机关更多地反映预算资金绩效情况，如资金是否及时、准确、有效地使用，相关财政政策的实施是否顺畅便捷等。因此，随着经济社会发展和人民公共事务参与意识的提高，要求国家账本的公开从合法合规走向准确高效，势必要求审计机关

① 李坤．国家治理机制与国家审计的三大方向［J］．审计研究，2012（4）：20－25.

② 张岩程，肖玥．公共受托责任理论对政府绩效审计的影响［J］．财会学习，2021（2）：121－122.

在向公众反映受托责任时做出改变，由此推进预算绩效审计的产生和变革，可见第三方审计的产生与公共受托责任理论之间密不可分①。

2.2.2 审计免疫系统理论

2008年3月，审计署前审计长刘家义在中国审计学会上，首次公开向全社会阐述了审计免疫系统理论，认为国家审计是财政预算资金和国有资产安全的“守护神”，是保护国家社会经济正常运转的“免疫系统”②。具体来看，国家审计发挥了三个方面的作用：首先，国家审计具有预防功能，因为国家审计机关作为经过法律法规授权的审计组织，对财政预算资金能够开展独立审计，对财政体系内部具有威慑作用，因此能够在源头处预防问题的发生。其次，国家审计具有揭露功能。通过对预算资金和财政收支进行的合法合规性、效益效果性等进行审计检查，能够反映国家预算的问题并且及时查错纠弊。最后，国家审计具有抵御功能。国家审计能够通过对预算资金的全面监督审查，发现其中存在的程序性或是体制性的问题，及时向有关部门或者各级人大报告，有助于从根源上消解“病灶”，解决国家财政预算管理存在的一些体制性缺陷和制度性问题，促进经济社会健康长效发展。

刘家义审计长将审计与免疫系统进行比喻，正是因为国家预算资金审计与人体免疫系统都拥有着类似的功能和特征。首先，两者都具有内生性。人体的免疫系统作为人体重要组成部分之一，内生于我们的身体之中，因此可以在潜移默化中起到对抗外来病毒、抑制病菌滋长的防卫效果，在保护身体的同时，不借助外部力量可以最小化病毒带来的副作用损伤。国家审计机关同样属于国家政治制度的一部分，相较于体制外的力量，可以更加顺畅高效地实现对于预算资金的审计，可以防止国家重要财政信息的泄露。其次，两者起到的作用相似。免疫系统是人体安全的卫士，发挥着预防、揭露和抵御外来入侵病毒的作用。国家审计机关在《审计法》等法律法规授权下开展预算审计，具有一定的内生威慑力。此外，通过对问题资金的揭露，可以促进相关问题的整改。通过对预算资金效果的审计，可以促进国家全面预算绩效管理体系的建设，因此国家审计同样发挥着预防和抵御“病害”的作用，维护国家财政资金安全高效，促进经济社会健康发展。

---

① 秦荣生．公共受托经济责任理论与我国政府审计改革［J］．审计研究，2004（6）：16－20.

② 刘家义．论国家治理与国家审计［J］．中国社会科学，2012（6）：60－206.

免疫系统理论内涵丰富、见解深刻，是我国审计理论的一大创新①。首先，该理论科学地回答了国家审计的重要作用和意义，突破了仅仅将审计视作一项独立意义活动、简单视作财务审查的传统定义，更多地将国家审计与经济社会发展相联系，将其视为我国政治体系建设的重要部分。其次，免疫系统理论不仅仅关注事后财务审查，更加关注事前的预防、事中的抑制作用。正如人体免疫系统的目的在于提高人体综合免疫力，国家审计的作用不仅仅在于纠正预算中的错误纰漏，更多的是注重提高资金效益，促进财政资金“用得好”“用得准”。

2.2.3 新公共管理理论

20 世纪 70 年代以来，西方国家经济滞胀，行政机构臃肿，福利国家制度难以为继，民众逐渐对政府失去信心，民众对于提高政府行政效率和公共物品供给质量的呼声日益高涨，当时西方政府面临严重的财政和政治危机。面对这样的政治经济背景，一种以私营企业理论和新制度经济学为基础的新公共管理模式受到人们的追捧，该模式主张突破传统的僵化的官僚体制，借鉴私营企业经营理论，将竞争机制引入政府体系，打造竞争性、领航性、市场导向性的政府。该理论强调政府要将公众视作顾客，一切以人民利益为重，切实提高政府行政绩效水平，高效配置国家各项资源，这一新范式在当时被称为“重造政府”“企业新模式”等。20 世纪 80 年代，公共管理领域专家胡德（C. Hood）将这个时期的这股思潮和理论总结称为新公共管理理论②。

虽然新公共管理理论存在一定的局限性，例如过于重视市场导向而忽视了社会公正的存在，将民众视作企业的顾客而忽视了公共产品提供的公平性问题等，整体而言新公共管理理论对预算绩效审计的发展具有一定的推动作用③。（1）该理论为预算绩效审计的开展指明了重要性。在这之前，关于预算绩效的理念较为零星，尚未形成权威论点，影响力比较小。新公共管理理论中对于建立高效率、服务型政府的要求，引发了更多人对于预算绩效审计重要性和必要性的关注。至此，提高政府行政效率，提升国家资源利用效率成为社会共识。例如美国总统克林顿就在当选之后，成立了

① 尹平．“免疫系统”论的理论贡献和对审计事业的创新引领［J］．审计与经济研究，2009，24（2）：9－13.

② 陈骏．我国政府绩效审计发展机制研究——基于新公共管理背景下的辩证思考［J］．审计与经济研究，2006（3）：16－20.

③ Christopher Hood. Comparative Public Adiministration，Vol. 1，Dar Emouth Publishing Grop，1998.

国家绩效评价机关（National Performance Review，简称“NPR”），以更好地为政府体制改革服务（雷达，2004）。(2）该理论为预算绩效审计的开展提供了可能性，加快了从合规性审计到预算绩效审计的转变。在传统行政管理模式之下，行政权力高度集中，政府官员往往“高高在上”，政策实施重视过程忽视结果，不能切实满足人民群众的根本需要。在新公共管理理论之下，强调打破传统的官员阶级观念，打破垄断的权力制约，建立对人民群众负责的高效率、节约型、服务型政府，势必要求预算资金的审计从简单的合规性审查，转向关于资金使用效益的预算绩效审计。(3）该理论加快了各国预算绩效审计的进程。在此后二十年间，西方国家迎来了预算绩效审计的蓬勃发展时期，并且影响逐渐扩展到全世界，许多国家纷纷以立法形式在法律法规中赋予了审计机关开展预算绩效审计的职权。到20世纪90年代，主要欧美发达国家都实现了从传统预算审计到预算绩效审计的转变。

表2－2统计了1994年时主要欧美发国家用于绩效审计和传统财务审计的资源分布比例，可以看到大部分国家的绩效审计资源投入占比最高，其中荷兰、法国、美国等国家投入绩效审计中的资源比例均超过了50%。可见，从传统预算资金的财务审计转变为绩效审计逐渐成为多数国家的共识，并且已经取得了不小的成效。

表2－2　部分国家审计机关资源投入比例表①

机构	绩效审计（%）	财务审计（%）	其他业务（%）
荷兰审计院	68	31	—
英国国家审计署	38	43	19
瑞典国家审计局	39	21	40
芬兰国家审计局	48	35	17
法国审计法院	67	—	—
美国审计总署	85	10—14	—
加拿大审计长公署	40	—	—

2.3　本章小结

本章节对于预算绩效的相关概念和理论进行了综述，这一章节主要得

① 孙平．我国政府绩效审计发展研究［M］．北京：经济日报出版社，2018.

到以下核心观点：(1) 在预算绩效的审计的概念方面，作者将其界定为是在预算审计的基础上，侧重公共财政资金使用所达到的经济、效率和效果程度。(2) 在预算绩效审计的实施程序方面，主要包括审计准备、审计实施、审计报告及后续整改三个阶段，其中审计报告及整改是最为直接反映绩效审计工作结果和有效性的环节。(3) 为了便于后文利用审计报告进行分析，本章对国家审计公告制度进行分析，梳理了审计工作报告和审计整改报告的形成历程。(4) 在预算绩效审计的理论基础方面，主要依据是公共受托责任理论、审计免疫系统理论和新公共管理理论。

图 2－5 是基于预算绩效审计的三大理论绘制的各主体关系图，从中可以看到，新公共管理运动引起各国对于绩效问题的关注，要求预算使用部门提高资金效益，预算绩效审计由此产生。但是由于公共受托关系的存在，公众及全国人大作为委托人需要委托审计机关进行预算绩效审计。审计机关之所以能够具有监督职能，是因为基于审计免疫系统理论中的预防、揭露和抵御三大功能。通过以上的监督关系，从而监督预算资金提高效益，进而促进全面预算绩效管理的实现。

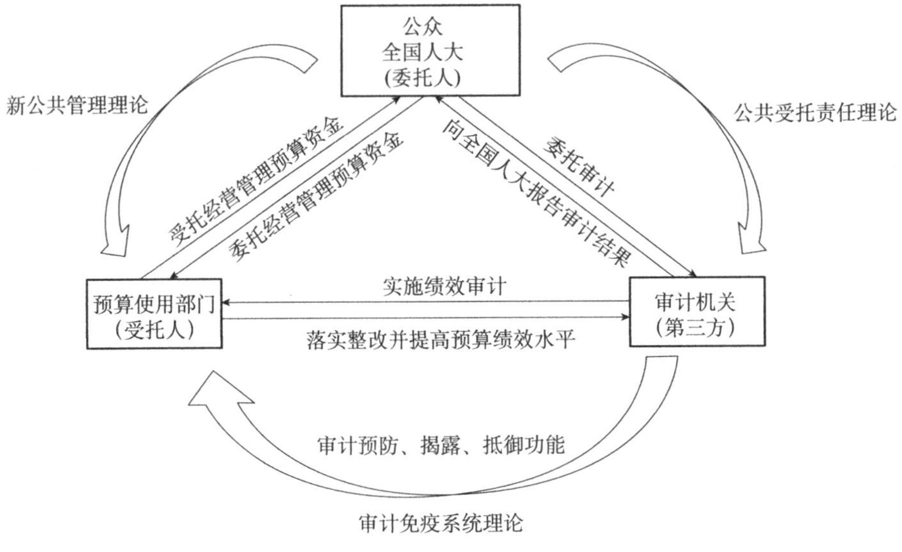

图 2－5　预算绩效审计体系各主体关系图

3. 我国预算绩效审计的审计特征分析

国家审计作为推进国家治理现代化的重要保障，审计工作的开展需要随着国家政策、经济社会发展而相应调整。在国家发展不同阶段，预算审计的工作特征存在一定差异。审计工作报告作为审计机关开展工作的重要成果，反映了我国预算审计工作的思路和重点。分析预算审计报告有助于了解和掌握我国审计工作开展的特征和关注的重点，并且为更好地开展下一步工作提供借鉴。因此，这部分将对审计工作报告展开文本特征的分析。

具体来看，本章将分四小节展开。第一节将对本文使用到的软件和数据进行介绍。第二节首先将从所属问题的角度出发，分析我国预算绩效审计的相关文本中最为高频出现的一些问题词汇，这些高频词汇反映了我国预算绩效审计工作的重点问题，然后作者将从主题概念的角度出发，将文中含义相似、表述相近的词汇合并为统一的主题，分析不同年份审计报告中的问题主要来自哪些主题，旨在分析预算绩效审计中问题的主要类型。第三节则是从领域的角度出发，旨在分析我国预算绩效问题主要来自哪些领域，这一节同样是延续从词频分析到主题分析的思路。第四小节中作者利用共现网络分析方法，分别从词汇角度和主题角度，分析在审计报告中的问题和领域之间存在怎样的共现特征，即每个领域经常出现的问题是什么，每种类型问题经常发生在哪些领域？第五小节中，作者将对以上的重点问题特征、重点领域特征、问题和领域之间的共现关系特征进行总结分析。

3.1 语料来源及方法介绍

3.1.1 语料来源

本章节使用到的本文分析数据来自审计署官方网站上公布的 2016—2020

年中央预算执行和其他财政收支的审计工作报告的文本内容。之所以选择该报告类型，是因为中央预算审计报告中包含的信息量较为丰富，并且每年的公布时间比较规律和统一，相关语料和数据的可得性较高。之所以选择2016—2020年这五年内的文本数据，一方面是因为这段时期内正是我国加强全面预算绩效管理的关键时期，因此对这一段时期的文本分析具有意义和价值。另一方面，国家要求各级审计机关要对本级预算执行情况每年进行一次审计，对于其他审计对象至少五年轮审一次。因此五年时间是一段较为合理的时间区间，能够比较全面地反映绩效审计结果，同时能够有助于本文发现在这段时期内的审计特征和整改效果，从中把握绩效审计的开展规律。

通过阅读预算审计报告，作者发现审计工作报告中反映的问题大致分为两种，分别是反映合法合规类的问题，或者反映绩效类的问题。因为本文关注点聚焦的是我国预算绩效审计的开展情况，而不是预算审计这个宏观主题，因此作者根据报告中的常见表述，对于两类问题分别按照一定标准进行分类，其中合法合规类问题主要反映的是“对不对”的问题，效益类问题更加关注“好不好”。作者手动将所有文本中反映合法合规类的内容文本予以剔除，仅留下关于绩效类问题的内容表述。表3-1梳理了两类问题在报告中的常见表述。

表3-1　合法合规类问题和效益类问题常见表述

问题类型	审计报告中常见表述
合法合规类问题	未严格执行、未按要求公布、应纳未纳、未纳入管理、未经批准、未核销、财务报表漏报多报、超标、违规、责任落实存在越位、程序错误、超额、违反规定、超出标准、金额错误、虚列支出、违规出租收入、虚假套取资金、超范围支出、会计核算不规范等。
效益类问题	未明确、未细化、闲置资金、资金闲置、预算耗时、财政支出效率、不够细化、损失浪费、未达预期目标、未有效、项目绩效目标、质量不高、进展缓慢、进度滞后、效益不佳、未达到预期、不完全相符、绩效不佳、前期准备不充分、推进不畅、脱离实际、管理不到位、实施不到位、未制定、考核机制不完善、预算绩效评价、覆盖面窄、预算绩效、不够科学、考核机制、制度不完善等。

3.1.2 方法介绍

（1）软件介绍

对于包含数字、字符、符号在内的非结构化文本，目前存在多种文本分析软件。本文选择的软件是KH-Coder，这是由日本学者樋口耕一设计开发的一款软件。该软件具备强大的分析功能，已经在日本诸多学术研究领域被广泛应用。该软件不断更新，目前已经支持日语、中文、英语、西班牙语、德语、德语、法语等多种语言①。此外，该软件拥有强大的分析绘图功能，包括词频分析、词性分析、共现分析等，可以呈现出热力图、气泡图、柱形图等多种图表形式。该软件的操作流程一般包括：首先新建文本数据，然后对数据进行预处理（进行自动分词），最后开展对文本的多种分析。目前有多个领域应用此软件开展了相关文本分析研究，例如刘文宇，毛伟伟（2017）利用 KH-Coder 软件，分析了在报刊和微博中对“教授”这一身份的认知差异问题。徐菲菲等（2018）利用该软件分析旅游网站消费者评论，进而分析影响旅游城市印象的主要关键因素，分析认为以南京为例，影响游客关于旅游地点选择的因素主要是当地景观和公共基础设施服务水平。王卓玉等（2020）利用该软件对于中日两国在教育领域的差异进行了比较分析。鉴于这款软件的功能强大、操作界面友好，可视化程度高的优点，本文选择该软件作为文本分析的工具。

（2）执行数据预处理

①数据导入

在利用软件进行数据分析前，首先需要完成数据文件的新建工作。由于软件不能直接导入 word 文本格式，所以作者将文本按照单个问题整理到 excel 中，每个问题即为一行。文本数据由两列组成，第一列是关于绩效问题的文本，第二列是该内容对应的审计工作报告年份。保留年份一列是为了便于后续进行分年度的审计重点问题和重点领域的分析。作者将审计报告中与绩效审计相关的表述文本内容整理成符合上述格式的数据文件，并在软件中完成导入。

②采用 Stanford-postagger 进行词性标注及分词

数据的预处理即为在软件中完成文本的初步描述性统计分析，主要包括完成将完整的长句子进行分割、词性标注和去除停用词等步骤。Stanford-postagger 的主要作用是对词汇进行词性的标记（动词、名词、副词等），是基于 Java 原理的方法实现。但是在数据预处理过程中，软件无法精准识别出研究所需要的所有词汇，需要作者进行补充完善，具体包括以下两个方面：第一，完善停用词表。在自然语言处理技术中，停用词表是关于剔除某些无意义词汇的 txt 文件。在对数据进行预处理时，由于文本中存在大量的无意义词汇干扰统计，如“的”“你”“是”“。”等符号或者单词，因此

---

① 程慧荣，黄国彬，郑琳．非结构化文本分析软件比较研究——以 KH Coder 和 Wordstat 为例［J］．图书与情报，2015（4）：110－122.

需要使用停用词表，即将一些无意义的词汇默认剔除，从而提高词汇统计的有效性。第二，设置强制提取词汇列表。软件内部的分词系统无法对一些财政经济领域的专业名词或者固定用法进行识别，一些专业词汇例如“转移支付”“政府债务”“预算编制”。为了避免软件在提取词汇时将专业词汇进行自动拆解，需要我们单独设置一个强制软件提取的词汇文本。当文本中出现这些关键词时，软件将会把它们作为固定词组提取出来，而不是进行自动分词，进而得到符合标准的词频统计结果。按照以上操作步骤后可以得到符合分析条件的词汇。经统计，本文的数据文本 328 行，共有 837 个不同的词汇。

（3）词频分析

词频（Term Frequency）即某个词汇在整个文本中出现的次数或者比率，用于反映该词汇在文本中的重要性和特殊性。对于本研究而言，如果某个词汇出现的次数越多，反映该词汇在审计报告中反复出现，即是审计工作的工作重点，也是审计问题的重要来源，可以在一定意义上反映审计工作的特征，图 3 -1 是文本数据进行的描述性统计。

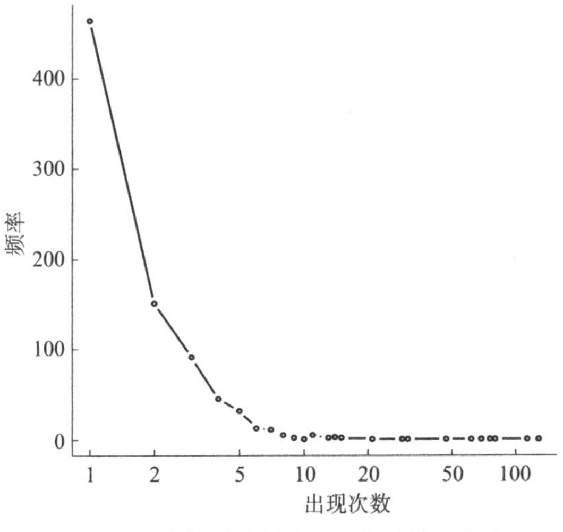

图 3 -1　预算绩效审计文本中的整体词频分布

图 3 -1 是关于词汇的频率分布图，共计 837 个不同的词汇。分布图中横轴代表词汇出现的次数，纵轴代表频率（多少个不同的词汇），用以反映整个文本词汇的分布特征。例如左上角第一个点代表文本中出现次数为 1 次的点，在全文中有 464 个；右下角的点代表在文中出现次数为 129 次的点，仅有 1 个；出现 4 次及以上的词汇有 131 个，占据总词汇的 15.65%。从分布图中可以看到，大多数词汇在文中仅出现一次，少部分词汇会出现 4 次及以上，词汇的分布具有明显的长尾效应。这样的特征为本文的分析提供了

支持，即词汇在文中的出现次数存在明显差异，除了少部分特殊词汇会出现多次，大多数词汇在文本中的出现次数比较低且次数相近，这就为我们通过特征词汇挖掘文本特征提供可行性。因此，少部分高频词汇能够较多地反映预算绩效审计报告的特征，是我们分析了解我国预算绩效审计工作的重要方式和途径，支持了利用文本分析的有效性和可行性。

（4）共现网络分析

"共现（Co-occurrences）"意为"共同出现"，是指语料中词汇或者主题共同出现的情况，如果由两个词汇之间共现出现的频率越多，意味着这两个词汇之间具有较高的相关性①。"共现网络"指按照关键词在文本中的共同出现的情况形成关键词网络。如果两个词汇之间存在一定次数的共同出现，我们即可以在两个关键词之间形成连线，从而形成一个无向网络图谱。我们可以将具有共现关系的词汇与词汇计算通过数学运算计算出距离，然后将距离相近的词汇之间进行连接，从而可以形成一个独立的子群。同一个子群内的词汇间的联系较为紧密，词汇具有较高的相似度；而子群与子群之间的联系相对较弱，并且相似度也比较低。

对于何为"共现"的确定，软件通过相关度算法计算距离来确定，本文采用系统默认的Jaccard系数。Jaccard系数通常用于衡量两个个体之间的相似程度，如果系数越大，意味着两个个体之间是较为相似的；如果系数值比较小，意味着两个个体之间是比较不相关的。该系数的计算公式如下：

$$J(A,B)=\frac{|A\cap B|}{|A\cup B|}=\frac{|A\cap B|}{|A|+|B|-|A\cap B|}$$

目前共现关系分析主要应用于基于大量文献构建某一领域研究内容的关键词图谱，用以反映当前的研究热点和交叉关系。例如赵丽梅，廖文杰（2020）利用词共现网络分析方法，研究了我国智慧图书馆领域的研究动态。此外，共现分析方法也常用于新闻传播领域，例如赵雪，马娟娟（2019）通过分析中国乡村之声广播的微博话题，反映其中百姓关心的"三农"话题。可见，共现分析方法具有较为广泛的使用价值，目前在政府报告文本中的应用还比较少，这体现了本文的创新之处。

3.2 我国预算绩效审计的重点问题

在完成上述的数据导入和预处理的前期工作后，这部分将分析我国预

---

① 吴晓秋，吕娜．基于关键词共现频率的热点分析方法研究［J］．情报理论与实践，2012，35（8）：115－119. DOI：10.16353/j.cnki.1000－7490.2012.08.026.

算绩效审计报告中提及的重点问题，旨在分析报告中提及较多的问题有哪些。因此，这部分分析的词汇主要是反映问题方面的词汇，具体从两个方面分析，分别是词频分析和主题编码。其中词频分析旨在分析2016—2020年我国预算审计报告存在哪些高频词汇，反映的重点问题有哪些，不同的年份反映的重点问题是否存在差异。主题编码旨在将意思表述相近的词汇合并到同一个主题下，便于更好地反映审计报告的重点问题分为哪几类，不同年份的重点问题类型是否存在差异。

3.2.1 词频分析

图3－2展示了预算绩效审计报告中高频出现的前20个高频问题词汇。观察图3－2，可以发现如下特征：①整体来看，近五年间高频出现的词汇涉及的问题类型较多，绩效问题覆盖的范围较广。涉及的问题包含资金使用的绩效问题，政策落实的绩效问题、项目推进的绩效问题、绩效体系自身的建设问题等。绩效问题覆盖的范围之广，一方面体现了我国预算绩效审计工作开展的全面性，另一方面体现了我国预算绩效的建设目前尚不完善，存在诸多问题有待解决。②具体来看，2016—2020年高频出现的问题词汇主要有自评、资金闲置、绩效目标、预算安排、政策落实、不够细化、不够规范、不完善、交叉重叠等词汇。这些重点词汇反映了目前我国预算绩效审计的重点问题，只有解决了这些重点问题，我国预算绩效建设才能取得更大的进步，因此，词频分析的结果为更好地开展预算绩效建设提供了借鉴。

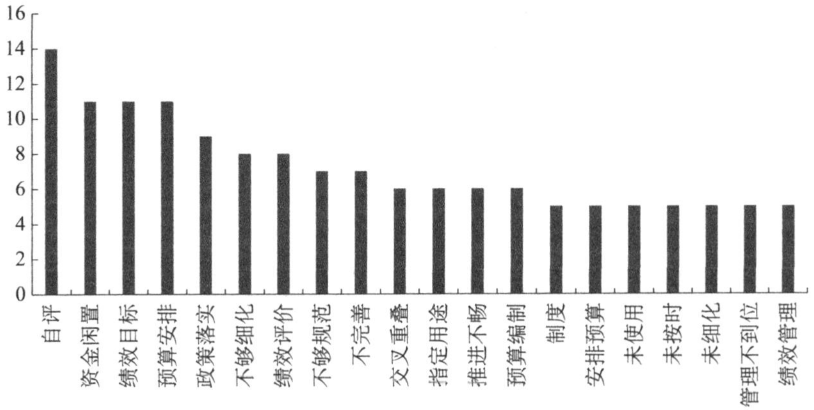

图3－2 预算绩效审计文本中的高频问题词汇

审计署作为我国重要的国家部门之一，具有维护国家政策执行的作用。

审计署在过去的5年，审计工作中关注的重点问题需要随着我国社会经济发展、财政政治政策变动而发生相应转变，服务于国家治理的需要。因此，除了了解五年间审计报告中反映的重点问题外，我们有必要从时间轴的角度观察，在不同的时间里，审计工作的重心是什么，在不同的年份里，审计公告反映的问题是否具有一定的时间差异和变化特征。为了进一步分析各个年度的问题特征，表3-2做了分年度的词频统计。通过总结不同年份高频出现的预算绩效审计问题的差异，有助于我们把握审计工作开展的思路，观察不同时期审计工作开展的特征。

表3-2　　2016—2020年度高频问题词汇前10位

序号	2016年	2017年	2018年	2019年	2020年
1	资金闲置	资金闲置	绩效目标	自评	未按时
2	安排预算	未严格执行	自评	未使用	效益不佳
3	预算安排	未及时制定	量化指标	资金闲置	未细化
4	不够完善	未在规定时间	制度	未在规定时间	资金分配
5	推进不畅	未明确	绩效评价	未完工	长期闲置
6	措施不到位	统筹整合	资金闲置	绩效目标	交叉
7	未严格执行	绩效目标	不完善	进度滞后	资金闲置
8	绩效管理	自评	交叉	不够科学	代编预算
9	资金统筹	预算编制	亿元闲置	不够规范	安排预算
10	不够扎实	不够细化	未按时	不够高	损失浪费

表3-2是分年度的高频问题词汇前10位，观察表3-2可以发现以下特征：

（1）整体来看，五年间存在一些反复出现的高频问题词汇，体现了这类问题是预算绩效审计中的“顽疾”问题。如资金闲置、自评、绩效目标、不完善等问题，这些高频出现的问题词汇在多个年份均有出现，反映了这些问题是我国预算绩效审计始终关注的“顽疾”问题，是我国预算绩效管理中的重难点问题。对于这类重难点问题，一方面需要被审计单位尽快落实责任，加快建立绩效管理目标，完善内部控制系统，另一方面也需要审计机关加强督促，对重难点问题予以强力监督。

（2）有一些问题在某些年份突然被多次提及，体现了该类问题的“突发性”特征。例如2016年的重点问题包括资金闲置问题、预算安排问题等，体现了在2016年重点关注的资金效益和预算安排方面的绩效问题。2017年高频出现的问题是资金闲置、未严格执行、未及时制定等，可以看到，2017年除了继续对资金效益类问题继续关注外，还增加了政策执行、政策制定方面的绩效审计，体现了绩效问题的重点转变。2018 年高频出现的是绩效目标、自评、量化指标等问题，体现了 2018 年更加关注绩效体系本身的问题，包括目标设定、指标设定等。2019 年的高频问题是自评、未使用、资金闲置、未完工等，可以发现，2019 年的重点问题除了继续关注绩效体系、资金闲置问题，开始增加对于项目效益的关注，如项目未完工、项目进度滞后等。2020 年高频出现的问题是未按时、效益不佳、未细化等，体现了 2020 年的重点问题主要在于预算资金的拨付、安排方面的绩效。这种在某个时间段出现和提及的问题，反映了审计工作要跟随经济社会变化，符合国家发展实际和国家治理的现实需要。

（3）预算绩效审计反映的重点问题受到一定时期某些关键性政策的影响。如 2018 年的重点问题是绩效目标、自评、量化指标、制度、绩效评价等，可以发现，这些问题是直接关乎绩效体系建设的问题，作者认为是因为在 2018 年，党和国家发布了《中共中央　国务院关于全面实施预算绩效管理的意见》，从而开启了预算绩效管理的元年，因而审计报告中会更加多地关注被审计单位自身的绩效体系建设问题，因此在 2018 年的重点问题发生了转变。这样的特征体现了审计工作需要服务于国家治理的需要，及时跟随一些关键性政策进行调整，因此绩效审计反应的重点问题受到一定时期关键性政策的影响。

3.2.2 主题编码

从上述的词汇频率分析中可以看到，有一些词汇表示的意思较为相近，如资金闲置、交叉重叠、资金统筹、损失浪费等，都属于资金效益类问题；项目绩效目标、项目实施、进展缓慢等，都属于项目绩效类问题；未严格执行、政策落实、政策实施等问题都属于政策执行类绩效问题；而考核机制、制度、进一步完善等都属于体制机制类问题。因此，作者参考审计署成都特派办理论研究会课题组（2019）中的效益类问题分类，按照对绩效类问题的关注角度的不同，作者进一步将效益类问题分为四类主题，分别是资金效益类、项目效益类、政策执行类和体制机制类。

具体来看，资金效益类绩效问题指资金是否及时拨付下达，资金支付耗时情况，资金是否闲置问题；项目效益类绩效问题主要衡量项目是否按时开工或者交付、项目建成后是否充分利用；政策执行类绩效问题主要衡量政策的实施是否具备事前准备、政策执行效率如何等方面；体制机制效益类主要反映在制度设计、机制设计方面的绩效如何。表 3 - 3 是四种类型问题在审计报告文本中的常见关键词归纳：

表 3-3 绩效问题类型的主题编码表

编码后主题名称	所含关键词
资金效益	未分配、未及时安排使用、未在规定时间、未明确、未按时、未细化、未使用、未统筹、闲置资金、资金闲置、亿元闲置、资金分配、资金未使用、代编预算、预算耗时、重复支持、指定了用途、未实现统筹、分配资金、财政支出效率、资金统筹、指定用途、统筹整合、交叉重叠、不够细化、损失浪费、交叉等。
项目效益	未完工、未按期开工、未达预期目标、未有效、项目绩效目标、管理不完善、管理不够严格、项目实施、质量不高、进展缓慢、进度滞后、效益不佳、不够扎实、不够高、未达到预期、不完全相符、绩效不佳、未开工、管护不到位、无法使用等。
政策执行	未严格执行、未落实到具体地区、政策落实、政策实施、未明确规定实施期限、前期准备不充分、推进不畅、未充分考虑、执行政策、脱离实际、管理不到位、不够到位、无法实施、实施不到位等。
体制机制	未及时制定、未制定、绩效目标、量化指标、绩效评价、绩效目标、绩效管理、政策目标、自评体系、考核机制不完善、预算绩效评价、覆盖面窄、预算绩效、不够科学、考核机制、需进一步完善、措施不到位、制度不完善、不够完善、制度、不够规范、管理不规范、不够明确、共同财政事权、分配标准等。

通过对绩效审计报告文本中的问题进行主题归纳，有助于我们更好地了解我国预算绩效审计中涉及的问题类型，从而从整体上对于绩效审计的重点问题有清晰的把握。

图 3-3 是关于预算绩效审计文本中重点问题划分主题后的气泡图，该图可视化地呈现了四类主题在审计报告中的不同分布特征。图中横轴代表不同的年份，纵轴为 4 个经过编码后总结的主题词。中间区域不同的方块对应该主题词在该年度的分布，其中方块中的大小代表该主题词的文本在整个文档中的百分比。占比越高，方框越大；占比越低，方框越小。方框颜色的深浅代表该主题与该年份之间的相关性，如果相关性越强，颜色越深，相关性越低，颜色越浅。

（1）整体而言，资金效益类问题在各年份出现的频率最高，体制机制类问题出现的频率也较多，而项目效益和政策执行类绩效问题的频率较低。作者猜测资金效益类问题较多，主要是因为预算绩效审计主要是针对中央预算执行开展的审计工作，因此会更加关注预算资金的效益类问题。体制机制类问题出现的频率较多，作者认为主要是由于体制机制类问题往往涉及一些根源性问题，需要在不断深化改革的过程中解决，难以在短期内一步到位，所以倒是可能存在“屡审屡犯”的现象，导致在审计报告中被反复提及。

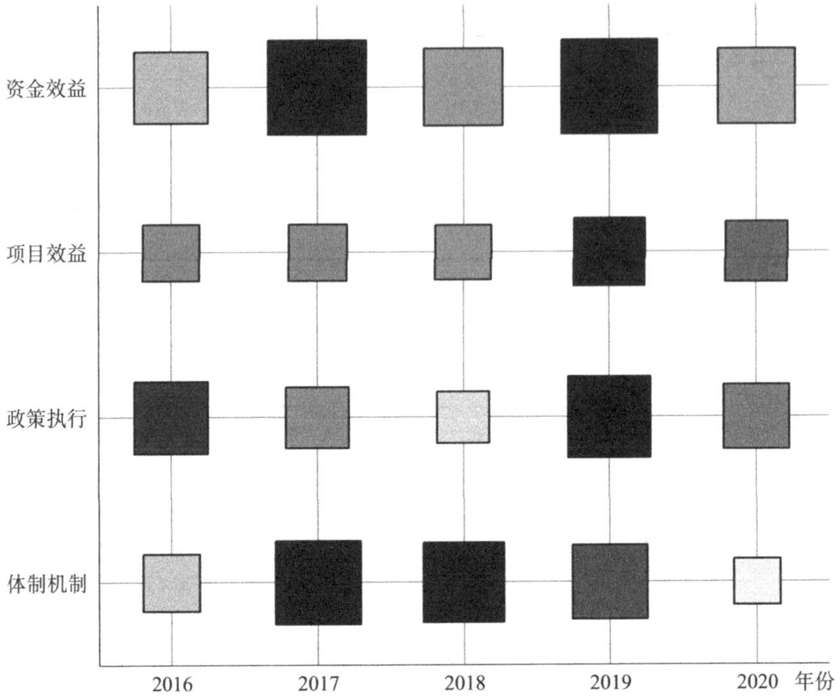

图 3－3　预算绩效审计重点问题的主题分布气泡图

（2）分年度来看，各个年份的重点问题类型存在一定差异，同一问题类型在近五年的分布趋势特征也存在差异。2016 年高频发生的是政策执行类绩效问题，2017 年高频发生的是资金效益类绩效问题，2018 年高频发生的是体制机制类绩效问题，2019 年高频发生的是政策执行类绩效问题，2020 年高频发生的是项目效益类绩效问题。可见，虽然整体而言，有一些问题在各年份均有所出现，当时各个年份的问题重点存在一定的差异。

为了进一步观察不同年份出现的重点问题的主题变化特征，图 3－4 绘制了 2016—2020 年，四个问题类型出现频率百分比的变化折线图。可以发现以下特征：

①从绝对值方面来看，资金效益类问题的出现频率基本在 15%—30%，居于较高水平，说明资金效益类问题是我国预算绩效审计中的重难点问题。体制机制类问题的出现频率在 6%—22%，整体出现频率的波动较大，也是审计报告中重点提及的领域之一。政策执行类绩效问题的出现频率基本在 8%—21%，出现频率整体少于前两个主题。项目效益类出现频率在 9%—15%，整体波动较少，出现频率相对较低。

②从时间变化趋势来看，整体而言，四类问题频率的时间趋势变化较大。资金效益类的问题频率出现了“低—高—低—高—低”的循环反复变

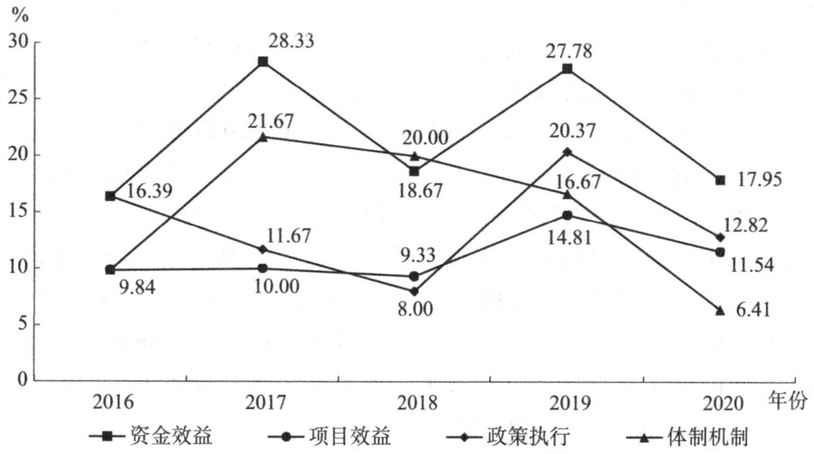

图3-4 预算绩效审计重点问题的主题频率折线图

动趋势，这反映了资金效益类的绩效问题是审计中容易出现问题的类型，需要审计机关予以关注。体制机制类的绩效问题出现的频率整体出现了先增后降的变化趋势，尤其在2017年以后，体制机制类绩效问题出现的频率正在不断减少，这反映了我国的绩效体系建设不断完善，相关的体制机制类问题在不断深化改革的过程中逐步解决。政策执行类的绩效问题在最近几年有逐渐升高的趋势，反映了该类问题的出现频率正在增加，需要引起审计机关的重视。项目效益类的绩效问题整体出现频率较低，变化趋势不大，但是近两年同样出现的频率较高，体现了项目效益类问题逐渐成为绩效审计中的重难点环节。

3.3 我国预算绩效审计的重点领域

上文从问题的角度分析了审计报告中体现的重点问题特征，具体分析了五年间问题的总体特征、不同年份的重点问题特征以及按照主题分类后的问题分布特征。这一小节将从领域的视角，分析预算绩效审计报告中的问题主要来自哪些领域，不同年份的问题来源是否存在差异，并且进一步对按照主题进行分类后的领域特征进行分析。

3.3.1 词频分析

图3-5展示了预算绩效审计报告中的前20个高频领域词汇。(1) 整体来看，近五年间高频出现的词汇涉及的领域覆盖面较大。这一方面体现

了随着国家对于全面预算绩效管理的要求提高，各个领域都逐步开始建立预算绩效审计体系；另一方面体现了目前我国的预算绩效体系建设还不够完善，许多领域都存在着或多或少的绩效问题，因此我国需要继续全力推进预算绩效管理体系建设。(2) 具体来看，2016—2020 年高频出现的主要有专项转移支付、转移支付、债务、扶贫、生态、国有资本经营预算、科技、增值税、科研、一般性转移支付等词汇，这些重点词汇反映了目前我国预算绩效审计的重点领域，体现了绩效问题的主要来源领域。准确把握审计报告中的重点领域特征有助于审计机关更加有针对性地开展审计工作，在全面审计的同时，突出重点，做到有的放矢。以上的词频统计只是简单反映了五年间审计报告中的高频词汇，为了进一步分析各个年度的领域特征，表 3-4 做了分年度的词频统计。

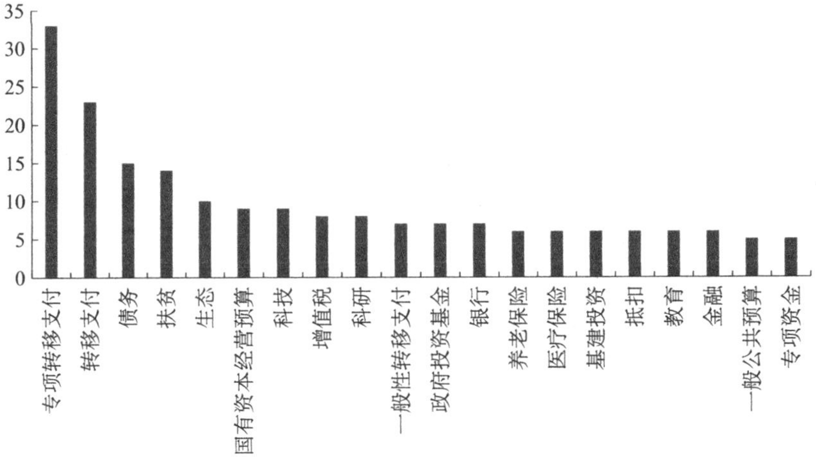

图 3-5 预算绩效审计文本中的高频领域词汇

表 3-4 2016—2020 年度高频领域词汇前 10 位

序号	2016 年	2017 年	2018 年	2019 年	2020 年
1	专项转移支付	专项转移支付	专项转移支付	专项转移支付	转移支付
2	债务	债务	金融	教育	金融
3	基建投资	扶贫	科技	住房	养老保险
4	抵扣	银行	债务	一般性转移支付	医疗保险
5	一般公共预算	增值税	扶贫	生态	生态
6	扶贫	科研	扶贫资金	科技成果转化	专项债
7	扶贫资金	转移支付	科研	科研	专项资金
8	一般性转移支付	一般性转移支付	银行	银行	住房
9	专项资金	住房	一般公共预算	专项资金	债务
10	国有资本经营预算	创新	一般性转移支付	养老保险	国有资本经营预算

表3-4是2016—2020年度高频领域词汇前10位，反映了我国预算绩效审计在问题来源领域上的分布特征。(1)我国预算绩效审计有一些领域反复涉及，体现了预算审计的“持续性”特征。从表3-4中可以看到，在我国预算绩效审计中，有一些领域在各个年份几乎均有提及，体现了这些领域既是我国预算审计的重点，也是绩效问题的主要来源，如专项转移支付、一般性转移支付、债务、扶贫等领域，在各年份几乎均有提及，这几个领域涉及资金多、关乎人民生活的方方面面，是我国预算绩效审计的重难点领域，因此在审计报告中反复出现，体现了这些领域的“持续性”审计的特征。(2)有一些领域仅在某些年份出现，体现了预算绩效审计的“阶段性”特征。如2016年审计报告中对于税收抵扣领域的关注，2017年对于科研、创新领域的关注，2018年对于金融、银行等领域的关注，2019年对于教育、住房等领域的关注，2020年增加了对于养老保险、医疗保险领域的关注。这样的领域分布特征显示了我国预算绩效审计工作的关注重点不是一成不变的，而是根据现实情况和政策方向不断调整审计重点，以服务于国家治理和经济建设的需要。

3.3.2 主题编码

在进行重点领域分析时，作者发现有一些领域的关键词属于同一个主题，如专项转移支付、一般性转移支付、转移支付都属于转移支付这个主题，生态、污染防治、生态修复等关键词都属于节能环保这个主题，因此在这一小节，作者依据《政府收支分类科目》中对于相关预算资金的分类，将文本中与领域相关的词汇进行主题分类，最终形成了节能环保、金融、农林水、一般公共服务、转移支付、卫生健康、社会保障和就业、住房保障、债务、科学技术、城乡社区以及教育共计12个主题领域。表3-5是相应的主题编码表。

表3-5 绩效问题领域的主题编码表

编码后主题名称	所含关键词
节能环保	环保资金、生态修复、生态、污染防治、污染等
金融	金融风险、银行、金融等
农林水	涉农资金、扶贫资金、惠农补贴、产业扶贫等
一般公共服务	减税降费、增值税、抵扣、财政投入、财政资金等
转移支付	一般性转移支付、专项转移支付、转移支付等
卫生健康	医疗保险、养老保险等

续表

编码后主题名称	所含关键词
社会保障和就业	两不愁、三保障、创业、就业补助等
住房保障	危房改造、住房、安居工程等
债务	债务、专项债、政府债务、债务管理、债务风险防控等
科学技术	科技成果转化、创新、科技、科研等
城乡社区	新农合、农村厕所、乡村振兴等
教育	教育等

这部分将利用主题编码进一步分析预算绩效审计报告中的主题词特征，从而分析我国预算绩效关注的重难点领域，从中发现规律，为后续的审计工作的开展提供借鉴。图 3 - 6 是 2016—2020 年五年的主题词分布的热力图。图中横轴代表不同的年份，右侧纵轴为 12 个经过编码后总结的主题领域。中间区域不同的方块对应该主题词在该年度的分布，其中方块中的数字代表含有该主题词的文本在整个文档中的百分比。占比越高，颜色越深；占比越低，颜色越浅。如果方块中的数字为 0，说明该主题在对应年份的文本中没有提及。

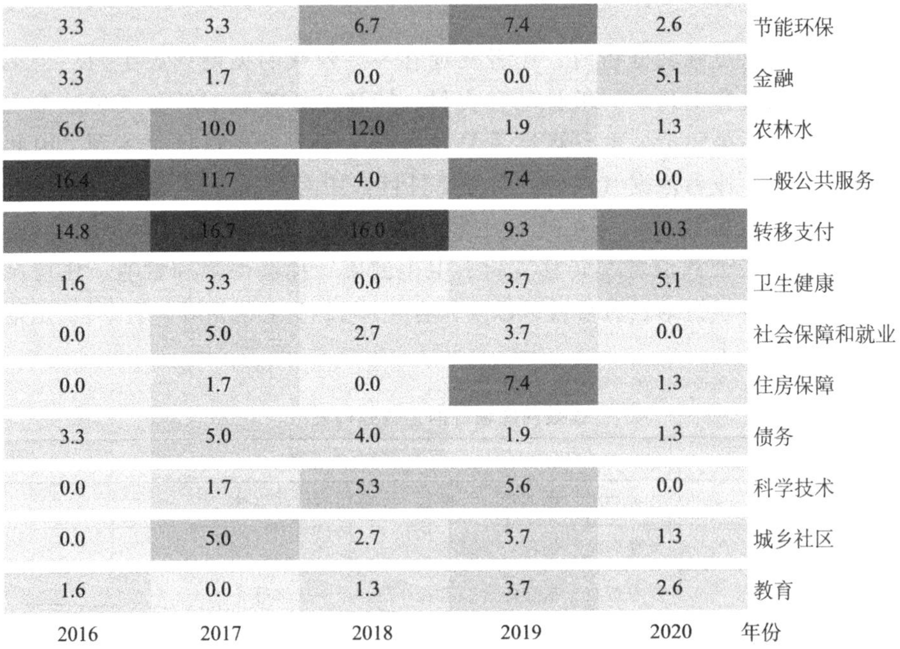

图 3 - 6 预算绩效审计重点领域的主题分布热力图

图 3 - 6 是 2016—2020 年的我国预算绩效审计重点领域的主题分布热力

图，图中不同主题的分布特征体现了我国预算绩效审计的重点领域分布特征。

整体来看，（1）转移支付、农林水、一般公共服务三个领域是绩效类问题的重点领域。其中，转移支付领域是我国绩效类问题的最大来源领域，在每年的审计报告的相关文本中出现频率在10%—20%，体现了我国转移支付领域的绩效类问题比较严重，亟待有关部门督促解决。农林水领域的出现频率也较高，在2018年前均占比10%左右。此外，一般公共服务领域也是我国预算绩效审计的重难点领域，其中主要包括财政资金使用绩效问题、税收政策落实相关绩效问题。（2）卫生健康和城乡社区、教育领域在审计报告中相对提及较少，一方面反映了这些领域的绩效问题相对较少，另一方面体现了这些领域的整改效果明显，整改后不容易再犯类似的绩效问题。

分年度来看，（1）各个年份的重点问题领域存在差异。2016年高频出现的主题领域是一般公共服务、转移支付和农林水领域，社会保障和就业、住房保障、科学技术、城乡社区领域的问题没有出现。2017年高频出现的领域也是转移支付、一般公共服务、农林水领域，教育类绩效问题没有提及。2018年高频出现的领域是转移支付、农林水和节能环保领域，金融、卫生健康、住房保障领域的问题没有提及。2019年高频出现的领域是转移支付、一般公共服务、节能环保、住房保障，金融领域的问题没有提及。2020年高频出现的领域是转移支付、卫生健康、金融等领域，一般公共服务、社会保障和就业、科学技术领域的绩效问题没有提及。（2）转移支付、农林水、一般公共服务、债务领域的绩效问题正在逐渐减少。转移支付领域虽然提及的频率较多，但是在5年内的频率大致呈现下降趋势，反映了该领域的绩效问题正在好转。在政府收支分类科目中，扶贫这类的重要支出划分在农林水支出科目下，所以农林水领域的资金规模大，资金重要性强，但是伴随着我国全面小康的不断建设，脱贫攻坚逐渐取得较好进展，2018年以后的农林水绩效问题逐渐减少。在我国的收支分类中，税收事务和财政事务属于一般公共支出科目下，伴随着我国减税降费的推进，该领域的绩效问题也正在逐渐减少。此外，我国政府的债务绩效问题也正在得到重视，伴随着国家对于政府债务资金绩效要求的推进，政府债务领域的相关绩效问题也正在逐步化解。

3.4 重点问题和重点领域的共现分析

这部分将对我国预算绩效审计工作报告文本进行共现网络分析，作者将分为两部分展开：第一，作者将分析词汇与词汇之间的共现网络，分析预算审计报告中各个问题与领域之间存在怎样的共现关系，哪些重点问题和重点来源之间往往会相伴出现；第二，作者将分析主题与主题的共现关系，旨在分析经过分类编码后的重点问题类型和重点领域类型之间存在怎样的共现关系。通过对于问题类型与领域类型之间共现关系的把握，有助于我国更好地了解绩效审计中相关问题及来源的分布特征，从而便于梳理我国预算绩效审计工作的发展脉络和工作思路。

3.4.1 词汇与词汇共现分析

图3-7是关于预算审计工作报告中问题词汇与领域词汇之间的共现分析网络，右边的Subgragh表示不同的子群，每个子群用不同的颜色深浅予以区分，可以看到图中根据共现关系共区分了10个子群。图中每个圆圈的大小代表该关键词出现的频率，图形越大代表该关键词在整个文本中的频率越高，图形越小代表该关键词在整个文本中的频率越小。在图3-7中，如果两个关键词之间存在共现关系，将用横线连接，多个相连的关键词形成的即为一个子群。

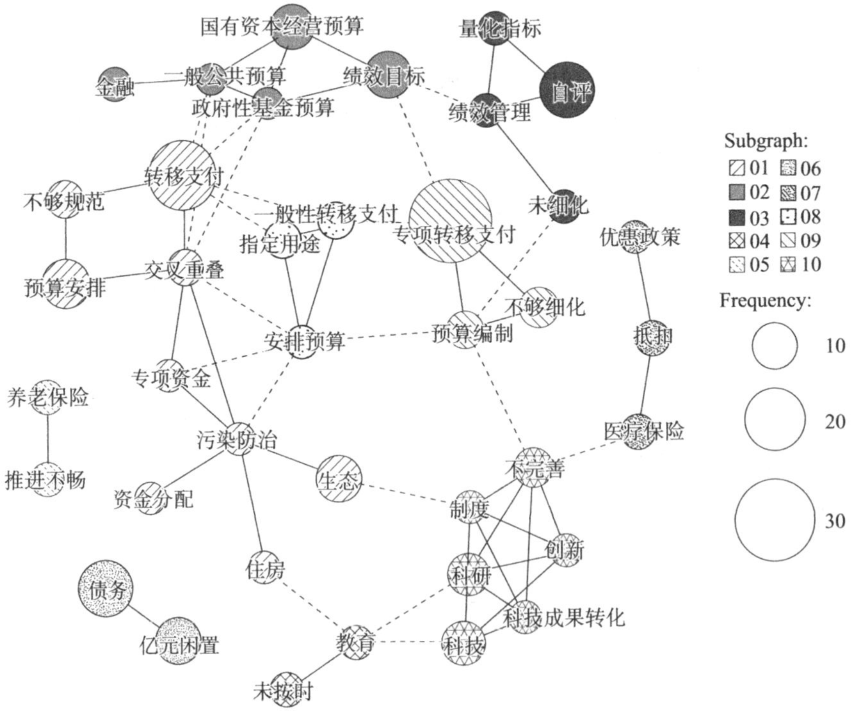

图3-7 预算绩效审计公告文本中的词汇与词汇共现网络分析图

由于文本中的词汇数量较多，软件无法将所有词汇纳入共现分析网络中，因此软件对于词汇选取设定了门槛，仅对出现次数较多的关键性词汇构建共现网络，并且显示的仅为有共现关系的词汇。从图3-7中可以看到，共现关系将关键词划分为了10个子群，可以反映出我国预算绩效审计工作开展的特征。

（1）量化指标、绩效管理、自评、未细化形成一个子群，这反映了我国预算绩效管理在自评和量化指标方面存在不细化的问题，需要进一步明确细化预算绩效指标。（2）一般公共预算、国有资本经营预算、政府性基金预算、绩效目标、金融这几个词汇形成一个子群。这样的共现关系反映了我国的几本预算中存在着绩效目标设置的问题，一般公共预算中与金融相关的绩效问题尤为突出。（3）转移支付、不够规范、预算安排、交叉重叠、专项资金、污染防治、资金分配、住房、生态形成一个子群，意味着我国的转移支付资金存在使用不够规范、资金安排交叉重叠的绩效问题，污染防治、生态、住房领域的资金分配存在较为明显的绩效问题。（4）养老保险、推进不畅形成一个子群，意味着在审计报告中，养老保险资金或项目经常存在推进不畅的绩效问题，需要有关部门健全资金使用途径。（5）债务、亿元闲置形成一个子群，意味着我国的债务资金往往存在着资金闲置的问题，需要完善债务资金绩效管理体系。（6）一般性转移支付、安排预算、指定用途形成一个子群，意味着一般性转移支付资金在安排预算时，经常会存在指定用途的情况，从而影响了资金的使用效益。（7）专项转移支付、预算编制、不够细化形成一个子群，意味着在审计报告中，专项转移支付资金经常在预算安排时不够细化，导致资金投向不明确，从而降低了资金使用绩效。（8）优惠政策、抵扣、医疗保险形成一个子群，意味着我国在一些优惠政策的落实方面存在绩效问题，如税收的抵扣问题、医疗保险优惠政策等。（9）教育与未按时形成一个子群，意味着在教育预算资金的使用方面，往往与资金未按时的绩效问题相伴出现，亟待有关部门提高教育资金的拨付时间。（10）科技、科研、制度、科技成果转化、创新、不完善形成一个子群，意味着在审计报告中，有关科研、科技创新领域的制度不完善，我国在促进科技创新的制度体系方面还有待完善加强。

总结而言，词汇与词汇共现关系的分析反映了我国预算绩效审计中出现的问题与来源的领域之间的关联性。具体包括我国预算绩效体系建立不够全面、预算资金使用缺乏绩效目标、预算安排交叉重叠、转移支付资金投资方向安排不合理、养老保险预算推进不畅、政府债务资金闲置浪费、优惠政策落实不足、教育资金未按时拨付、科技创新相关的制度建设不健全等问题。可见在预算绩效审计中，各个类型的问题均有与之对应高频出现的领域，这种问题与领域之间的共现性，启示审计机关需要掌握绩效问题的发生特征，准确把握绩效问题的“易发问题”和“易发领域”，精准识别问题易发点，在审计中善于抓住主要矛盾，提高审计工作的针对性和效果。

3.4.2 主题与主题共现分析

前文中为了便于我们更加清晰地观察审计报告中的重点问题和重点领域，作者已经将重点问题具体划分为四类，分别是资金效益、项目效益、政策执行和体制机制；同时也将设计的领域划分为12类，分别是节能环保、金融、农林水、一般公共服务、转移支付、卫生健康、社会保障和就业、住房保障、债务、科学技术、城乡社区以及教育。这部分将从主题的角度出发，分析主题与主题之间存在怎样的共现关系，便于我们更加清晰地了解预算绩效审计的问题与领域之间的共现关系。图3－8是关于主题与主题间的共现网络分析图，其中具有共现关系的主题之间用横线连接，圆圈代表与领域相关的主题，圆圈的大小代表出现频率的多少，颜色的深浅代表共现的程度，红色方块代表与问题类型相关的主题。

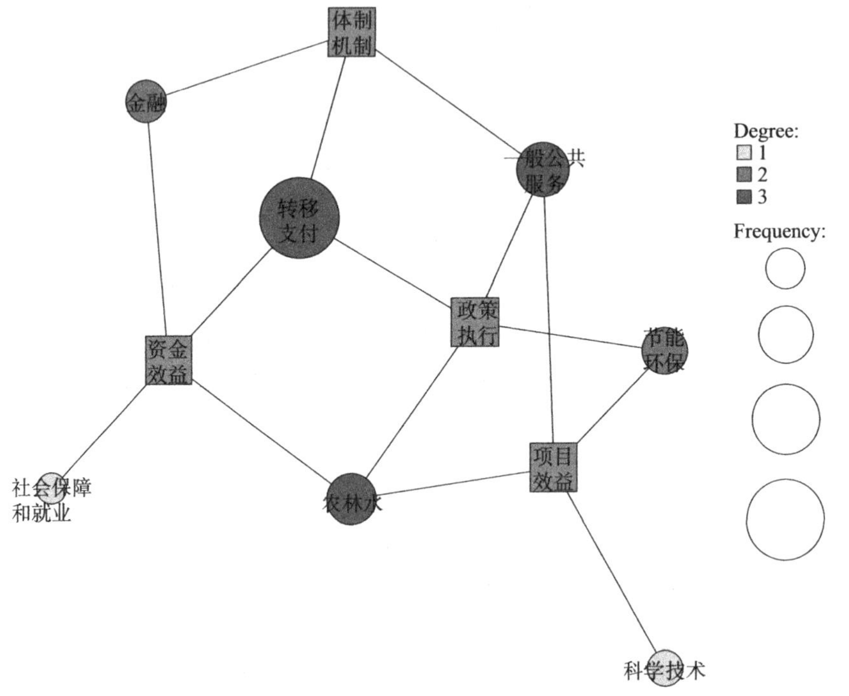

图3－8 预算绩效审计公告文本中的主题与主题共现网络分析图

观察图 3 - 8，可以发现如下特征：(1) 有一些主题之间存在明显的共现关系，体现了问题类型和来源领域类型之间的相关性。转移支付领域与资金效益、政策执行、体制机制类问题相连接，反映了转移支付领域最常出现这三类绩效问题。一般公共服务与体制机制、政策执行、项目效果相连接，反映了在审计报告中，这三类问题经常出现在一般公共服务支出中。社会保障和就业领域与资金效益类相连接，体现了社会保障、就业领域往往容易发生资金绩效类的问题。节能环保与政策执行、项目效益相连接，反映了节能环保相关的预算支出容易在政策执行和项目效果方面产生效益问题。科学技术与项目效益相连接，反映了科学技术领域的预算支出在项目效益方面存在较为严重的绩效问题。农林水领域与资金效益、项目效益、政策执行问题相连接，反映了这三类问题经常容易发生在农林水领域的预算支出中。金融与资金效益、体制机制相连接，反映了金融领域容易在预算资金和相关体制机制方面产生效益问题。(2) 转移支付、一般公共服务、农林水领域的预算资金涉及的问题类型较多。从图 3 - 8 中可以看到，这三个主题领域涉及的绩效问题覆盖的类型较广，反映了这三个主题领域的绩效问题较为严重和复杂，需要审计机关在绩效审计时，对于这三类领域要重点审计，防止错审漏审。(3) 社会保障和就业、科学技术领域涉及的绩效问题类型较为单一。从图 3 - 8 中可以看到，社会保障和就业领域涉及的绩效问题主要是资金效益类问题，科学技术领域主要涉及的是项目效益类问题。这种具有明显问题特征的领域，启示审计机关在开展审计工作时，要有的放矢，快速抓住主要矛盾，找到关键问题，提高审计工作效果。

3.5 本章小结

本章节主要是利用文本分析技术展开关于我国预算绩效审计的审计特征的研究，研究的数据来自审计工作报告。因为审计工作报告中的相关审计内容大多是审计署重点展开的审计事项，反映了审计署的工作重点，因此对于审计工作文本的分析能够了解审计机关的审计特征和工作思路。章节分为四部分，第一部分是关于分析软件和数据的介绍说明，具体包括软件介绍、数据来源和数据前期处理说明。第二部分是分析预算绩效审计的重点问题有哪些，利用软件分别进行高频词分析和主题编码，进而从问题角度挖掘审计报告的关键问题有哪些。但是由于审计报告的词汇巨多，许多词汇表达的含义相近，因此通过主题编码，进行审计报告的主题分布，发现我国预算绩效审计的重点问题类型有哪些。第三部分则是从领域的角度出发，分别进行了词频分析和主题编码，分析了五年间的绩效问题涉及哪些领域，不同年份的审计领域是否存在差异。第四部分是将问题和领域进行共现分析，分别从词汇和主题角度，旨在分析各个问题和各个领域之间存在怎样的共现关系，总结特征，便于审计机关掌握问题和领域之间的相关性，提高审计工作的针对性和效率。

表 3－6 是对本章重要结论的总结。

表 3－6　　我国预算绩效审计的审计特征梳理

重点问题	词汇	（1）整体来看，近五年间高频出现的词汇涉及的问题类型较多。 （2）具体来看，2016—2020 年高频出现的词汇主要有自评、资金闲置、绩效目标、预算安排、政策落实、不够细化、不够规范、不完善、交叉重叠等词汇。
	主题	（1）整体而言，资金效益类问题出现的频率最高，体制机制类问题出现的频率也较多，而项目效益和政策执行类绩效问题的频率较低。 （2）分年度来看，各个年份的问题重点存在差异。 （3）时间变化趋势来看，整体而言，四类问题频率的时间趋势变化较大。资金效益类的问题频率出现了循环反复变动趋势。体制机制类的绩效问题出现先增后降的变化趋势，政策执行类的绩效问题在最近几年有逐渐升高的趋势，项目效益类的绩效问题整体出现频率较低，变化趋势不大。
重点领域	词汇	（1）整体来看，近五年间高频出现的词汇涉及的领域较为广泛。 （2）具体来看，2016—2020 年高频出现的主要有专项转移支付、转移支付、债务、扶贫、生态、国有资本经营预算、科技、增值税、科研、一般性转移支付等词汇。
	主题	（1）转移支付、农林水、一般公共服务三个领域是绩效类问题的重点领域；卫生健康、城乡社区、教育领域在审计报告中相对提及较少。 （2）农林水、一般公共服务、债务领域的绩效问题正在逐渐减少。
问题与领域的共现分析	词汇—词汇	（1）量化指标、绩效管理、自评、未细化相连接。 （2）一般公共预算、国有资本经营预算、政府性基金预算、绩效目标、金融相连接。 （3）转移支付、不够规范、预算安排、交叉重叠、专项资金、污染防治、资金分配、住房、生态相连接。 （4）养老保险、推进不畅相连接。 （5）债务、亿元闲置相连接。 （6）专项转移支付、预算编制、不够细化相连接。 （7）优惠政策、抵扣、医疗保险相连接。 （8）教育、未按时相连接。 （9）科技、科研、制度、科技成果转化、创新、不完善相连接。

续表

问题与领域的共现分析	主题—主题	(1) 转移支付领域与资金效益、政策执行、体制机制类问题相连接。 (2) 一般公共服务与体制机制、政策执行、项目效果相连接。 (3) 社会保障和就业领域与资金效益类相连接。 (4) 节能环保与政策执行、项目效益相连接。 (5) 科学技术与项目效益相连接。 (6) 农林水领域与资金效益、项目效益、政策执行问题相连接。 (7) 金融与资金效益、体制机制相连接。

4. 我国预算绩效审计的整改情况分析

审计整改作为审计监督的“后半篇文章”，有利于充分利用审计公告结果，发挥审计机关的审计监督功能。目前存在一些审计工作浮于表面，重前期审计而轻后期整改，导致审计机关只停留在“发现问题”这一步，忽视了“解决问题”这一关键步骤。因此，需要加强对于审计整改工作的重视，督促被审计部门和单位认真落实整改。在了解我国审计工作开展的特征后，这部分将利用描述性统计方法，分析五年间的绩效审计问题的整改情况，评估整改的效果。

因为每年 12 月的审计署官网会发布对于这一年度预算审计问题的整改报告。报告中会逐一回复审计工作报告中提出的问题，具有较大的对照意义。因此这部分将对 2016—2020 年的中央预算执行和其他财政收支的审计整改报告进行统计分析。首先分析整改前的资金特征，包括整改前的问题资金整体特征；其次按照不同问题类型、涉及的不同领域进行分类描述性统计；再次计算出整改资金占问题资金的比例；进而分析得到我国预算绩效审计的整改率，对比审计署审计工作的实际效果；最后依据整改报告中的相关文本，分析导致一些绩效问题整改效果不佳的主要原因。

4.1 整改前问题资金分布

为了计算分析预算绩效审计的整改情况，我们有必要先了解整改前预算资金的分布情况，掌握预算绩效问题资金的大致特征。这部分将首先对预算资金总体按照年份进行统计，然后按照不同的分类标准分类统计预算资金的审计特征。

4.1.1 问题资金总体特征

图 4-1 是 2016—2020 年预算审计报告中反映的合规类和绩效类问题资

金的金额和问题个数，从预算绩效审计涉及的问题金额角度来看，绩效类问题资金规模在审计报告中的比例较大，多数年份超过50%，反映了我国对于绩效审计工作的重视。从时间变化趋势上看，绩效类问题资金的占比在五年间呈现出先增加后降低的趋势。在2016—2019年合法合规类问题金额基本不变，但是绩效类问题大幅增加，作者推测是随着预算绩效管理的推进，审计机关更加关注对于绩效类问题的审计。在2019—2020年违规金额整体相差不大的情况下，2020年合法合规类问题增加明显，因此绩效类问题占比有所降低。

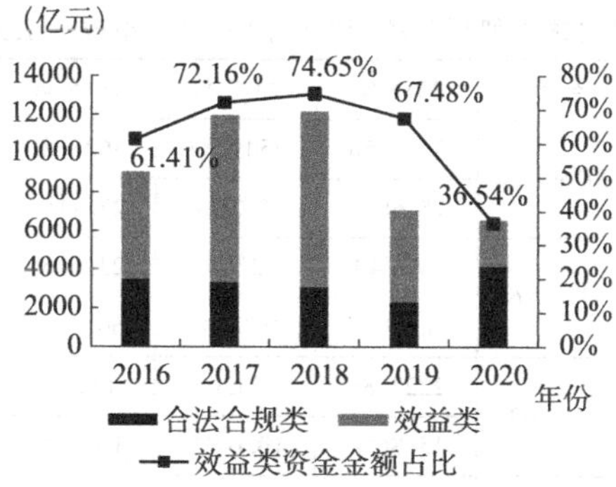

图4-1 预算审计绩效类问题资金统计

图4-2是2016—2020年预算审计报告中反映的合规类和绩效类问题的个数，从预算绩效审计设计的问题个数来看，五年来总计反映合法合规类问题238个，绩效类问题303个，绩效类问题的占比个数超过一半以上。分年度来看，近五年绩效类问题个数占比分别为55.56%、57.14%、53.68%、53.00%和61.11%，可见预算绩效类问题个数始终稳定维持在50%，并且占比正在提高，反映了我国预算绩效审计工作的重要性逐渐提高。

图4-2 预算审计绩效类问题个数统计

4.1.2 按照问题类型划分

在第三章作者已经提到，在对效益类文本进行确定时，作者对于问题类型进行了细化。对于效益类问题，作者具体划分为四类，分别是资金效益类问题、项目效益类问题、政策执行效益类问题和体制机制效益类问题。表4-1展示了按照问题资金涉及的不同类型统计后的相关问题资金的金额和数量分布特征。

表4-1 按照问题类型划分的问题金额分布（单位：亿元）

按问题类型分类		合计	2016年	2017年	2018年	2019年	2020年
资金效益	问题金额	20760.83	3254.58	7549.37	5628.83	2502.27	1825.78
	金额占比		15.68%	36.36%	27.11%	12.05%	8.79%
项目效益	问题金额	3838.26	181.49	2.88	2315.59	1276.81	61.49
	金额占比		4.73%	0.08%	60.33%	33.27%	1.60%
政策执行	问题金额	6198.02	2222.89	624.05	1121.4	996.83	1232.85
	金额占比		35.86%	10.07%	18.09%	16.08%	19.89%
体制机制	问题金额	491.44	0.00	464.55	14.23	0.00	12.66
	金额占比		0.00%	94.53%	2.90%	0.00%	2.58%

表4-1是分别按照绩效类型划分的金额，从金额角度来看，首先资金效益类问题的资金合计规模最大，为20760.83亿元；其次是政策执行类问题的资金合计6198.02亿元；再次是项目效益类的问题资金，规模合计为3838.26亿元；最后问题资金规模合计最小的是体制机制类绩效问题，资金规模合计为491.44亿元。从表格中可以发现，资金效益类问题的资金规模较为巨大，反映了这是我国预算绩效审计问题的“重灾区”。

4.1.3 按照所属领域划分

在第三章我们已经根据关键词汇的内容，将词汇划分为12个主题，反映了我国预算绩效审计工作的12个重点领域。这一小节与第三章的分析思路一致，这一小节将从绩效问题涉及的领域进行分类统计，延续上文中的12个领域的不同分类，包括节能环保、金融、农林水、一般公共服务、转移支付、卫生健康、社会保障和就业、住房保障、债务、科学技术、城乡社区以及教育，分别统计相关问题的个数和资金规模。通过不同领域的统计，观察在审计结果中揭示出来的资金特征，为后续整改后的资金分布特征提供对照。

表4-2是按照预算绩效问题涉及的领域划分的描述性统计表格，主要反映了以下信息：

表4-2 按照所属领域划分的问题金额分布（单位：亿元）

按所属领域分类		合计	2016年	2017年	2018年	2019年	2020年
节能环保	问题金额	911.07	59.03	0.00	46.33	249.5	556.21
	金额占比		6.48%	0.00%	5.09%	27.39%	61.05%
金融	问题金额	3580.27	1749.87	639	181.59	516.34	493.47
	金额占比		48.88%	17.85%	5.07%	14.42%	13.78%
农林水	问题金额	2831.35	483.19	352.72	45.63	1335.17	614.64
	金额占比		17.07%	12.46%	1.61%	47.16%	21.71%
一般公共服务	问题金额	902.77	12.02	85.59	535.5	130.97	138.69
	金额占比		1.33%	9.48%	59.32%	14.51%	15.36%
转移支付	问题金额	15090.86	2380.61	6194.40	5424.63	936.72	154.50
	金额占比		15.78%	41.05%	35.95%	6.21%	1.02%
卫生健康	问题金额	79.11	21.24	17.86	0.00	40.01	0.00
	金额占比		26.85%	22.58%	0.00%	50.58%	0.00%
社会保障和就业	问题金额	297.35	0.00	7.80	141.47	26.74	121.34
	金额占比		0.00%	4.43%	80.38%	15.19%	68.94%
住房保障	问题金额	2862.16	532.3	620.46	754.68	874.99	79.73
	金额占比		18.60%	21.68%	26.37%	30.57%	2.79%
债务	问题金额	1198.72	0.00	29.20	461.18	503.67	204.67
	金额占比		0.00%	2.44%	38.47%	42.02%	17.07%
科学技术	问题金额	40.91	0.00	0.00	0.30	40.61	0.00
	金额占比		0.00%	0.00%	0.73%	99.27%	0.00%
城乡社区	问题金额	3173.53	350.80	714.16	1585.11	60.77	462.69
	金额占比		11.05%	22.50%	49.95%	1.91%	14.58%
教育	问题金额	84.22	23.67	0.00	0.00	60.42	0.13
	金额占比		28.10%	0.00%	0.00%	71.74%	0.15%

在绝对值方面，（1）转移支付、金融、城乡社区、住房保障、农林水等领域的问题资金规模较多。转移支付领域的问题资金达到15090.86亿元，远超于其他领域的资金规模，因此反映了转移支付领域目前存在较为严重的绩效问题，我国每年的转移支付领域的资金达到上万亿元，因此面对如此规模巨大的财政资金，需要有关部门督促绩效评价体系建设，加快落实

整治工作。卫生健康、科学技术和教育领域的问题资金规模相对较少，问题资金规模大多在100亿元以内，这体现了这些领域的绩效问题相对较少，绩效管理推进取得了较好的成效。（2）不同领域的问题资金规模差距相对较大，在12个领域中，问题资金规模最大的是转移支付领域，该领域的绩效问题资金规模达到15090.86亿元；问题资金规模最小的是科学技术领域，问题资金规模为40.91亿元，可见转移支付领域是科学技术领域的三百倍之多。此外，金融领域的问题资金规模为3580.27亿元，仅次于转移支付领域，但是资金规模仍然少转移支付领域三倍之多。因此，可见在预算绩效审计中，各个领域间的问题资金规模差距巨大，转移支付领域的问题资金规模尤为巨大，反映了该领域的绩效问题尤为严重，需要审计机关不断加强整改力度，认真督促整改。

在问题资金的时间变化上，主要包括以下类型，（1）先降后升型。节能环保领域的问题资金规模变动呈现出先降后升的变化特征，从2016年的59.03亿元，下降到2017年的0亿元，此后规模一直上升，最后达到2020年的556.21亿元。（2）先降后升再降型。包括金融、农林水、卫生健康和教育领域的问题资金规模呈现了先降后升再降的变化特征，并且值得注意的是，这几个领域的问题资金规模都是在2018年下降到最低，然后在2019年资金规模出现反弹上升。（3）先升后降型。包括转移支付、住房保障、债务、科学技术领域在内的多个领域的问题资金规模呈现出了先升后降的变动特征。可以看到，虽然转移支付领域的问题资金规模巨大，但是在2017年以后每年的问题资金是在逐步减少的，反映了该领域的绩效审计的整改落实工作逐渐出现成效，转移支付领域的问题资金正在越来越少。（4）先升后降再升型。社会保障和就业领域、城乡社区领域的问题资金规模出现了先升后降再升的变动特征。（5）先降后升再降又升型。一般公共服务领域的问题资金规模出现了先降后升再降又升的反复变动特征，体现了一般公共服务领域的绩效问题出现较为反复，该领域的绩效管理成果仍然有待巩固。（6）整体来看，各个领域的问题资金规模不同年份变动较大，反映了审计机关需要始终坚持全面审计原则，防止遗漏任何问题或领域。

4.2 整改后问题资金整改情况

这部分将分类统计整改后问题资金的分布特征，进而对整改效果进行总结。主要从以下几个方面展开，分别是整改资金的总体规模、按照绩效问题类型分类的整改资金规模、按照涉及的领域统计的整改资金规模和整改资金的比例。

4.2.1 整改资金总体特征

图4-3是合法合规类资金的整改情况。首先，从合法合规类资金整改规模上看，每年整改的金额规模均在2000亿元以上，其中2018年和2020年整改资金规模最多，均在3000亿元左右。从整改比例来看，2016—2020年的审计整改比例分别为74.56%、68.71%、93.60%、93.43%和81.37%，整体来看，合法合规类资金的整改比例在70%—90%，整体整改比例较高。从变动趋势上来看，整改比例出现了先下降后上升再下降的变动轨迹，并且近几年的合法合规类资金整改比例有所下降。

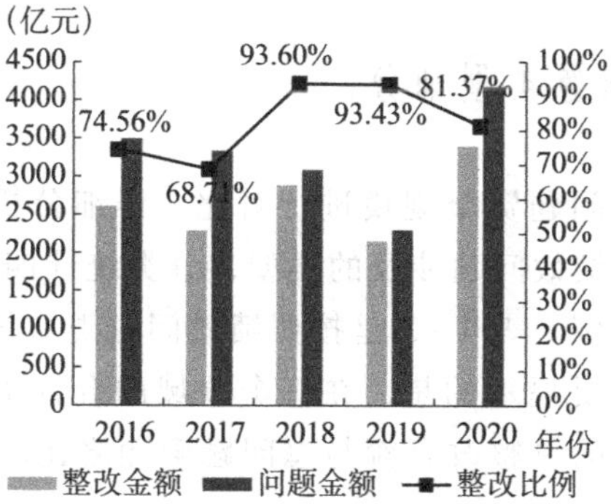

图4-3 合法合规类资金整改情况

图4-4是绩效类资金整改情况。首先，从绩效类资金整改规模上来看，每年整改的金额规模均在2400亿元以上，其中2017年和2018年整改资金规模最多，均在7000亿元左右。从整改比例来看，2016—2020年的审计整改比例分别为67.92%、85.53%、78.43%、82.65%和74.42%，可见每年的整改资金比例均在60%以上，并且多数年份保持在80%以上，反映了我国预算绩效问题的整改工作整体效果较好。从变化趋势来看，问题资金的整改比例在2016—2020年呈现出较为反复的变动趋势，从2016年的67.92%增长到了2017年的85.53%，然后又下降至2018年的78.43%，在2019年回升到82.65%，但是在2020年的整改比例又下降到了74.42%。

综合来看，我国预算绩效类资金的整改比例虽然整体超过60%，但是与合法合规类资金整改比例相比，仍然较低，反映了我国预算绩效的相关整改工作仍然有待进一步加强。此外，绩效类资金的整改比例在五年间呈现了较为反复的变动轨迹，反映了我国预算绩效审计的整改工作目前还不稳定，整改落实的效果时好时坏，可能缺乏一个长期的审计整改的监督机

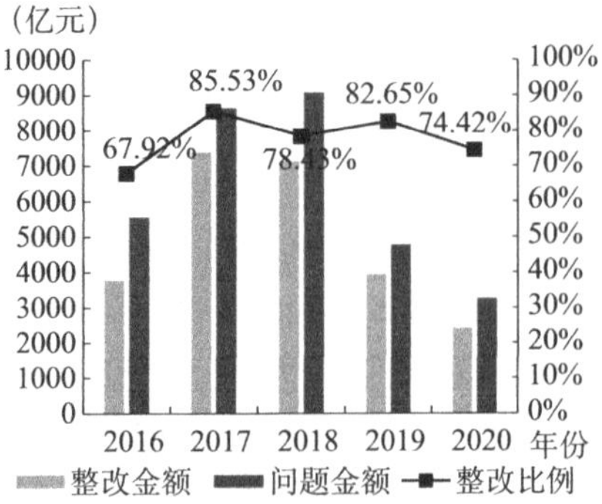

图4-4 绩效类资金整改情况

制，需要尽快完善相关整改问责机制。

4.2.2 按照问题类型划分

为了与整改前的问题资金规模进行对比，详细分析整改后资金的分布特征，这部分将按照绩效问题涉及的类型，分类统计四类问题的整改情况，并且计算整改资金比例。表4-3是按照绩效问题类型统计的审计整改资金规模和整改比例。需要提示的是，在每个领域的合计下整改比例对应的数据，统计的是该领域的总整改金额与总问题金额之比。观察表4-3，有以下发现：

在整改资金规模方面，(1)资金效益类问题的整改资金规模整体最高，每年的整改资金规模均在1500亿元以上，其中2017年的整改资金规模最高，达到6853.07亿元，2016—2020年的整改资金规模呈现先增加后降低的变动趋势。(2)政策执行类的资金整改规模仅次于资金效益类，并且资金整改规模在2017年及以后，呈现出不断增长的趋势，反映了政策执行类的绩效问题整改情况逐渐趋于好转。(3)项目效益类的资金整改规模居于第三位，在2018年、2019年的资金整改规模较大。(4)体制机制的资金整改规模最小，主要是因为该类问题资金的规模也相对较小，这反映了目前的预算绩效审计中体制机制类绩效问题涉及较少。

表4-3 按照问题类型划分的整改金额分布（单位：亿元）

按问题类型分类		合计	2016年	2017年	2018年	2019年	2020年
资金效益	整改金额	19193.77	2821.41	6853.07	5355.75	2394.73	1768.81
	问题资金	20760.83	3254.58	7549.37	5628.83	2502.27	1825.78
	整改比例	92.45%	86.69%	90.78%	95.15%	95.70%	96.88%

续表

按问题类型分类		合计	2016 年	2017 年	2018 年	2019 年	2020 年
项目效益	整改金额	1786. 81	172. 71	2. 66	809. 37	766. 12	35. 95
	问题资金	3838. 26	181. 49	2. 88	2315. 59	1276. 81	61. 49
	整改比例	46. 55%	95. 16%	92. 36%	34. 95%	60. 00%	58. 46%
政策执行	整改金额	2676. 45	388. 88	25. 56	678. 95	766. 61	816. 45
	问题资金	6198. 02	2222. 89	624. 05	1121. 40	996. 83	1232. 85
	整改比例	43. 18%	17. 49%	4. 10%	60. 54%	76. 90%	66. 22%
体制机制	整改金额	335. 61	0. 00	310. 31	13. 47	0. 00	11. 83
	问题资金	491. 44	0. 00	464. 55	14. 23	0. 00	12. 66
	整改比例	68. 29%	/	66. 80%	94. 66%	/	93. 44%

在整改资金比例方面：(1) 不同类型问题的整改落实比例差异较大，反映了问题类型会影响到整改效果。例如资金效益类的资金整改比例达到了90%以上，整体处于较高水平，而项目效益和政策执行类绩效问题的资金整改比例却比较低，大多在50%以下。反映了对于资金效益类问题的绩效问题的整改比较到位，项目效益和政策执行类型的效益问题审计整改工作存在一定的困难，整改工作难以落实到位。作者关于资金整改比例差异的原因做如下猜测：因为资金效益类绩效问题，属于程序性问题，在资金整改方面遇到的阻力和困难比较小，因此资金整改比例比较高。而项目效益和政策执行更多地关注一个项目的有效性和政策执行的有效性，属于较为根源性的问题，在整改方面需要一定的时间，因此整改资金比例相较而言比较低。(2) 资金效益类绩效问题的整改比例正在呈现逐步增加的趋势。虽然资金效益类问题资金规模较大，但是整改比例呈现逐步增加的趋势，从2016年的86. 69%增加到2020年的96. 88%，反映了该类资金的绩效问题正在逐步改善。

4. 2. 3 按照所属领域划分

这部分将根据第三章中划分的12个领域，分类统计绩效问题的审计整改金额，并且根据整改金额与问题金额的比例，计算整改比例，旨在通过不同领域的统计分析，判断审计整改效果在不同的领域是否存在差异，哪些领域是整改落实比较好的领域，而哪些领域的绩效整改工作推进不畅，这些领域在五年间的整改效果是否随时间而发生变化等。通过分析上述问题，可以更加全面地掌握我国预算绩效审计的整改特征，明确需要在以后的审计整改工作中加以关注的重点领域。

表 4－4 是关于按照绩效问题涉及的领域划分统计的资金整改情况，分别列示了每个领域在五年间的整改金额、问题资金和整改比例。需要提示的是，在每个领域的合计下整改比例对应的数据，统计的是该领域的总整改金额与总问题金额之比，用于反映该领域在五年间的总体整改水平。观察表 4－4，可以发现以下关于不同领域整改效果的特征。

表 4－4　按照所属领域划分的整改金额分布（单位：亿元）

按所属领域分类		合计	2016 年	2017 年	2018 年	2019 年	2020 年
节能环保	整改金额	473.65	50.77	0.00	18.84	247.92	156.12
	问题资金	911.07	59.03	0.00	46.33	249.50	556.21
	整改比例	51.99%	86.01%	/	40.66%	99.37%	28.07%
金融	整改金额	2562.01	1683.72	165.45	130.95	278.80	303.09
	问题资金	3580.27	1749.87	639.00	181.59	516.34	493.47
	整改比例	71.56%	96.22%	25.89%	72.11%	54.00%	61.42%
农林水	整改金额	2697.06	449.56	351.96	39.66	1329.80	526.08
	问题资金	2831.35	483.19	352.72	45.63	1335.17	614.64
	整改比例	95.26%	93.04%	99.78%	86.92%	99.60%	85.59%
一般公共服务	整改金额	794.61	0.00	77.76	507.55	111.50	97.80
	问题资金	902.77	12.02	85.59	535.50	130.97	138.69
	整改比例	88.02%	0.00%	90.85%	94.78%	85.13%	70.52%
转移支付	整改金额	12558.75	305.49	6158.72	5178.15	761.89	154.50
	问题资金	15090.86	2380.61	6194.40	5424.63	936.72	154.50
	整改比例	83.22%	12.83%	99.42%	95.46%	81.34%	100.00%
卫生健康	整改金额	68.74	21.24	8.63	0.00	38.87	0.00
	问题资金	79.11	21.24	17.86	0.00	40.01	0.00
	整改比例	86.89%	100.00%	48.32%	/	97.15%	/
社会保障和就业	整改金额	216.00	0.00	5.20	81.62	25.92	103.26
	问题金额	297.35	0.00	7.80	141.47	26.74	121.34
	整改比例	72.64%	/	66.67%	57.69%	96.93%	85.10%
住房保障	整改金额	2359.82	479.80	416.75	591.83	800.12	71.32
	问题资金	2862.16	532.30	620.46	754.68	874.99	79.73
	整改比例	82.45%	90.14%	67.17%	78.42%	91.44%	89.45%
债务	整改金额	665.01	0.00	15.95	224.98	242.85	181.23
	问题资金	1198.72	0.00	29.20	461.18	503.67	204.67
	整改比例	55.48%	/	54.62%	48.78%	48.22%	88.55%

续表

按所属领域分类		合计	2016 年	2017 年	2018 年	2019 年	2020 年
科学技术	整改金额	34.21	0.00	0.00	0.29	33.92	0.00
	问题资金	40.91	0.00	0.00	0.30	40.61	0.00
	整改比例	83.62%	/	/	96.67%	83.53%	/
城乡社区	整改金额	2920.76	317.57	559.92	1575.13	5.45	462.69
	问题资金	3173.53	350.80	714.16	1585.11	60.77	462.69
	整改比例	92.04%	90.53%	78.40%	99.37%	8.97%	100.00%
教育	整改金额	84.22	23.67	0.00	0.00	60.42	0.13
	问题资金	84.22	23.67	0.00	0.00	60.42	0.13
	整改比例	100.00%	100.00%	/	/	100.00%	100.00%

在绝对值方面：(1) 整体来看，我国预算绩效审计的各个领域整改效果较好。从表 4-4 中可以看到，12 个领域的整体整改比例均超过 50%，甚至一些领域的整改比例整体达到了 90% 以上，如农林水、城乡社区、教育领域。这体现了我国预算绩效审计的整改效果整体还是比较好的，国家审计起到了保证财政资金高质量使用的威慑作用，这为绩效审计工作的开展提供了信心。(2) 农林水、城乡社区、教育领域的审计整改比例较高，分别为 95.26%、92.04% 和 100%。教育相关的绩效资金整改比例最高，达到 100%。作者猜测这一方面是因为教育领域的绩效问题资金本身规模较小，另一方面，教育领域一直是国家重点关注的领域，因此该领域预算资金的使用和整改比较到位。此外，农林水和城乡社区领域的绩效资金的整改比例较高，作者猜测一方面是因为这两个领域的问题资金中都包含了扶贫、农业农村等重要内容，随着我国向全面小康社会不断迈进，势必要求相应领域的资金提质增效，因此在审计报告中相关资金的绩效问题会被重点关注。(3) 节能环保、金融、社会保障和就业、债务领域的问题资金整改比例较低，分别是 51.99%、71.56%、72.64% 和 55.48%。因此，要求审计机关在后期的审计整改中，可以有的放矢地加大对于整改效果欠佳领域的整改监督力度，分析原因，寻找方法。

在时间特征方面，(1) 整体来看，我国预算绩效审计的各个领域的问题资金整改比例在五年间变动较大。除了教育领域以外，其余各个领域的资金整改比例均出现了反复的变动趋势，例如节能环保、卫生健康领域的资金整改比例，呈现出“升—降—升”的变化趋势，债务领域的整改比例呈现先降低再上升的变化特征。有一些领域的比例变化更加反复，例如转移支付、社会保障和就业、城乡社区领域的整改比例呈现出“降—升—降—升”的循环变动趋势。这些特征体现了各个领域的资金整改成果不够牢固，需要有关部门通过法律法规建立一套完善的整改机制，从而形成刚性约束。(2) 不同年份的审计整改效果受到一些关键性文件和政策的影响。从表 4 – 4 中可以看到农林水领域的相关绩效审计整改工作在 2018 年后落实较好，整改比例达到 99.60%。这是因为农林水领域中的一项重要支出就是扶贫支出，扶贫工作一直是我国财政政治工作的核心和重点之一，在 2017 年财政部印发了关于《财政专项扶贫资金绩效评价办法》的通知，明确指出从 2018 年开始部分省份要展开扶贫资金和扶贫项目绩效管理的目标①。因此，在表 4 – 4 中 2017 年以后，扶贫领域的绩效资金整改整体保持较高比例，与国家政策导向保持一致，具有明显的时间特征。此外，随着 2018 年全面预算绩效管理元年的到来，不少领域的绩效整改工作落实较好。例如社会保障和就业、城乡社区、住房保障领域，在 2018 年的审计整改比例均保持了较高水平，这些现象体现了审计整改的效果会受到关键性政策的影响，具有明显的时间特征。

4.3 整改效果不足的原因

本章前两小节对于我国预算绩效审计的整改效果进行了分析，分别从问题类型和所属领域两个角度，讨论了整改效果的差异化特征。通过之前的分析可以知道，我国预算绩效审计效果在不同问题、不同领域间的整改效果存在差异，因此作者将进一步分析影响整改效果的原因是什么。在审计整改报告中，除了会披露当年的审计整改情况外，还会在整改报告的最后部分指出一些尚在整改进行中的问题，并且审计整改报告会对这些没有整改到位的原因进行说明。因此，这部分将对审计整改报告中的这部分文本进行文本分析，分别从问题和领域两个视角剖析整改效果不足的原因。

通过对 2016—2020 年审计报告中关于审计整改不足的说明这部分内容的阅读发现，报告中指出的原因大致包括四类：(1) 制度原因。这一类问题往往触及了底层的制度建设层面，因此需要通过深化改革不断解决，需要一段较长的周期才能完成。因此与这类原因相关的问题往往整改效果不佳，难以在短期内一步到位。(2) 历史遗留问题。还有一些审计问题属于历史遗留问题，例如国有企业职工养老问题等，此类问题由来已久并且涉及的单位和个人较多，因此需要在不断解决历史问题的过程中逐步实现整

---

① 参见财农〔2017〕115 号。

改。(3) 客观条件不成熟。有些审计问题的客观条件比较复杂，或是有一些问题是长期形成的，目前缺乏合适的解决时机。例如一些项目建设问题，容易受到天气等外在客观因素的影响，对待此类问题，需要持续推进，等待情况明朗和条件成熟时方能解决。(4) 履行必要程序。有一些审计问题涉及部门之间的沟通协调，部门间耗时较长，或者是涉及诉讼等法定程序，此类问题的解决需要履行必要程序，因此短期内整改效果不足。

根据以上四类原因，作者分别从问题和领域两个视角进行文本共现分析，旨在分析不同问题类型、不同领域的问题整改效果不足的原因是什么。我们可以从中发现共现特征，总结规律，为审计整改工作的进一步完善提供依据。

4.3.1 区分问题视角

图 4-5 绘制的是问题与原因的共现网络分析图，因为审计报告中的这部分文本仅说明了目前尚在整改过程中的问题，因此这部分文本涉及的词汇量较少，为了展示更多的信息，此处的问题我们不进行问题类型划分，从而能够更加全面地展示不同问题词汇与原因类型之间的共现关系。

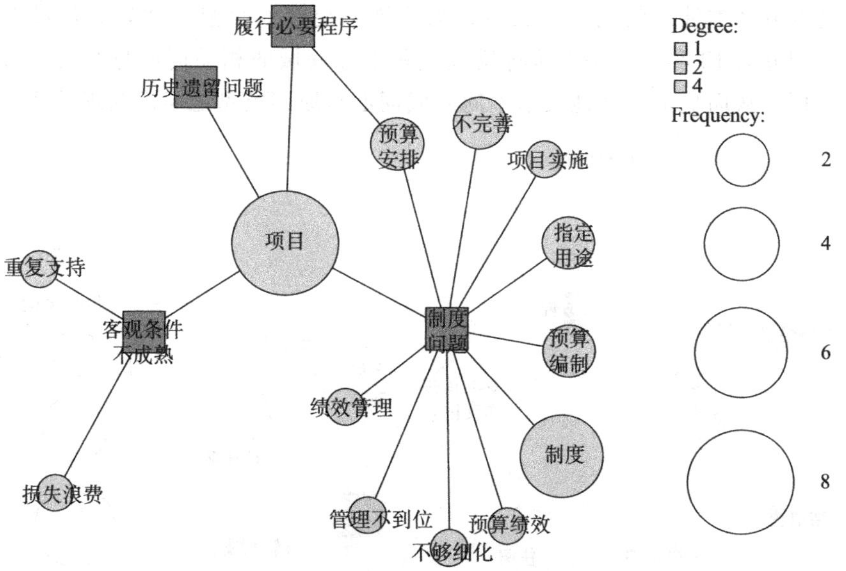

图 4-5 问题与原因的共现分析

观察图 4-5，可以总结以下信息：(1) 对于目前尚在整改中的问题，制度原因是导致整改不足的主要原因。如绩效管理、预算绩效、项目实施、预算安排、资金指定用途、资金不够细化、管理不到位等问题，文本中指出这些问题目前整改效果不足的原因在于相关制度的不健全、涉及中央和地方之间财权与支出责任划分等问题。因此对于这些重大事项，需要在深化改革中不断解决。(2) 预算安排、项目类问题与履行必要程序相连接，这是因为有些预算安排问题需要部门之间的沟通协调，划分支出责任，因此需要完成部门间的沟通程序。此外，由于项目类问题涉及前期拨款、中期检查、后期竣工等程序，问题的解决需要等待履行相关程序，因此短期内整改不到位。(3) 项目与历史遗留问题相连接，这是因为有一些项目立项时间长、时间跨度大，对于这类项目的审计问题需要向前追溯，因此有待于持续推进，短期难以整改到位。(4) 重复支持、损失浪费和客观条件不成熟相连接，这是因为有些损失浪费的资金问题涉及的主体较多，需要一定时间才能完成整改。(5) 项目类问题与多种原因相连接，反映了导致项目问题整改效果不足的原因较为复杂，要求审计机关在督促整改时，能够准确把握问题的成因，促进问题的化解。

4.3.2 区分领域视角

图 4-6 绘制的是领域与原因的共现分析网络图，同样因为审计报告中的这部分文本涉及的词汇量较少，为了展示更多的信息，此处我们没有将领域划分为 12 类，而是直接将反映问题来源领域的相关词汇与原因进行共现分析，从而更加全面地展示不同领域词汇与原因类型之间的共现关系。

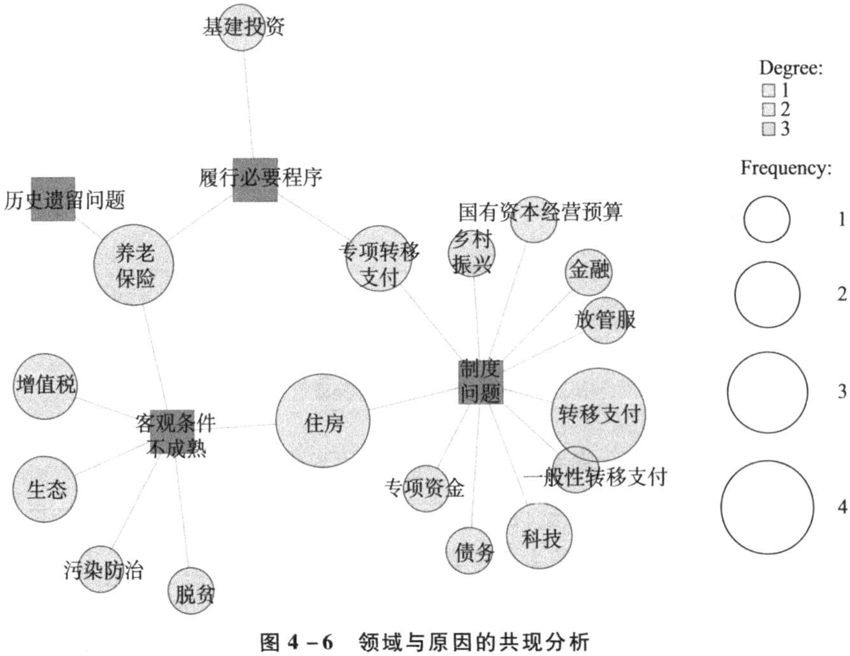

图 4-6 领域与原因的共现分析

观察图4-6，可以总结以下信息：（1）制度问题影响的范围最广。制度问题与多个领域词汇相连，包括乡村振兴、国有资本经营预算、金融、转移支付、科技、债务、专项资金等，反映了这些领域的问题整改效果不佳，主要是来自制度方面的原因，如制度设计不完善、制度体系不健全等。（2）履行必要程序与专项转移支付、基建投资、养老保险相连接，反映了导致这三类领域审计整改效果不佳的原因主要是程序问题，包括必要的行政或者法律程序，因此短期内整改难以一步到位。（3）历史遗留问题与养老保险相连接，反映了导致养老保险资金整改效果不佳的原因主要是历史遗留问题，例如一些京外国家单位员工的养老保险问题，属于历史遗留问题，需要与驻外单位进行对接解决。（4）客观条件不成熟与增值税、生态、污染防治、脱贫、养老保险相连接，反映了导致这几个领域整改推进不畅的原因主要是外部客观条件尚不成熟。具体来看，目前税收的相关问题，有待于国家立法机关、国家税务总局等相关部门研究确定，难以在短时期内进行整改。一些生态工程的推进，容易受到外界条件（如严寒天气）的影响。一些污染防治、脱贫等领域的问题资金，由于当地已经将资金统筹使用至其他方面，难以将资金归还到原渠道，因此受限于客观条件无法整改。（5）养老保险领域的问题资金成因较为复杂，涉及历史遗留问题、履行必要程序和客观条件不成熟三大原因，因此在对待此类复杂问题时，有关部门需要予以关注，制定有针对性的整改措施。

4.4 本章小结

本章主要是基于2016—2020年的预算审计整改报告，利用描述性统计和文本分析技术，对整改报告中的整改资金进行分类统计，分析我国预算绩效审计的整体整改情况，并且进一步利用文本分析技术分析不同问题类型、不同领域整改效果不佳的主要原因特征。本章节主要得到以下结果，分析总结如下。

（1）整改前绩效问题资金的分布特征：①总体特征方面，我国预算审计中的绩效类问题的资金和问题个数均超过合法合规类问题，绩效相关问题的暴露比重不断增加，符合国家预算绩效管理的总体方向。②按照绩效问题涉及的类型方面，资金效益类问题 > 政策执行类 > 项目效益类 > 体制机制类。资金效益类问题的问题个数较多，资金规模也较为巨大，反映了这是我国预算绩效审计问题的“重灾区”。③按照绩效问题涉及的领域划分来看，转移支付、金融、城乡社区、住房保障、农林水等领域的问题资金规模较多，卫生健康、科学技术和教育领域的问题资金规模相对较少。各个领域间的问题资金规模差距巨大，转移支付领域的问题资金规模最大。

（2）整改后绩效问题资金的分布特征：①总体特征方面，每年的整改资金比例均在60%以上，并且多数年份保持在80%以上，但是与合法合规类资金整改比例相比，整改比例仍然较低。②按照绩效问题设计的类型方面，资金效益类 > 政策执行类 > 项目效益类 > 体制机制。不同类型问题的整改落实比例差异较大，资金效益类绩效问题的整改比例正在呈现逐步增加的趋势。③按照绩效问题涉及的领域方面，我国预算绩效审计的各个领域整改效果较好，12个领域的整体整改比例均超过50%，甚至一些领域超过90%。农林水、城乡社区、教育领域的审计整改比例较高，节能环保、金融、社会保障和就业、债务领域的问题资金整改比例较低。

（3）在影响整改效果的原因方面，制度原因是导致整改不足的主要原因。履行必要程序是专项转移支付、基建投资、养老保险整改不足的主要原因；历史遗留问题是导致养老保险资金整改效果不佳的原因；客观条件不成熟是导致增值税、生态、污染防治、脱贫、养老保险领域整改推进不畅的主要原因；养老保险领域的问题资金成因较为复杂，涉及历史遗留问题、履行必要程序和客观条件不成熟。表4－5是对本章重要结论的总结。

表4－5　　我国预算绩效审计的整改情况梳理

整改效果总结		整改比例较高	整改比例较低
按照问题类型划分	整体	资金效益、体制机制	项目效益、政策执行
	2016年	体制机制、项目效益	资金效益、政策执行
	2017年	项目效益、资金效益	体制机制、政策执行
	2018年	资金效益、体制机制	政策执行、项目效益
	2019年	体制机制、资金效益	政策执行、项目效益
	2020年	资金效益、体制机制	政策执行、项目效益
按照所属领域划分	整体	教育、农林水、城乡社区、一般公共服务、卫生健康、科学技术	转移支付、住房保障、社会保障和就业、金融、债务、节能环保
	2016年	教育、卫生健康、科学技术、社会保障和就业、债务、金融	农林水、城乡社区、住房保障、节能环保、转移支付、一般公共服务
	2017年	农林水、转移支付、一般公共服务、教育、科学技术、节能环保	城乡社区、住房保障、社会保障和就业、债务、卫生健康、金融
	2018年	城乡社区、科学技术、转移支付、一般公共服务、教育、卫生健康	农林水、住房保障、金融、社会保障和就业、债务、节能环保
	2019年	教育、农林水、节能环保、卫生健康、社会保障和就业、住房保障	一般公共服务、科学技术、转移支付、金融、债务、城乡社区
	2020年	教育、转移支付、城乡社区、住房保障、卫生健康、科学技术	债务、农林水、社会保障和就业、一般公共服务、金融、节能环保

5. 结论和建议

积极开展预算绩效审计对推进预算绩效管理体系建设，加快形成全面预算绩效管理具有重要意义。本部分将对文章发现的审计特征和整改情况特征进行总结，从中归纳关键性规律并发现问题，据此尝试提出对于审计机关开展绩效审计工作的建议，最终加快形成全面预算绩效管理体系。

5.1 结论

文章基于审计工作报告和相应的审计整改报告，对于我国预算绩效审计的审计特征和整改情况进行了分析。在审计特征方面，利用文本分析技术从绩效问题类型和绩效问题来源的领域两个角度分别总结了预算绩效审计报告中出现的高频词汇。在整改情况方面，基于描述性统计方法对审计整改报告中的金额数据进行统计，比较不同领域整改资金的比例差异，并利用文本分析技术分析导致一些领域整改不佳的主要原因，最终文章总结得到了以下关键结论：

5.1.1 审计特征方面

（1）我国预算审计工作正在从合规审计向绩效审计转变。通过对审计报告中问题进行分类发现，绩效类问题的金额规模和问题个数均超过了合规合法类问题，在2016—2020年占比均超过50%，绩效类问题在我国预算审计报告中的占比较高，体现了国家对预算绩效类问题审计监督的重视。审计报告中多次出现了有关“绩效目标”建设相关的表述，体现了国家预算资金“用钱必问效，无效必问责”的要求。

（2）近五年间审计报告中绩效问题涉及的问题类型和领域较多，覆盖范围广泛。2016—2020年高频出现的问题有自评、资金闲置、绩效目标、预算安排、政策落实、不够细化、不够规范、不完善、交叉重叠等问题。按照问题类型可以进一步划分为资金效益、项目效益、政策执行和体制机制四类问题。绩效问题主要来自专项转移支付、转移支付、债务、扶贫、生态、国有资本经营预算、科技、增值税、科研、一般性转移支付等领域，可以进一步划分为节能环保、金融、农林水、一般公共服务、转移支付、卫生健康、社会保障和就业、住房保障、债务、科学技术、城乡社区以及教育共计12个主题领域。

（3）不同问题类型、不同领域的绩效之间具有一定的相关性。例如我国预算绩效管理的量化指标方面不细化问题；转移支付资金使用不够规范、资金安排交叉重叠的绩效问题；养老保险资金或项目经常存在推进不畅的绩效问题；债务资金往往存在着资金闲置的问题等。掌握不同问题与不同领域的共现关系特征，有助于审计机关在工作时举一反三，精准识别重点，抓住主要矛盾。

（4）预算绩效审计对关键领域“持续性”审计，对于突发性问题“阶段性”审计。审计工作能够准确定位审计职责、合理确定审计工作，推动完善国家治理①。审计机关作为国家监督机构，需要时刻跟随政策导向，调整审计目标以服务于国家治理。在文中作者发现，在2016—2020年，有一些领域每年都在审计工作报告中有所体现，如专项转移支付、一般性转移支付、债务、扶贫等，这些领域涉及的财政预算资金规模较大，对社会发展和国家进步具有重要意义。这些领域是每年审计报告都会重点提及的领域，具有“持续性”的特征，反映了国家审计机关对这些领域的持续关注。有些领域的某些年份的审计报告会被频繁提及，2017年对于科研、创新领域的关注，2018年对于金融、银行等领域的关注，2019年对于教育、住房等领域的关注，2020年增加了对于养老保险、医疗保险领域的关注。可见，在特定的历史时期，预算绩效审计工作的开展具有一定的特殊性，在不同的阶段会各有侧重，这体现了审计工作开展的“阶段性”特征。因此，综合国家审计的“持续性”和“阶段性”特征，体现了审计工作的开展适时调整，服务于国家治理政策的灵活性。

5.1.2 整改情况方面

（1）我国预算绩效审计的问题资金整改比例整体较高，但不同年份的整改比例波动较大，并且与合法合规类资金整改比例相比仍然较低。经过

---

① 审计署审计科研所．中国审计研究报告2015［M］．北京：中国时代经济出版社，2016.

计算发现，2016—2020 年我国预算绩效的整改比例整体处于较高水平，整改比例基本保持在 70% 以上，这体现了整改落实效果较好，审计工作取得了较好的成效。但是从五年间的问题资金整改比例的变化特征来看，呈现出“升—降—升—降”的不断反复的波动变化特征。此外，与合法合规类资金的整改比例相比，绩效类问题资金整改比例仍然较低。因此，我国预算绩效审计的整改工作效果还不稳定，还需要有关部门和单位加大落实力度，巩固审计工作效果。

（2）不同类型、不同领域的绩效问题资金在整改落实效果上存在差异。分问题类型来看，作者将审计报告中的绩效问题具体划分为四类，经过统计发现，资金效益类的资金整改比例达到了 90% 以上，整体处于较高水平，而项目效益和政策执行类绩效问题的资金整改比例却比较低。此外，虽然资金效益类问题资金规模较大，但是整改比例呈现逐步增加的趋势。分领域类型来看，我国预算绩效审计的各个领域整改效果较好，12 个领域的整体整改比例均超过 50%，甚至一些领域超过 90%。农林水、城乡社区、教育领域的审计整改比例较高，节能环保、金融、社会保障和就业、债务领域的问题资金整改比例较低。我国预算绩效审计的各个领域的问题资金整改比例在五年间变动较大，不同年份的审计整改效果受到一些关键性政策影响。启示审计机关在督促整改效果时，需要重点关注整改效果不佳的领域，协同有关部门分析绩效问题的原因，找到影响整改落实的障碍所在，促进审计整改水平的全方面提高。

（3）从时间趋势变化来看，审计整改效果在不同年份存在差异。分问题类型来看，资金效益类绩效问题的整改比例正在呈现逐步增加的趋势。分领域来看。我国预算绩效审计的各个领域的问题资金整改比例在五年间变动较大。除了教育领域以外，其余各个领域的资金整改比例均出现了反复的变动趋势。

（4）在影响整改效果的原因方面，制度原因是导致整改不足的主要原因。履行必要程序是专项转移支付、基建投资、养老保险整改不足的主要原因；历史遗留问题是导致养老保险资金整改效果不佳的原因；客观条件不成熟是导致增值税、生态、污染防治、脱贫、养老保险领域整改推进不畅的主要原因；养老保险领域的问题资金成因较为复杂，涉及历史遗留问题、履行必要程序和客观条件不成熟三大原因。

5.2 建议

虽然总体来看，我国预算绩效的审计工作越来越受到重视，预算审计整改比例均超过50%，但是仍然存在一些问题。例如我国预算体管理体系本身不健全，绩效目标不明确；转移支付、农林水、一般公共服务等是我国预算绩效审计的重难点领域；审计整改中一些领域的整改效果欠佳；审计整改效果不稳定，整改资金比例不同年份差异较大等。本文根据总结得到的预算绩效审计工作特征和整改效果特征，提出了进一步提高我国预算绩效审计工作有效性的建议。主要包括审计工作、整改工作两个方面。

5.2.1 审计工作要尤其关注重点问题和重点领域，提高绩效审计穿透力

文章通过词频分析发现，在我国预算审计报告中存在一些高频出现的重点问题，如资金闲置、预算安排、不够细化、不够规范、交叉重叠等问题。此外，绩效问题主要来源一些重点领域，如转移支付、债务、扶贫、生态、科技等。因此，这些重点问题和重点领域，一方面反映了其是我国预算绩效审计工作当下的关注重点，另一方面其也是我国预算绩效问题的“重灾区”。因此，审计工作需要尤其关注重点问题和重点领域，提高绩效审计工作的穿透力。

5.2.2 审计工作要准确把握经济社会各领域的联系，坚持全面审计与突出重点并重

文章发现，由于经济社会发展各个领域间密切相关，我国的不同领域的易发问题之间存在一定相关性，如预算资金使用与缺乏绩效目标、预算安排与交叉重叠、转移支付资金与投资方向安排不合理、政府债务资金与闲置浪费等，因此需要审计机关准确把握各项工作之间的关联性，统筹推进，最终形成全面预算绩效审计的大局。此外，作者发现有些领域的绩效（如转移支付）与多种绩效问题之间都存在着共现关系，因此这个领域的绩效问题存在一定的中心性和重要性。对于这类具备特殊重要性的重点领域，需要审计机关加大审计力度，有针对性地开展审计工作。

5.2.3 审计工作要融入国家经济社会发展大局，坚持“变”与“不变”

作者发现在我国的预算绩效审计中，有一些问题每年均有提及，受到

持续性关注，有一些问题在某几年受到阶段性关注，这体现了预算审计工作的“变”与“不变”。这是因为预算审计工作作为服务国家治理的重要路径，需要自觉融入国家经济社会发展的大局，紧扣各个阶段的国家工作中心，从而使得最广大人民群众能更真实地了解审计结果，为党和国家的财政预算工作提供参考和借鉴。具体来看，首先，预算绩效审计工作要持续关注国家工作的重点领域，如转移支付、农林水、一般公共服务等；对于不同时期的政策目标，如税收、生态、科技领域的问题要灵活调整。其次，预算绩效审计不仅仅要反映基本事实和表层问题，更应该触及深层的体制机制问题，准确从根源上把握绩效问题的来源。最后，预算绩效审计工作不仅要反映某个时点“静态”的绩效情况，更可以从一段时期“动态”的角度对绩效问题进行审计。

5.2.4 继续深化预算绩效管理体制改革，完善绩效管理体制机制建设

文章发现，虽然目前我国预算审计正在从合规审计逐渐向绩效型审计过渡，但是在审计工作中对于绩效类问题的关注仍然有待于进一步提高，并且绩效类问题的整改比例与合法合规类资金相比仍然较低，绩效问题的整改比例波动较大。此外，作者通过文本分析发现，目前制度原因是造成整改效果不足的主要原因之一，因此需要预算单位和部门建立本单位的绩效管理体系，建立起完善的预算绩效评价量化指标和评价体系，推进预算绩效管理体制改革进一步深化。

5.2.5 全面关注审计整改工作的重要性，逐步提高绩效审计整改资金比例

文章发现，虽然我国的绩效资金整改比例不断提高，但是与合法合规类问题相比，资金的整改比例仍然不足，并且整改比例在不同年份差异较大，这反映了目前绩效审计的整改工作落实不到位，仍有进一步提高的空间。此外，作者还发现在我国审计报告中有一些问题和领域反复出现，说明这些领域的问题可能存在着“屡审屡犯、屡犯屡审”的现象。因此，审计整改工作是体现审计成果的关键步骤，审计机关不仅要关注前期的审计工作，更加要注重对于预算绩效审计的整改情况，强化审计整改的监督功能，做好审计工作的“后半篇文章”。

5.2.6 对于整改落实效果欠佳的领域，要加大整改力度，完善审计问责制度

从作者的统计来看，不同问题和不同领域的问题资金整改效果存在一定差异，其中与体制机制相关的问题整改效果普遍较差。例如政策执行类的绩效问题，整改资金比例较低。这很大原因在于政策执行类的绩效问题往往涉及国家的制度建设问题，这些根源性问题需要在不断深化改革的进程中克服，因此难以在短期内出现明显的整改效果。因此，对于这类问题的整改工作需要给予较长的整改时间。此外，转移支付、住房保障、社会保障和就业、金融、债务、节能环保的整改效果普遍欠佳，需要审计机关不断加强对于这些领域的整改效果的监督工作。因此对于整改落实不到位、整改措施不明晰的部门和单位，要重点监督，严格追责问责，补齐审计整改中的“短板”领域。

参考文献

[1] 陈平泽. 中央部门预算审计研究 [M]. 北京：中国时代经济出版社，2021：40-41.

[2] 陈翔宇. 全口径预算中的绩效审计现状、问题与对策 [J]. 财会月刊，2017 (9)：10-104.

[3] 陈骏. 我国政府绩效审计发展机制研究——基于新公共管理背景下的辩证思考 [J]. 审计与经济研究，2006 (3)：16-20.

[4] 程慧荣，黄国彬，郑琳. 非结构化文本分析软件比较研究——以 KH Coder 和 Wordstat 为例 [J]. 图书与情报，2015 (4)：110-122.

[5] 杜吉羽. 财政预算执行审计探究 [D]. 南昌：江西财经大学，2020.

[6] 郭旭. 深化预算执行审计研讨会综述 [J]. 审计研究，2022 (2)：47-51.

[7] 郭旭. 深化预算执行审计研讨会综述 [J]. 审计研究，2019 (2)：39-42.

[8] 黑龙江省审计学会课题组，尹硕宇. 加强财政资金绩效审计探讨 [J]. 现代审计与会计，2021 (5)：6-8.

[9] 江西省审计学会课题组，刘达，康波，熊旭黎. 财政资金绩效审计研究 [J]. 审计研究，2020 (1)：24-32.

[10] 姜爱华，杨琼. 部门预算改革以来中国特色预算审计监督变迁与走向 [J]. 财政研究，2020 (7)：53-66.

[11] 秦荣生. 公共受托经济责任理论与我国政府审计改革 [J]. 审计研究，2004 (6)：16-20.

[12] 曲明. 政府绩效审计沿革、框架与展望 [M]. 辽宁：东北财经大学出版社，2016：5-7.

[13] 雷达. 新公共管理对绩效审计的影响及对我国绩效审计发展的启示 [J]. 审计研究，2004 (2)：36-42.

[14] 李坤. 国家治理机制与国家审计的三大方向 [J]. 审计研究，2012 (4)：20-25.

[15] 刘家义. 论国家治理与国家审计 [J]. 中国社会科学，2012 (6)：60-206.

[16] 刘家义. 树立科学审计理念发挥审计监督“免疫系统”功能 [J]. 中国审计，2009 (11)：9-11.

[17] 刘家义. 关于绩效审计的初步思考 [J]. 审计研究，2004 (6)：3-34.

[18] 刘玉廷，郭林，李冰慧. 基于政府预算的国家审计制度优化研究 [J]. 审计研究，2016 (5)：20-26.

[19] 刘文宇，毛伟伟. “教授”集体身份在报纸媒体与微博中的话语建构差异

[J]. 现代教育管理, 2017 (9): 70 - 74. DOI: 10.16697/j. cnki. xdjygl. 2017 - 09 - 13.

[20] 孟焰, 张军. 论国家审计"免疫系统"实施机制 [J]. 中央财经大学学报, 2010 (5): 81 - 84.

[21] 戚啸艳, 王昊, 易仁萍. 中外绩效审计制度变迁及我国现行制度体系完善的思考 [J]. 审计研究, 2005 (6): 22 - 25.

[22] 孙平. 我国政府绩效审计发展研究 [M]. 北京: 经济日报出版社, 2018.

[23] 宋夏云, 闫帅. 国家审计机关完善审计整改工作机制研究 [J]. 宁波大学学报 (人文科学版), 2019, 32 (2): 94 - 100.

[24] 山东省审计学会课题组, 黄利明, 苑小巍, 孔帅, 王涛, 王丽丽, 侯欣蕾, 张镟, 范庆光. 预算绩效管理审计探索 [J]. 审计研究, 2019 (3): 20 - 26.

[25] 审计署财政审计司. 财政审计 [M]. 北京: 中国时代经济出版社, 2015.

[26] 审计署审计科研所. 中国审计研究报告 2015 [M]. 北京: 中国时代经济出版社, 2016.

[27] 审计署编写组.《财政审计读本》[M]. 北京. 中国时代经济出版社, 2016: 3 - 5.

[28] 审计署成都特派办理论研究会课题组, 吴兆军, 林笑冬, 刘钰峰, 张永春, 孙清泳, 李贺年. 深化预算执行绩效审计研究 [J]. 审计研究, 2019 (3): 27 - 34.

[29] 审计署行政事业审计司. 部门预算执行审计指南 [M]. 北京: 中国时代经济出版社, 2007.

[30] 田聪聪, 郑石桥. 预算执行审计力度、预算透明度和预算违规——基于中央各部门预算支出数据 [J]. 财会月刊, 2016 (32): 80 - 84. DOI: 10.19641/j. cnki. 42 - 1290/f. 2016. 32. 017.

[31] 魏明, 宋妍贞, 高衡. 国家审计公告制度创新路径研究 [J]. 财会通讯, 2022 (1): 9 - 13.

[32] 王纪颖. "屡审屡犯"存在性验证、影响因素及对策研究 [D]. 南京: 南京审计大学, 2019.

[33] 王卓玉, 袁磊, 张文超. 基于 KHCoder 文本数据挖掘的中日 STEM 教育研究模式对比 [J]. 现代远程教育研究, 2020, 32 (2): 56 - 63.

[34] 王翠琳, 赵珈. 基于审计整改的国家审计效果研究 [J]. 财会月刊, 2017 (24): 97 - 103. DOI: 10.19641/j. cnki. 42 - 1290/f. 2017. 24. 015.

[35] 吴勋, 孙萌. 部门预算执行审计特征研究——基于 2003—2015 年审计结果公告的分析 [J]. 管理现代化, 2016, 36 (3): 12 - 14.

[36] 吴晓秋, 吕娜. 基于关键词共现频率的热点分析方法研究 [J]. 情报理论与实践, 2012, 35 (8): 115 - 119. DOI: 10.16353/j. cnki. 1000 - 7490. 2012. 08. 026.

[37] 吴兆军, 徐永胜, 向中兴等. 深化预算执行绩效审计研究 [J]. 审计研究, 2019 (3): 55 - 57.

[38] 习近平. 决胜全面建成小康社会, 夺取新时代中国特色社会主义伟大胜利——在中国共产党第十九次全国代表大会上的报告 [Z]. 北京: 人民出版社, 2017: 10.

[39] 肖振东, 吕博. 从审计工作报告看国家审计发展 [J]. 审计研究, 2013 (5):

17 - 22.

[40] 谢加涛. 我国中央部门预算执行审计有效性实现的对策研究 [D]. 乌鲁木齐: 新疆财经大学, 2012.

[41] 谢柳芳, 孙鹏阁, 郑国洪, 曾军. 政府审计功能、预算偏差与地方政府治理效率 [J]. 审计研究, 2019 (4): 20 - 28.

[42] 谢柳芳. 国家治理视域下政府审计与预算绩效研究——机制、路径和效果 [M]. 北京: 科学出版社, 2020: 101 - 102.

[43] 薛芬. 政府预算变革与政府预算执行审计战略转型——基于国家治理的视角 [J]. 审计与经济研究, 2012, 27 (6): 42 - 48.

[44] 徐菲菲, 剌利青, Ye Feng. 基于网络数据文本分析的目的地形象维度分异研究——以南京为例 [J]. 资源科学, 2018, 40 (7): 1483 - 1493.

[45] 尹平. "免疫系统" 论的理论贡献和对审计事业的创新引领 [J]. 审计与经济研究, 2009, 24 (2): 9 - 13.

[46] 袁月, 孙光国. 基于国家治理视角的全面预算绩效管理研究 [J]. 财经问题研究, 2019 (4): 70 - 76.

[47] 张宏翔, 孙如毓. 完善我国财政预算执行审计的探讨 [J]. 财政监督, 2019 (12): 68 - 72.

[48] 张岩程, 肖玥. 公共受托责任理论对政府绩效审计的影响 [J]. 财会学习, 2021 (2): 121 - 122.

[49] 张俊民, 胡国强, 张硕. 国家审计服务国家治理实践研究: 基于 18 份审计工作报告的分析 [J]. 审计研究, 2013 (5): 10 - 16.

[50] 张淼. 我国中央部门预算执行审计有效性分析 [D]. 北京: 财政部财政科学研究所, 2014.

[51] 赵丽梅, 廖文杰. 基于全词共现网络的我国智慧图书馆研究热点及内容分析 [J]. 情报科学, 2020, 38 (10): 23 - 28. DOI: 10.13833/j.issn.1007 - 7634.2020.10.004.

[52] 赵雪, 马娟娟. 基于词共现网络的对农微博热点话题及用户舆情分析——以中国乡村之声官方微博为例 [J]. 新闻爱好者, 2019, (11): 47 - 50.

[53] 赵威. 国家审计的审计整改问题研究 [D]. 杭州: 浙江工商大学, 2021.

[54] 浙江省审计学会课题组, 陈英姿, 江景叨, 韩冰, 陈怡璇. 全面预算绩效管理背景下财政资金绩效审计研究 [J]. 审计研究, 2020 (1): 16 - 23.

[55] 郑朝阳, 朱飞. 关于进一步深化中央部门预算执行审计的思考——基于党的十八大以来 5 年审计结果公告分析 [J]. 审计研究, 2019 (1): 10 - 15.

[56] 郑石桥, 孙硕. 预算环境、预算执行审计与预算违规——基于中央各部门预算执行审计数据的实证研究 [J]. 南京审计学院学报, 2015, 12 (6): 3 - 12.

[57] 郑小荣, 刘凡愚, 田苗苗, 邓舒宁. 中国政府审计结果公开情感倾向研究——基于审计署 2001—2016 年 16 篇审计工作报告的文本分析 [J]. 会计之友, 2018 (16): 153 - 160.

[58] Affairs O. Government Auditing Standards: Standards for Audit of Governmental Organizations, Programs, Activities, and Functions, 1988.

[59] Alexia Nalewaik, Anthony Mills. Project Performance Audit: Enhanced Protocols for Triple Bottom Line Results [J]. Procedia-Social and Behavioral Sciences, 2015, 194: 134 - 145.

[60] Christopher Hood. Comparative Public Adiministration, Vol. 1, Dar Emouth Publishing Grop, 1998.

[61] Faraja Asukile, Crispin John Mbogo. Influence of Budgetary Practices on Budget Performance of Local Government Authorities in Tanzania [J]. Journal of Finance and Accounting, 2022, 10 (2).

[62] Flint D. Philosophy and Principles of Auditing: an Introduction [M]. Macmillan Education Ltd, 1988.

[63] Glynn. Value for Money Auditing—an Interntion Review and Comparison. Financial Accountability & Management, 1985, 1 (2): 113 - 128.

[64] INTOSAI. General Statement on Performance Audit, Audit of Public Enterprises and Audit Quality [M]. Canberra; Australian Government Publishing Service, 1986.

[65] KANDYLAS V, UPHAM V K, UNGAR L H. Finding Cohesive Clusters for Analyzing Knowledge Communities [J]. Regular Paper, 2008 (17) : 335 - 354.

[66] McKinsey J O. Budgetary Control [M]. Ronald Press, 1923.

[67] Simon D. Norton, L. Murphy Smith. Contrast and Foundation of the Public Oversight Roles of the US. Govenment Accountability Office and the UK. National Audit Office [J]. Public Administration Review, 2008, 68 (5): 921 - 931.

[68] Tuan Zainun Tuan Mat, Nor Azlina Mohd Saad, Roshayani Arshad, Saiyidi Mat Roni, Sharina Tajul Urus. Accountability through Budget Performance: a Study on Budget Adequacy and Participation of Malaysian Local Government [J]. International Journal of Business and Emerging Markets, 2022, 14 (1).

[69] T · G · Ross. The Management Audit [M]. Macmillan Publishers Limited, 1932.

[70] Willian C. Bounton, Raymond N. Johnson. Modern Auditing [M]. John Wiley & Sons. Inc, 2006.

[71] Zhang Jianhui, Pan Wen-Tsao. Data Analysis of Fiscal Expenditure and GDP Based on Financial Budget Performance Evaluation Indicators [J]. Discrete Dynamics in Nature and Society, 2022, 20 - 22.

致 谢

三年学术硕士生涯即将过去，回首过往岁月，我不仅收获了扎实的财税知识，更加培养了自己良好的阅读习惯和思维方式，这对我以后的学习和工作都将大有裨益。在中财的三年，我遇到了许多良师益友，他们在我的学习和生活中都给予了无私的关心和帮助，让我的硕士生涯更加充实和丰富。

感谢我的导师马海涛老师，马老师治学严谨，为人亲切，在繁忙的工作之余，时常关心学生的学习生活，给我们树立了治学为人的良好榜样。同样也要感谢我的第二导师姚东旻老师，进入硕士生阶段以来，姚老师对我们严格要求，使得我们培养起了良好的学术习惯，帮助我们建立了较为完善的财政学知识体系。在论文写作过程中，两位老师对论文提出了非常中肯的建议和意见，对我的毕业论文写作帮助很大。同样感谢中心所有任课老师和行政老师对我的关心和照顾，让我感受到中心的温暖。

感谢我的父母，感谢父母一直以来的无私付出，对我学习生活无微不至的关怀和照顾。从小到大，他们总是愿意尊重我内心的想法，永远是我最坚实的后盾和依靠。

展望未来，愿自己能不忘初心，不负韶华，勇敢前行。

论文短评

点评人：丁怡

2018年9月，中央全面深化改革委员会第三次会议审议通过《中共中央 国务院关于全面实施预算绩效管理的意见》，拉开了财政预算绩效管理工作的序幕。中央要求将绩效理念和方法深度融入预算编制、预算执行和预算监督全过程。绩效审计是审计发展的新阶段，是深化公共财政体制改革、促进政府职能转变、提高政府服务质量的重要举措。如何将这一政策理念落实到具体工作实践中，是学界和社会所共同关心的话题。这一过程是如何发生的，却有其难于呈现的部分。这也体现了当前我们对待学术研究，无论是关于现实问题的战略性或对策性研究，还是关于理论问题的基础性研究，实际上都是以新问题、新材料和新方法的面貌出现的，都被赋予了新的时代性内涵。孙路路同学的这篇硕士学位论文，兼顾“理念”与“实践”的结合，使用预算审计工作报告作为反映中央预算执行工作的基本材料，通过文本分析方法，从语汇分析和资金数量分析两个方面，生动体现了理念落实到实践的形态和过程。

首先，“理念”方面，本文从各类定义的比较分析和相关概念的横向辨析中剖析了预算绩效审计的内涵，并阐述了其意义作用、运作流程。在这一部分对预算绩效审计的内涵和实务环节进行了总体描述。与强调“合法性”与“真实性”的传统审计相比较，这里体现了预算绩效审计的特殊地位和作用。预算绩效审计是国家审计体系中不可或缺的重要组成部分，它旨在通过有效的审计流程，加强对公共部门活动的监督，提升公共服务水平，为政府决策提供可靠的参考依据。绩效审计同时也是政府审计的核心，它不仅可以帮助政府重塑形象，还能够提升公共部门的管理水平。文中，探索了对预算绩效审计概念的界定，以预算审计为基础，做出定义：预算绩效审计是在预算审计的基础上，更加关注财政资金及相关政策执行的效益性和效果性。具体包括投入经济性、绩效目标合理性、预算资金和资产配置效率、使用效益、政策使用效果等重要指标。接下来具体综述预算绩效审计体系的各方主体关系、一般准则和基本程序。

其次，“实践”方面，本文通过文本挖掘，对我国预算绩效审计工作的特征，包括整改情况的体现，做了量化分析。这也是本文的研究重点和逻辑归宿。这里的文本挖掘有两个重点：一是从语词上，通过词频分析、共现分析，发现绩效相关问题呈现长期、高频出现的情况；二是从资金上，发现绩效类问题资金的占比在五年间呈现出先增加后降低的趋势。本文对审计整改效果在不同的领域存在的差异，整改落实比较好的领域，整改工作推进不畅的领域做了深入的分析和梳理。在横向和纵向两个维度体现了我国预算绩效审计工作的整体特征。

再次，本文通过问题与原因的共现分析，领域与原因的共现分析，反映了我国预算绩效管理在指标体系设置上存在的问题，特别是与金融相关的绩效问题尤为突出。

这充分说明，绩效预算改革无疑是一项漫长而又复杂的系统性工程，也是预算改革迎来划时代发展的阶段。在具体预算绩效审计工作与实践中，需要根据我国具体国情来综合研判，对症下药。建立预算绩效审计评估体系是推行绩效预算的难点。构建有效可行的绩效指标体系是实施绩效预算改革的重要条件。政府行为的特殊性决定了传统和单一的成本、效率、产出等指标难以确切反映出复杂的公共支出绩效状况及综合价值。为此需要制定更加完善的预算绩效审计指标体系，来更准确地衡量政府的工作表现。这些指标不仅能够更好地反映出政府的工作情况，还能够更好地衡量其工作的整体价值。从另一方面来看，在某种意义上绩效预算的改革可以被视为将预算制度提高至法治水平的进步。这不只局限于技术的进步，而更多地体现在对其的规范与执行。

最后，2023 年是全面贯彻党的二十大精神的开局之年，也是审计机关成立 40 周年。从历史上看，绩效改革是 20 世纪 80 年代末“政府再造”（Reinvention）运动或“新公共管理”（New Public Management）改革的排头兵。在写这篇点评时我了解到，本文的作者孙路路同学在毕业以后，又对这篇硕士论文进行了进一步的修改完善，才在今年得以收录入册。这篇以预算绩效审计为主题的硕士学位论文，今年出版恰逢其时。这篇学位论文，结构合理，行文流畅，逻辑性强，论述层次清晰，语句通顺，体现了较为扎实的学术训练功底。作为一篇硕士学位论文，虽文笔尚显稚嫩，在研究的维度上尚有不够深入和丰富的地方，但这份孜孜以求的认真尤为可贵。文章为如何看待中国公共部门绩效管理的具体实践提供了一个探索视角。随着我国绩效管理改革不断深化，对预算绩效审计工作特征的展现，揭示着在理念和实践上的深刻转变。可以预见，对这一领域的深入研究将给我国深化政府改革、建设服务型政府带来强大推动力。

地方政府债务可持续性研究

Research on the Sustainability of Local Government Debt

杜婷婷

摘 要

近年来，我国地方政府债务余额逐年攀升，从2015年末的14.76万亿元增加到2021年末的30.47万亿元。我国地方政府债务助力我国建成了全球最好的基建体系与产业基础，但与此同时债务的快速积累及隐性债务规模庞大，形成了一定的系统性风险。党的十九大将化解地方政府债务风险列为重要议题之一。对此，我国持续完善财政预算制度、不断剥离融资平台的政府融资功能，使得我国地方政府债务不断显性化、融资方式逐渐法定化。但当前“减税降费”政策实施、我国对经济发展高质量要求、国内经济呈下行趋势等因素直接影响了短期内的财政收入，而随着人们对公共服务水平的期望提升、前期债务规模积累而面临的本息偿付等因素增加了地方财政支出压力，财政收支的平衡面临一定的困难。为了弥补财政收支缺口，未来地方政府债务规模可能面临进一步扩大。所以，本文力图从我国地方政府债务可持续性的现状及未来模拟预测两个总方向去分析我国的地方政府债务可持续性。

地方政府债务可持续性现状分析是我们了解地方政府债务可持续性的基础，也是模拟预测的基石。本文的现状分析主要包括：（1）从地方政府债务规模及结构出发，分析地方政府债务及债券规模、地方政府债券各年度发行情况、地方政府债券融资结构及期限利率结构、基于现存的地方政府债券数据统计我国地方政府债券在2009—2032年的还本付息额度，进而实现从债务数据本身出发分析地方政府债务可持续性情况；（2）考虑到地方政府债务可持续性的分析不能只从债务端出发，而应该综合债务端及偿还债务的收入端的平衡情况。所以，本文使用“象限法”及“四分位矩阵法”，结合收入端及债务端分别用“总量”“人均”两种维度下的数据对31个省、自治区、直辖市（以下简称省份或地区）地方政府债务可持续性分布现状做了分析。考虑到国发43号文规定我国地方政府发行一般债券、专项债券分别以一般公共预算收入、政府性基金及专项收入偿还，所以本文在收入端主要使用了税收收入、“两本账收入”[①]两个口径。“象限法”和“四分位矩阵法”分别从两个收入端口径出发，综合债务端的数据测度各省份的可持续性分布情况，每个维度下都是四个指标，分别为：债务规模及其增长率与税收收入及其增长率、债务规模及其增长率与“两本账收入”及其增长率。在综合考虑这四个指标后统一确定各省份的债务可持续性。在数据方面，考虑到2020年的数据受疫情影响，本文使用2019年值、2016—2019年平均值，统计各省地方政府债务可持续性分布情况。基于可持续性分布矩阵的统计结果，得到了31个省份的可持续性矩阵情况。各地区在债务可持续性分布上呈现稳定且明显的两极分化。两种收入口径下，浙江、上海、广东等地区债务可持续性均较强，吉林、黑龙江、新疆、甘肃、青海、天津等地区债务可持续性始终较弱。

地方政府债务可持续性的模拟预测展示了各省份未来债务风险状况。模型预测部分主要包括模型的建立及预测。本文以Auerbach（1994）提出的财政缺口模型和Ley（2009）推导的财政结余模型作为我国地方政府债务可持续性的预测工具。其中财政缺口模型用使得未来基本财政盈余净现值等于当前债务规模所需要的每年税收增加或支出降低的规模测度财政缺口。财政结余模型用于测算各省份为达到目标债务率时需要多少财政结余、测算各省份为维持债务的稳定性需要多少财政结余。在模型测算部分，本文将收入端指标分为低速、高速、中速增长三种情景对31个省份2025年的财政缺口、财政结余进行预测。首先结合我国的实际情况以及相关文献，对模型所需的参数进行估计及预测，随后根据参数设置进行财政缺口预测、财政结余预测。通过测算可知，全国各省份未来均面临一定程度的债务偿付压力，不同地区之间财政缺口差异较大，债务偿付能力悬殊。在税收端，基于总债务的缺口测算下，到2025年全国的财政缺口在税收增长率为高速、低速和中速的情况下分别为1.14、1.37和1.26，财政缺口金额分别为160097.18亿元、114144.76亿元、132865.90亿元。在“两本账收入”端，全国层面的财政缺口Δ在“两本账收入”增长率为高速、低速和中速的情况下分别为0.410、0.507和0.461，财政缺口金额分别为201939.13亿元、143136.43亿元、168441.08亿元。对于财政结余模型，若要维持基期债务率水平，则当GDP低速增长时，全国层面的财政结余为－4533.79亿元[②]。当GDP高速增长时，全国层面的财政结余为－6035.32亿元。基于模型预测结果，本文发现在同一口径下，收入端数据在高速增长的情况下财政缺口

① 本文中所用的“两本账收入”指一般公共预算收入加上政府性基金预算收入。

② 财政结余预测值越小代表债务可持续性越高。

比例最小，随着收入口径的扩大，财政缺口比例明显下降。对于财政缺口比例来说收入端口径越大、增长率越高，则财政缺口比例越小。债务可持续性现状分析中排名越差的地区财政缺口越大，达到一定债务偿还能力所需的财政结余要求越高，债务偿付压力越大。在财政缺口模型中，两种收入口径下上海、北京、广东、浙江的财政缺口始终保持较低水平，或没有财政缺口；而西藏、青海、甘肃、重庆等地区的财政缺口始终较高。在财政结余模型中，吉林、天津、西藏、黑龙江的财政可持续性最差，广东、湖南、浙江等地区可持续性最好。两种模型下的测度结果具有较高的一致性。

基于本文的研究结论，为降低地方债务风险，在收入端，地方政府需重视当地财政收入的稳定增长，积极寻找财政收入增长新的动力点。本文认为地方政府可以调整财税政策，同时也要注重非税收入的稳定增长，进而缩小未来财政缺口，实现长期财政平衡。考虑到不同收入口径下各省份债务风险的观测结果存在差异，各省份应充分结合当地财政收入的来源构成，合理分配财政资金，通过财政收入的优化配置提高债务偿付能力，降低债务可持续性。在债务端，各省份需要根据未来债务可持续性预测结果结合未来还本付息统计情况合理调整债券发行限额、合理设定期限结构以及债券融资利率，逐步缩小财政缺口，降低债券偿付压力。对于债务偿付风险始终较高或者有明显风险增长趋势的地区，应当在考虑各地区未来的发展规划的前提下，尽可能避免进一步扩大新增债务规模，对于债务可持续性较强的地区，如上海、浙江、北京、广东等地区，需要进一步考虑当地国有企业杠杆率问题，因为一旦该类企业发展遇到难题，则会对这些地区的财政收入产生较大的影响，所以对这一类地区的债务发展也需要保持一定的警惕。同时需要合理利用债券展期，通过时间上的财政资金分配实现债务分摊，以应对部分年份可能出现的偿付风险波动。最后，各地区需要结合未来还本付息分布情况合理搭配不同期限的债券，防止因债券集中到期而导致个别年份出现严重财政缺口。

关键词：地方政府债务可持续性；债务可持续性分布；债务可持续预测

Abstract

In recent years, China's local government debt balance has increased from 14.76 trillion at the end of 2015 to 30.47 trillion at the end of 2021. China's local government debt has helped my country build the world's best infrastructure system and industrial foundation, but at the same time, the rapid accumulation of debt and the huge scale of hidden debt have created certain systemic risks. The 19th National Congress of the Communist Party of China listed resolving local government debt risks as one of the important topics. In this regard, China continues to improve the fiscal budget system. However, the current economic downturn and the policy of "reducing taxes and fees" have directly affected the inflow of local government financial funds. With the increase of people's expectations for public service levels, the intensification of population aging, and the repayment of principal and interest faced by the accumulation of previous debt scales and other factors Exacerbated the outflow of fiscal funds, the balance of fiscal revenue and expenditure is facing certain difficulties. Therefore, this paper tries to analyze the local government debt risk in my country from the two general directions of the current situation of my country's local government debt sustainability and the future simulation forecast.

The status quo analysis of local government debt sustainability is the basis for us to understand local government debt risks and the cornerstone of simulation forecasts. The current analysis of this paper mainly includes: 1. Starting from the scale and structure of local government debt, based on the existing local government bond counts the debt repayment amount of local government bonds in my country from 2009 to 2032, so as to analyze the sustainability of local government debt from the debt data itself; 2. Taking into account the analysis of local government debt risks, it should not only start from the debt side, but should comprehensively balance the debt side and the income side. Therefore, this paper uses the "quadrant method" and the "quartile matrix method", combined with the data on the "total" and "per capita" dimensions of the income side and the debt side, respectively, to analyze the current situation of local government debt risk distribution in 31 regions.

Considering that my country's general government bonds are mainly repaid with general public budget revenue, and the local government issues special bonds, which are repaid with corresponding government funds or special revenue, this paper mainly uses tax revenue, "two budget accounts" in two calibers. The "quadrant method" and the "quartile matrix method" start from two income dimensions respectively, and comprehensively measure the risk distribution of various regions based on the data on the debt side. There are four indicators under each dimension, namely: debt scale and its Growth rate and tax revenue and its growth rate, debt scale and its growth rate and "two account income" and its growth rate. After comprehensively considering these four indicators, the debt risk of each region is determined uniformly. In terms of data, considering that the data in 2020 is affected by the epidemic, this paper uses the 2019 value and the average value of 2016—2019 to calculate the distribution of local government debt risk in each province. Based on the statistical results of the risk distribution matrix, the risk matrix of 31 regions was obtained. The distribution of debt sustainability across regions is stable and markedly polarized. Under the two income calibers, the debt sustainability of Zhejiang, Shanghai, Guangdong and other regions is relatively strong, and the debt sustainability of Jilin, Heilongjiang, Xinjiang, Gansu, Qinghai, Tianjin and other regions has always been weak.

The simulated forecast of local government debt sustainability shows the future debt risk situation of each region. The model prediction part mainly includes model establishment and prediction. In this paper, the fiscal gap model proposed by Auerbach (1994) and the fiscal surplus model derived by Ley (2009) are used as prediction tools for the sustainability of local government debt in my country. In the model calculation part, this paper divides the income-end indicators into three scenarios of low-speed, high-speed, and medium-speed growth to predict the fiscal gap and fiscal balance of 31 regions in 2025. Firstly, based on the actual situation of our country and relevant literature, the parameters required by the model are estimated and predicted, and then the fiscal gap forecast and fiscal balance forecast are carried out according to the parameter settings. It can be seen from the calculation that all regions of the country will face a certain degree of debt repayment pressure in the future, the fiscal gap between different regions is quite different, and the debt solvency is very different. On the tax side, based on the calculation of the total debt gap, by 2025, the national fiscal gap will be 1.14, 1.37, and 1.26 when the tax growth rate is high, low and medium, respectively, and the fiscal gap will be 16009. 72 billion yuan, 11414. 48 billion yuan, 13286. 59 billion yuan. At the end of " two budget accounts ", the fiscal gap Δ at the national level is 0. 410, 0. 507 and 0. 461 respectively when the growth rates of " two budget accounts " are high, low and medium, respectively, and the amount of the fiscal gap is 20193. 9 billion yuan, 14313. 3 billion yuan, 16844. 1 billion yuan. For the fiscal balance model, if the debt ratio in the base period is to be maintained, when GDP grows at a low speed, the fiscal balance at the national level is -453. 38 billion yuan. When GDP is growing rapidly, the fiscal balance at the national level is -603. 53 billion yuan. Based on the prediction results of the model, this paper finds that under the same caliber, the proportion of fiscal gap is the smallest in the case of high-speed growth of income data, followed by medium-speed growth, and the largest proportion of fiscal gap in the case of low-speed growth. Based on the prediction results of the model, this paper finds that under the same caliber, the proportion of fiscal gap is the smallest under the condition of high-speed growth of income data. With the expansion of income caliber, the proportion of fiscal gap decreases significantly. For the fiscal gap ratio, the larger the income port diameter and the higher the growth rate, the smaller the fiscal gap ratio. In the analysis of the status quo of debt sustainability, the worse the ranking, the larger the fiscal gap, the higher the fiscal balance required to meet acertain debt repayment capacity, and the greater the debt repayment pressure.

Based on the research conclusions of this paper, in order to reduce the risk of local debt, on the revenue side, local governments need to pay attention to the stable growth of local fiscal revenue and actively seek new driving forces for fiscal revenue growth. This paper argues that local governments can adjust fiscal and taxation policies, and at the sametime pay attention to the steady growth of non-tax revenue, so as to narrow the future fiscal gap and achieve long-term fiscal balance. Considering the differences in the observation results of debt risk in different regions under different income calibers, each region should fully combine the source composition of local fiscal revenue, allocate fiscal funds reasonably, and improve debt solvency and reduce debt risk through the optimal allocation of fiscal revenue. On the debt side, all regions need to reasonably adjust the bond issuance limit, reasonably set the term structure and bond financing interest rate according to the future debt sustainability forecast results and the future debt repayment statistics, so as to gradually narrow the fiscal gap and reduce the bond repayment pressure. For regions where debt repayment risks are always high or there is an obvious risk growth trend, under the premise of considering the future development plans of each region, further expansion of the scale of new debt should be avoided as much as possible. For regions with strong debt sustainability, such as In Shanghai, Zhejiang, Beijing, Guangdong and other regions, it is necessary to further consider the leverage ratio of local state-owned enterprises, because once the development of such enterprises encounters difficulties, it will have a greater impact on the financial income of these regions, so this type of regions will be affected. The development of debt also requires some vigilance. In addition, it is necessary to reasonably match bonds of different maturities to prevent serious fiscal gaps in individual years due to the centralized maturity of bonds.

Key words: local government debt sustainability; debt sustainability distribution; debt sustainability forecast

1. 绪论

1.1 研究背景与研究意义

在分税制背景下，我国地方政府债务在推进我国经济建设发展历程中起到了缓解地方财政紧张程度的作用、平衡了经济资源稀缺性与需求刚性，调节了二者在时间及空间上存在的错配关系。《预算法》（2014 修订）实施后，地方政府举债融资的唯一合法途径是发行地方政府债券。与此同时，我国陆续颁布多个政策文件确立了剥离城投平台政府融资功能，地方政府融资道路上的“一疏一堵”使得我国地方政府投融资呈现出新的格局。

对于2015年以前形成的存量地方政府债务，我国提出了“一识一换”方法来应对。财预（〔2016〕152号）提出对2014年末地方政府性债务进行甄别认定，具体分类如图1－1所示。截至2014年末我国地方政府债务（即一类债务）余额为15.4万亿元，其中1.06万亿元为前期批准发行的地方政府债券，对于剩下的13.34万亿元可以置换为地方政府债券。2015年之后地方融资平台发行的债务都不再被认定为是地方政府债务。国家对于地方政府融资的“一识一换”加上“一疏一堵”，既将2015年前形成的地方政府债务显性化，又通过法律形式将地方政府融资行为固定化。所以，地方政府债券成了地方政府举债融资的唯一主力军。

虽然我国在持续完善财政预算制度，不断为我国地方政府债务显性化、债务融资方式法定化、防范债务风险等做出努力。但当前“减税降费”政策实施、我国对经济发展的高质量要求等因素直接影响了短期内的财政收入，而随着人们对公共服务水平的期望提升，前期债务规模积累而面临的本息偿付等因素增加了地方财政支出压力，财政收支的平衡面临一定的困难。为了弥补财政收支缺口，未来地方政府债务规模可能面临进一步扩大。根据本文测算，2015—2020年，我国地方政府债券还本付息支出额从

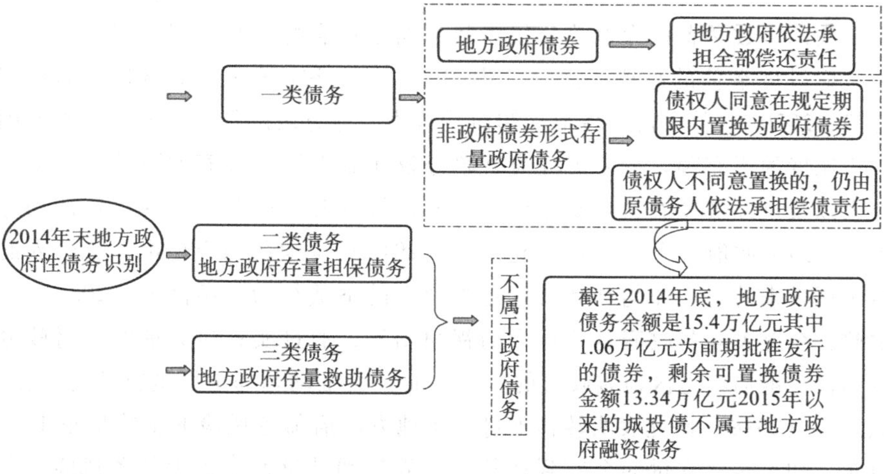

图 1－1　财预（〔2016〕152 号）文对我国 2014 年末地方性债务识别

2194.55 亿元增加到 28790.96 亿元，年平均增长率为 67.33%；我国税收收入从 124892.00 亿元增加到 154310.00 亿元，年平均增长率为 4.32%，我国土地出让金收入从 31220.65 亿元增加到 82158.99 亿元，年平均增速为 21.35%。我国税收收入与土地出让金收入虽整体呈上升趋势，但增长速度远远低于债券增长速度，债券本息支付给地方财政带来较大压力，偿付风险较高。在这样的背景下，研究我国各省份地方政府债务风险现状，分析地方债政府债务在未来能否实现可持续性发展具有重要意义。

1.2　国内外研究文献综述

1.2.1　地方政府债务风险分析

本部分从地方政府债务风险定义、形成原因、测算方法、防范化解对策四个方面归纳了地方政府债务风险研究文献。

地方政府债务风险是指地方政府通过举债融资的方式发行债券，但是不能根据债务合同约定的条款按期偿付本金及利息以及因为不能按时偿还本息所带来的一系列连锁反应。刘松（2019）认为当年的财政收入不能覆盖当年债务的还本付息支出即为债务风险的直接表现形式。

在地方政府债务风险形成原因方面，国外学者 Bastida 等（2013）通过实证发现，地方政府债务管理水平与选举周期有关联。Pettersson（2001）

认为如果对债券使用没有达到预期的目标，将可能出现还本付息的违约风险。我国多数学者认为财政分权体制下地方政府财权与事权严重失衡是导致政府过度举债的重要原因（井焜和芦千文，2014；蔡玉，2016；周亮和任静，2020）。蒋永甫和弓蕾（2014）认为，地方政府债务形成的根本原因在于制度的不完善。主要表现为财政分权体制下地方政府的财政缺口不断扩大以及以经济发展为主要考核标准的官员晋升制度所带来的投资冲动等推动了地方政府债务的积累。赵国徽（2015）认为我国土地出让金收入的减少所带来的财政压力导致我国地方政府的举债行为。侯世英（2021）从财政—金融关联与政府竞争行为的视角出发，通过实证研究证明了财政分权不仅会增加本地区地方政府的负债，而且会推动相邻地区地方政府举债。洪源等（2018）研究表明转移支付对于地方政府债务风险的影响呈正 U 型分布，如果转移支付的金额到达某一临界值则其反而会加大债务风险。余应敏等（2018）实证检验审计监督是制约财政分权制度对地方政府债务风险形成的重要因素。庞保庆和陈硕（2015）使用精确到地级市的数据进行实证研究，得到地区存在财政缺口推动了地方政府债务规模增长的结论。马见闻和高广阔（2021）采用 GLS 方法研究了财政缺口与地方政府债务之间的关系，结果同样显示财政缺口与地方负债正相关。部分学者从我国经济发展模式出发，认为我国不同阶段的经济发展模式要求导致了地方政府债务的增加（类承曜，2011；巴曙松等，2011；詹新宇和曾傅雯，2021）。李升（2019）认为地方政府债券的债务风险产生机制主要为：期限错配；以旧换新，存在“庞氏骗局”；中央对地方政府偿债存在兜底责任等。肖鹏和樊蓉（2019）从债务信息披露以及偿债责任主体等制度安排方面分析地方政府债务风险的成因。

针对地方政府债务风险进行测度的方法众多。部分学者从债券利差分析债券的风险溢价水平以此对债券的风险做评估（Bernoth et al.，2004；刁伟涛等，2019；Schuknecht et al.，2011）。部分学者通过构建债务风险指标（如债务率、负债率等）衡量债务风险（李燕和陈金皇 2017；杜金富等，2019）。赵剑锋（2016）采用因子聚类分析方法，构建指标体系分析地方政府债务风险。梁丽萍和李新光（2016）基于资产负债表视角构建了债务风险指标体系，对各省的风险承受能力进行评估。孙超（2020）通过建立 VAR 模型对财政可持续性进行实证分析。目前部分学者选择采用 KMV 模型及其改进版的模型进行债务风险的评估（孙睿和葛扬，2020；刘文朝等，2019），韩立岩等（2003）最早利用 KMV 模型建立了评估市政债券信用风险模型，提出了计算理论违约概率的方法。随后的学者大多沿用了他们的模型（蒋忠元，2011；李腊生等，2013；王学凯等，2015；夏诗园，2019）。

从债务风险防范化解方面来看，Kluza（2016）认为虽然举债是普遍性的，但地方政府融资的方式需要创新，以避免出现大规模的债务风险。有学者以澳大利亚为例，认为现代国家的地方政府债务融资是很正常的，关键是要管理好债务，处理好资金结构和债务到期的匹配问题（Makinand 和 Pearce，2016）。西方学者认为，要解决政府债务的存量和增量问题，必须持续提高地方政府财务的透明度（Maco 和 Pappas，2016）。Zhang（2015）提出，面对财政危机，州与地方政府应进行反周期债务融资。洪源等（2018）认为平衡地方政府财权事权、完善官员考核体系、重视转移支付制度的门槛效应是控制债务风险重要的因素。毛振华等（2018）构建事权与支出责任合理匹配的财税体制、推进地方政府债务信息公开、规范 PPP 等融资渠道。冀云阳和付文林（2018）认为应建立规范、透明的项目申请审批制度；克服地方政府的预算软约束问题。

1.2.2 财政与债务可持续性分析

财政可持续性研究历来是财政领域重点议题。Buiter 等（1985）最先对财政可持续性做出定义，世界银行认为当财政政策不需要进行重大调整仍能维持债务的偿付能力时，即表明财政实现了可持续状态。国内外对于财政可持续性的研究也逐渐深化，部分学者认为只要政府能够开展新一轮的融资工作，即只要政府能够保证到期偿付本金及利息那么财政就具有可持续性（Buiter，2002；Milesi - Ferretti et al.，2010）。Auerbach 通过使未来的财政结余折现值等于当前债务规模的方式测算出财政缺口，进而用于衡量财政可持续性，该方法被美国国会预算办公室采纳使用。Ley 通过设置不同的未来债务相关指标目标值，进而测算不同情况下的财政结余情况，进而衡量财政可持续性情况。

Auerbach（1994）提出财政缺口用于衡量财政可持续性，测算未来需要多少增收或节支才能实现财政可持续性。Auerbach（1997）利用 Auerbach（1994）提出的财政缺口测算模型，用使得未来基本财政盈余净现值等于当前债务规模所需要的每年税收增加或支出降低的规模（用固定的 GDP 占比 Δ 衡量）测度财政缺口，为此后学者研究债务风险提供了可靠的路径（姚东旻等，2013；Auerbach，2016；Couch，2016；Auerbach，2017）。

除 Auerbach（1997）外，CBO（1997）提供了财政缺口测度的另一种方式，即从基期 t 起到未来某年 T 时的基本财政盈余要使 T+1 期的债务 GDP 比例达到与基期 t 同等水平。CBO（1997）预测了美国 1997—2070 年的财政基本支出（医疗、社会保险、政府购买和投资）、收入数据和 GDP 预测增长率为基准线对 1997 年、2002 年和 2017 年美国的财政缺口进行测算，并通过考虑不同的政策改革进行了多情形的敏感性分析。

在 Auerbach（1997）的基础上，姚东旻等（2013）利用财政缺口工具预测了中国 2011—2040 年的财政缺口，沿用了 Auerbach（1997）的模型设计和指标参数设定，但由于缺少关于中国财政状况的未来预测，因此姚东旻等（2013）以 2011 年政府工作报告和“十二五”规划为参照对 2011—2015 年的 GDP 年均增长率进行预测，并比较参考了其他国家（美国和日本）的历史发展水平，测算出我国在未来 30 年的财政缺口为 2.18%，具体金额为 30 万亿元。

Auerbach（2016）在 Auerbach（1997）模型的基础上，进一步做了优化，Auerbach（1997）建立的模型是将未来的目标债务率设置为基期债务与 GDP 的比例即b_t。而 Auerbach（2016）则采用了目标债务与 GDP 的比率即 b_T，最终得到财政缺口的公式，并基于该模型测算了 2014—2050 年包括美国、澳大利亚、加拿大、日本等发达国家在内的长期财政的可持续性。在此基础之上，2017 年，Auerbach 又基于该模型，将时间跨度扩大至 2017—2060 年，测算了 G7 国家及瑞士的财政缺口，更详细地描述了财政失衡和不平等的本质。

Ley（2009）认为财政可持续性对一个国家而言是至关重要的，并构建了财政结余模型。财政结余模型回答如下问题：在不大规模举债的前提下，目前的财政政策能否持续下去？政府为了维持财政可持续性是否必须大幅增加税收、减少支出、求助于货币发行？与财政缺口模型不同，财政结余模型额外考虑了基础货币存量、实际利率和通货膨胀等因素。通过财政结余模型可以对达到目标债务比率所需的财政结余、实现债务余额稳定所需的财政结余以及维持财政可持续所需的财政结余进行测度。

在 Ley（2009）建立的模型基础上，Contessi（2012）探究了在封闭经济中，政府债务完全以本币发行的情况下，导致一国债务可持续或不可持续的主要因素，并比较了金融危机背景下欧洲外围国家（希腊、爱尔兰、葡萄牙、西班牙和意大利）和五个类似但问题较少的经济体（法国、德国、日本、英国和美国）的债务可持续性情况。分析表明，在对影响政府债务可持续性的因素进行传统分解的情况下，五个外围国家之间的差异可以得到调和。Consiglio 和 Zenios（2015）基于 Ley（2009）中的模型提出了债务可持续性的情景分析，将该模型应用于希腊主权债务危机，并将其与情景优化相结合，用于主权债务重组的风险管理，为恢复债务可持续性提出相应的对策和建议。

债务可持续性是债务风险的测度。关于债务可持续性的分析主要围绕财政收支能否平衡展开，债务可持续性研究分别基于财政平衡、政府筹资能力、偿债能力三方面开展（伏润民等，2012；汪俊龙等，2019）。其中财政平衡观点认为地方政府债务的可持续性建立在财政收入覆盖财政支出的基础上，在此背景下地方政府对债务规模没有进一步的扩张需求，进而能维持债务可持续性；筹资能力观点认为地方政府债务的可持续性主要是指地方政府的举借新债的能力，即政府若能举借新债，则可以通过借新还旧持续循环进而实现债务可持续性；偿债能力观点认为地方政府债务的可持续性主要是指地方政府能按时偿付债务的本金和利息，不存在违约现象。这三种观点之间相互交织，共同决定了地方政府债务可持续性。

1.2.3 财政可持续性与债务风险

综合来看，财政可持续性是国外理论界对与政府偿债相关研究的一般性表述。财政可持续性聚焦于研究政府债务偿付能力。综合来看，财政可持续性在很大程度上等同于政府清偿债务能力的可持续性。马恩涛和姜超（2021）认为财政可持续性是针对财政与债务问题的综合分析，是债务风险反映。综合国内外研究文献看，财政可持续性主要集中于研究政府债务偿还能力的可持续性（闫坤和鲍曙光，2020）。财政可持续性即为地方债务可持续性的测度，为地方政府债务风险的综合反映。

1.3 论文研究思路和研究方法

1.3.1 研究思路

现有文献对地方债风险的衡量及可持续性研究角度各有不同，大部分讨论的是地方融资平台形成的隐形债务的偿付风险，且部分文献的数据统计口径较为简单，直接用地方政府债务余额或基于债务余额计算的债务率、负债率等宏观指标来衡量风险，这种方法简单易行，但总体上来说结果比较简易。

本文主要聚焦于以下问题开展研究：第一，我国地方政府债务的规模及结构现状如何？其中占有较高比例的地方政府债券在各年度的还本付息情况如何？第二，我国各省份的债务可持续性分布情况如何？在不同口径下可持续性分布会存在较大差异吗？第三，未来各省份为了实现目标债务率，或者维持债务余额稳定时，各省份能否实现财政可持续性？各省份存在多大财政缺口？需要多少财政结余？

针对上述问题，本文将从以下几个角度进行解答：

第一，本文统计了现存债务规模情况，考虑到地方政府债券占地方政府债务的比例较高，所以本文重点分析了地方政府债券的发行情况、融资结构。考虑到地方政府债券风险主要来源于能否按时还本付息，所以本文从 8015 只地方政府债券本身出发，精确计量地方政府债券每次还本付息额度，再汇总得到全国和省级层面存量债券全面、准确的年度本息支出。

第二，本文从债务端及收入端的“总量”及“人均”两个维度出发，每个维度四个指标（分别为债务端规模及增长率、收入端规模及增长率），用于直观分析各省份债务可持续性分布情况。本文从多角度刻画地方政府债务可持续性分布矩阵，以此分析在不同维度下、不同统计方式下，各省份的债务可持续性分布情况以及是否存在明显区别。

第三，本文在分析完地方政府债务现行的可持续性分布情况后，又进一步建立财政缺口模型以及财政结余模型，分析各省份未来为了实现目标债务率，或者维持债务余额稳定时，财政缺口及财政结余情况，以此分析各省份在未来的债务可持续性。

第四，基于债务可持续性分布现状及未来的财政缺口、财政结余预测情况，本文将对未来各省份为了实现财政可持续性提出相应的建议。本文的主要研究思路如图 1 - 2 所示。

1.3.2 研究方法

本文旨在多维度、多角度分析我国地方政府债务风险的现状及未来各省份财政可持续性情况。主要采用了实证分析法、政策文本分析法。

实证分析法。第一，本文采用 2009—2021 年 6 月底 wind 及中国债券信息网公布的我国地方政府债券发行的具体数据。测算了我国 8015 只地方政府债券偿还本金及利息的具体金额，统计了每次偿付本息的具体日期，将各只债券每次还本付息的金额归集到各省各年度中。第二，本文从总量和人均两个维度出发，分别统计债务及其增长率，不同口径下的财政收入及其增长率，进而用“象限法”及“四分位矩阵法”分析各省份地方政府债务

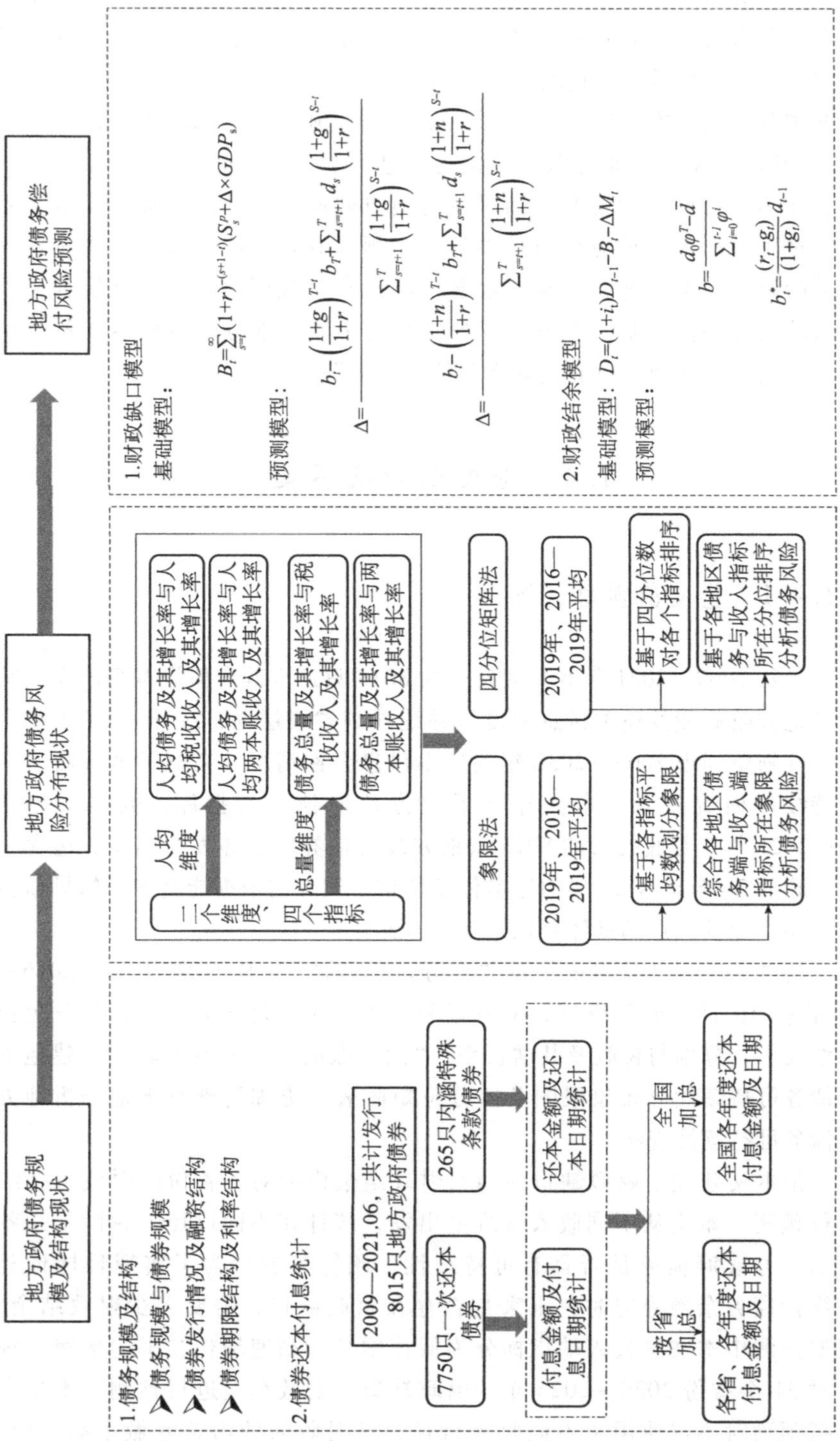

图1-2 地方政府债务可持续性研究思路图

可持续性的分布情况。第三，本文构建财政缺口模型以及财政结余模型以测算我国各省份为达到目标债务率或维持债务余额稳定时，各省份到2025年的财政缺口及财政结余情况。

文本分析法。本文以我国《预算法》及《预算法》（2014修订）为基础，《预算法》对我国地方政府发债行为进行了禁止，而《预算法》（2014修订）则重新打开了地方政府通过发行地方政府债券融资的通道。本文系统性梳理了我国关于地方政府债券发行、预算管理、限额管理、风险处置等相关的政策文本，进而呈现出地方政府债券直观而清晰的发展历程。利用大量政策文件作为基础性事实资料，有助于厘清地方政府债券在各时期的管理规定、预期地方政府债券未来的发行情况。

1.4 论文创新及不足

1.4.1 论文的创新之处

一是从2009—2021年6月底发行的8015只地方政府债券本身出发，精确计量地方政府债券还本付息额度，并统计到省级层面，统计了31个省份及5个计划单列市2009—2032年的还本付息金额情况，拓宽了地方政府债务可持续性研究视角。本文建立了地方政府债券数据库，数据库包含2009—2021年6月底发行的8015只地方政府债券的具体发行信息、包含了本文计算的36个地区23年的还本付息数据，测算的数据能精确到每只债券每次偿还本金及利息的具体日期及具体金额。

二是本文使用“象限法”及“四分位矩阵法”，基于2019年及2016—2019年平均值两个时间维度，从总量和人均二个维度出发，使用债务规模及其增长率，分别与税收及其增长率、“两本账收入”及其增长率构建地方政府债务可持续性分布象限图及四分位矩阵表，更加清晰直观地分析地方政府债务可持续性现状。

三是本文建立了财政缺口模型与财政结余模型对各省份的财政可持续性进行预测。本文从不同收入端维度出发，统计在不同口径下我国未来各省份的地方政府债务是否具有可持续性。测算各省份为了实现目标债务率、维持债务余额稳定时，未来是否存在财政缺口，需要多少财政结余。在模型预测中本文将收入端指标分为低速增长、高速增长、平均增速三种情景对31个省份2020—2025年的财政缺口、财政结余进行预测。本文在做模拟预测时不仅使用了不同收入口径，还对收入的增长率做了高、中、低三种预测。所以，本文的模拟预测角度全面，结果具有一定的参考意义。

1.4.2 论文的不足之处

本文在统计我国地方政府债券还本付息额度时，对于2021年及以后年度各省份还本付息额度的数据是基于2021年6月底存量地方政府债券数据统计的，所以统计的结果对各省份的风险警示性具有一定局限性，因为伴随着未来年度新的债券发行，未来各省份还本付息金额会在本文所统计的金额上有所增加。由于市一级债务余额数据的不可得性，所以本文在可持续性矩阵构建和财政缺口模型以及财政结余模型预测中使用的数据为省级口径，没有到市级口径。

2.

地方政府债务发展现状及结构分析

为分析各省份的债务风险，本章从地方政府债务规模及结构现状出发，分析地方政府债券发展历程及相应的政策文件，分析地方政府债务与地方政府债券的规模，分析地方政府债券融资结构、期限结构及利率水平，在此基础上考虑地方政府债券主要的风险来源以及能否按时偿付本息，所以本文统计了2009—2032年各省份地方政府债券还本付息情况，并形成了相应的数据库，以此初步分析各省份的债务风险情况。

2.1 地方政府债券政策梳理

我国从20世纪50年代开始就曾出现地方政府通过发行债券筹集修路筑桥资金的案例，但是由于担心地方政府还本付息的能力较差，我国1994年出台《预算法》规定地方政府禁止发行债券进行融资。地方政府债券停发后，地方政府仍需资金填补预算赤字并进行公共建设，因此地方政府债券更换形式，依次经历了国债转贷、财政部代发代还、地方政府自发自还试点等几个阶段（潘功胜，2014）。1998年我国为提振经济，批准增加国债发行计划1000亿元，其中部分允许转租给地方政府，成本由地方政府承担，进入国债转贷阶段。国际金融危机后，为促进经济发展，我国推出“4万亿促进计划”，并于2009年出台《国务院关于发行2009年地方政府债券有关问题的通知》（国发〔2009〕2号）规定由财政部代理地方政府发行规模总计2000亿元的债券，债券本息也由财政部代为偿还，进入财政部代发代还阶段。2011年出台《2011年地方政府自行发债试点办法》（财库〔2011〕141号），选取四个省市进行地方政府债券自发代还试点，地方政府债券发展取得重大突破。直至2014年《预算法》修正案通过后，地方政府发债的权力法定化。我国地方政府债券的发展历程如图2－1所示。

近些年地方政府债务风险、债券偿还情况受到社会各界的广泛关注，我国政府也多次出台及修订相关政策，展开了多轮调控。表2－1为有关地

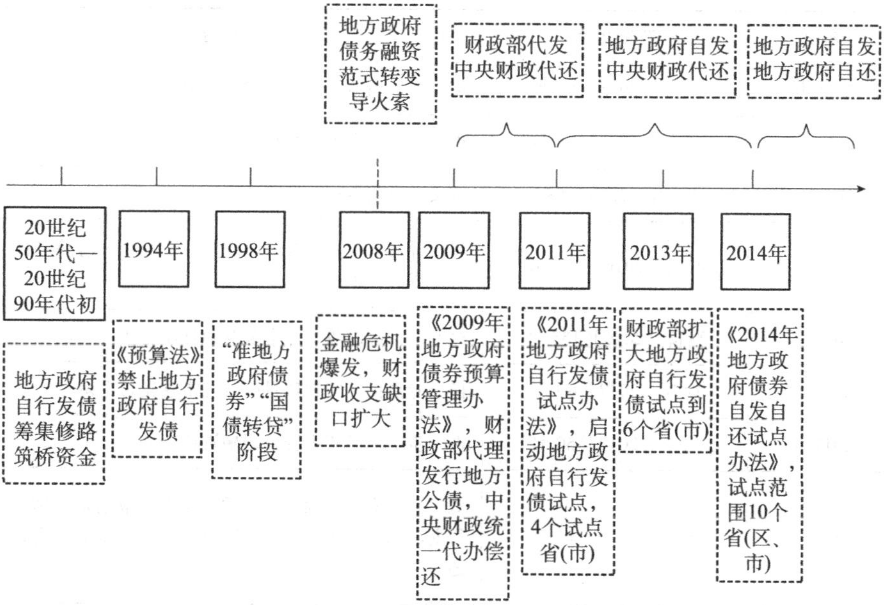

图 2－1 地方政府债务融资方式演变历程

方政府债券的部分重要政策文件中的相关规定，从新《预算法》修订以来，我国关于地方政府债券发行、债务管理、债务风险防控、加强债券信息披露的政策不断涌现，这也体现了我国对地方政府债务风险防范、化解、管理等方面的重视程度。

表 2－1 我国地方政府债务的政策文本

年份	政策文件	关键内容
1994 年	《预算法》	通过法律形式制止地方政府发行地方政府债券
2009 年	财预〔2009〕21 号	地方政府债券融资进入财政部代发代还阶段
2011 年	财库〔2011〕141 号	试点省（市）自行发债，财政部代还本息
2014 年	财库〔2014〕57 号	试点地区自行发债，自行偿还本息
2014 年	《预算法》(2014 修正)	地方政府发行地方政府债券合法化
2014 年	国发〔2014〕43 号	政府债务纳入全口径预算；一般债券、专项债券分别以一般公共预算、政府性基金预算及专项收入偿还
2014 年	财预〔2014〕351 号	甄别、清理 2014 年底存量债务，发行置换债券置换存量地方政府债务
2015 年	财预〔2015〕225 号	地方政府要将其所有政府债务纳入限额，并分类纳入预算管理

续表

年份	政策文件	关键内容
2015 年	财库〔2015〕64 号	定义一般债券，规定其发行期限
2015 年	财库〔2015〕83 号	规定专项债券的发行期限
2016 年	国办函〔2016〕88 号	定义政府债券风险事件
2016 年	财预〔2016〕152 号	对地方政府债券、存量政府债务、存量或有债务的偿还方式作出规定
2016 年	财预〔2016〕155 号	对专项债券的收入、本金及利息偿还作出规定
2017 年	财预〔2017〕89 号	指导专项债券实现项目收益与本息支付平衡
2017 年	财预〔2017〕50 号	进一步规范融资平台公司融资行为
2020 年	财库〔2020〕43 号	对一般债券、专项债券的重新定义；取消地方债发行期限的限制①；允许更改资金用途；拓宽本金偿还方式
2021 年	国发〔2021〕5 号	健全限额、一般债券及专项债券偿还制度；健全地方政府债务信息披露机制

2.2 地方政府债务规模与结构

2.2.1 地方政府债务及债券规模

图 2－2 展示了我国 2020 年地方政府债务余额情况，其中江苏、山东、广东位列前三，债务余额分别为：17228 亿元、16591 亿元和 15316 亿元。我国 2020 年末债务余额超过 10000 亿元的省份有 9 个，而所有地区中排名最靠后的西藏债务余额为 375 亿元。图 2－3 展示了 2020 年我国地方政府债务与地方政府债券余额情况的对比。全国范围内，我国地方政府债务余额为 256611 亿元，我国地方政府债券余额为 254864 亿元，地方政府债券余额占地方政府债务余额比例为 99.32%，表明我国地方政府债务主要是由地方政府债券构成。图 2－4 展示了 2015—2019 年各省地方政府债券余额情况，

① 一方面有利于保证专项债券融资期限与项目资金结构匹配，另一方面也标志着我国的地方债券正式进入长期化时代。

可以看出各省份地方政府债务余额呈现逐年递增的态势。

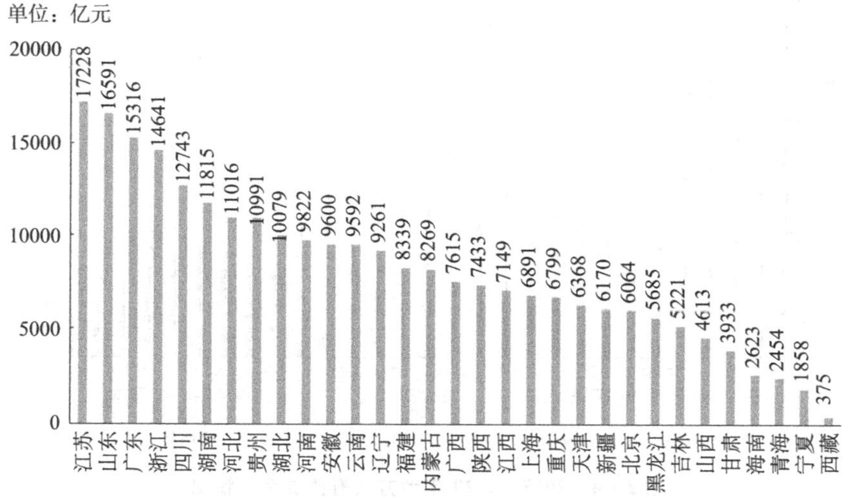

图 2－2 2020 年地方政府债务余额情况

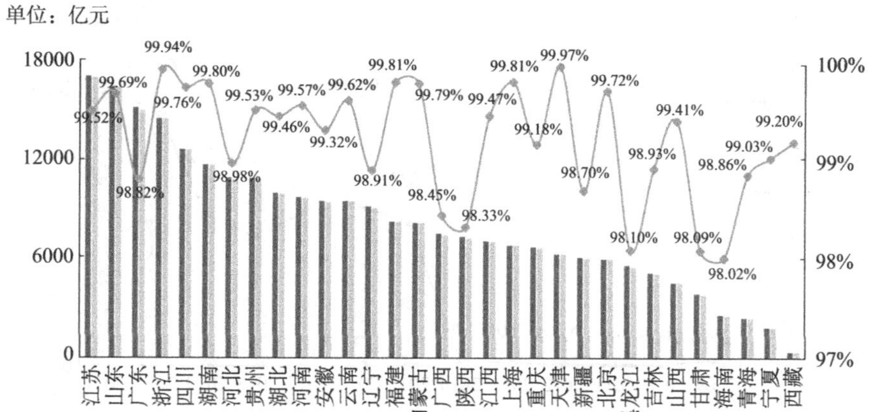

图 2－3 2020 年地方政府债务余额与地方政府债券余额比较

考虑到地方政府债券为地方政府债务的主要形式，且债券数据具有可得性，所以本文紧接着从债券发行规模角度进行了统计分析。从图 2－5 可以看出，近年来，地方政府债券的发行规模呈不断扩大的趋势，2021 年地方政府债券的发行数量达到 1992 只，发行规模为 74826 亿元。从 2009—2021 年，我国共计发行地方政府债券 9352 只，共计发行规模为 382930.34 亿元。

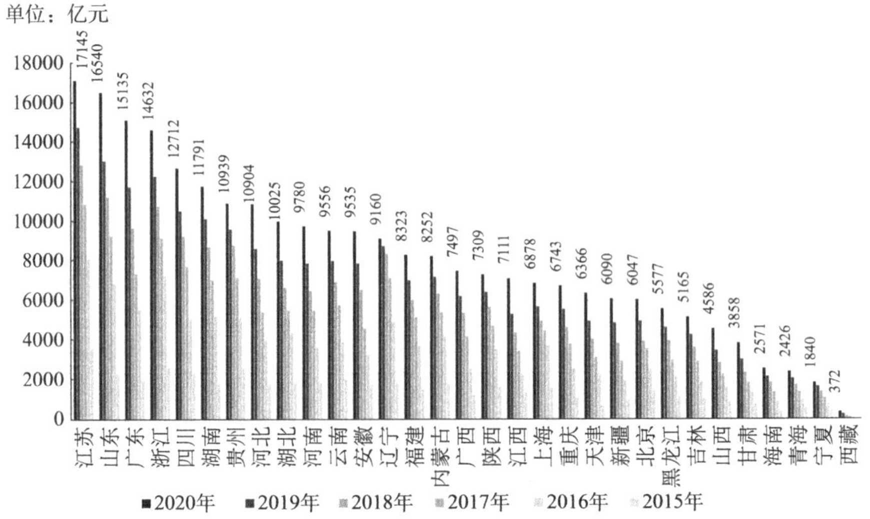

图 2－4　2015—2020 年地方政府债券余额情况

图 2－5　2009—2021 年我国地方政府债券发行情况①

2.2.2　地方政府债券结构

为了深入探测地方政府债券的内部结构，本文从地方政府债券融资结

① 2016 年地方政府债券发行金额较大，主要是因为当年置换债券规模较大。置换债券是用于置换在 2014 年之前形成的以非政府债券形式存在的地方政府债务。

构、债券期限结构、债券加权平均利率三个方向做了统计分析。

(1) 地方政府债券融资结构及形式

从融资结构来看，如图2-6所示，2015年发行的地方政府债券中一般债券为28606.92亿元，占比74.59%，专项债券仅为9743.70亿元，占比仅为25.41%，一般债券规模远超过专项债券。2016年后专项债券所占比重快速上升，通过专项债券募集的资金被广泛应用于城乡发展、基础设施建设、水利环保、收费公路、产业园区、民生事业、教育医疗、铁路轨道、乡村振兴等各个领域。自2019年开始地方政府专项债券发行规模实现反超，达到25771亿元，占比58.77%，而一般债券仅为18080亿元，占比41.23%。2020年专项债券规模占比进一步提升，募集金额达到41382亿元，占比高达64.24%，2021年专项债券发行规模为49190亿元，占比65.74%。

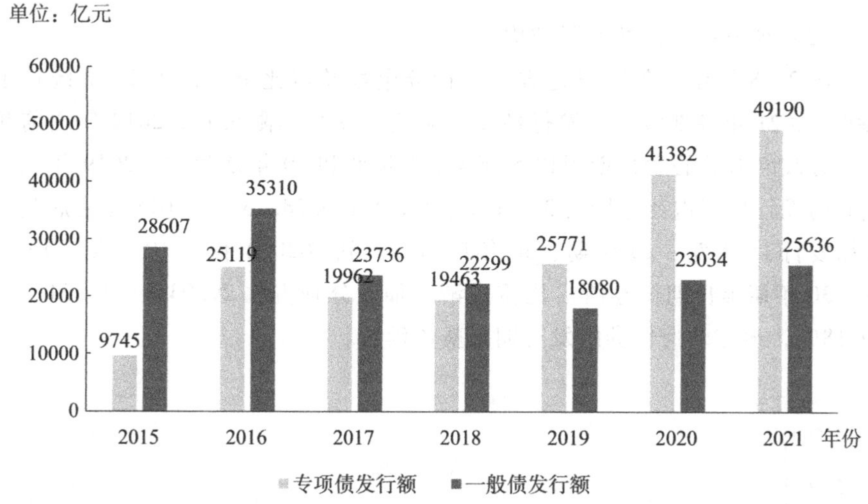

图2-6 地方政府债券中一般债券和专项债券发行金额

图2-7为我国地方政府债券融资方式的统计。其中，再融资债券是以借新还旧为目的发行的债券；置换债券是为了置换2014年以前形成的，以非政府债券形式存在的政府债务而发行的债券。2015—2017年置换债券规模多于新增债券，2015年新增债券规模仅为6365.45亿元，占比仅为16.60%。从2018年开始新增债券规模开始超过置换债券，融资结构开始以新增债券为主，2020年新增债券规模为42780.00亿元，占比高达69.34%。同时从2018年开始我国开始发行再融资债券，并且再融资债券的发行随着存量债券的集中到期而保持在较大规模，其所占比例不断增加，从2018年的16.32%增加至2021年的41.68%。

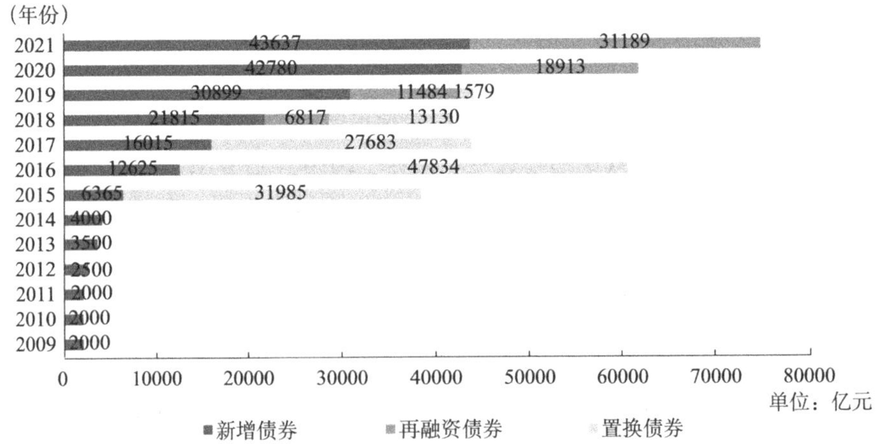

图 2－7　地方政府债券融资方式统计

（2）地方政府债券期限结构

图 2－8 展示了各期限地方政府债券余额及占比情况，表 2－2 统计了 2009—2021 年各期限债券发行额度。从债券发行期限来看，2019 年之前我国地方政府债券的发行期限以 5 年期、7 年期和 10 年期为主，2019 年三类债券的发行规模占比分别为 31.60%、16.45% 和 28.25%。2018 年之后我国开始发行 15 年期、20 年期、30 年期债券。到 2020 年我国 10 年期、15 年期、30 年期等长期债券所占比重逐渐增加，分别占比 29.93%、16.51% 和 19.18%，地方政府债券的发行期限整体延长。

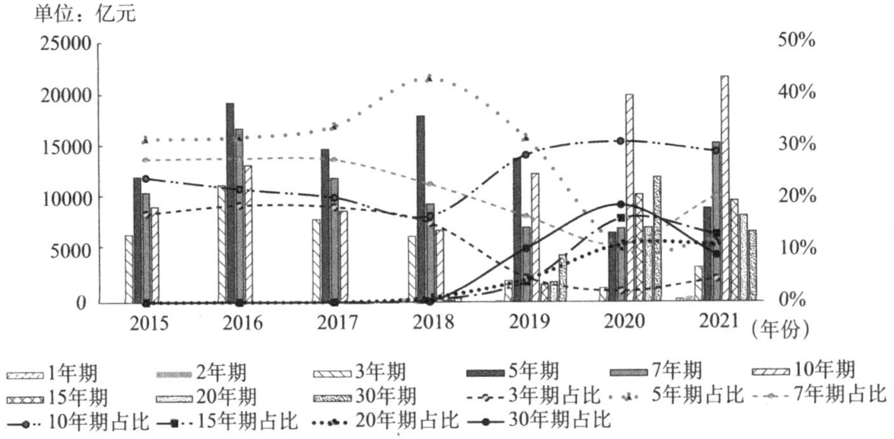

图 2－8　各期限地方政府债券余额及占比情况

表 2-2　　2009—2021 年各期限债券的发行额度　　单位：亿元

债券期限	1 年期	2 年期	3 年期	5 年期	7 年期	10 年期	15 年期	20 年期	30 年期	合计
2009	-	-	2000	-	-	-	-	-	-	2000
2010	-	-	1384	616	-	-	-	-	-	2000
2011	-	-	993	1008	-	-	-	-	-	2000
2012	-	-	1098	1258	145	-	-	-	-	2500
2013	-	-	1417	1757	326	-	-	-	-	3500
2014	-	-	1157	1600	916	328	-	-	-	4000
2015	12	-	6532	12062	10553	9191	-	-	-	38351
2016	-	-	11292	19223	16754	13190	-	-	-	60458
2017	100	-	7989	14765	11940	8788	-	-	-	43581
2018	116	371	6346	17931	9448	6914	153	353	20	41652
2019	-	169	2059	13788	7179	12325	1687	1917	4500	43624
2020	-	34	1306	6647	7066	19897	10336	7146	12006	64438
2021	268	472	3348	9010	15307	21620	9745	8309	6747	74826

（3）地方政府债券加权平均利率

表 2-3 为我国各年度不同期限债券的加权平均利率情况，各期限的债券加权平均利率都呈现波动下降的趋势。图 2-9 为 3 年期、5 年期、7 年期、10 年期 15 年期、20 年期、30 年期债券的加权平均利率走势图，2018 年至 2020 年各期限债券加权利率都呈现下降的趋势，其中 3 年期和 5 年期债券下降趋势更加明显。

表 2-3　　各期限债券加权平均利率　　单位：%

年份	1 年期	2 年期	3 年期	5 年期	7 年期	10 年期	15 年期	20 年期	30 年期	各年份加权平均利率
2009			1.80							1.80
2010			2.56	2.94						2.67
2011			3.83	3.92						3.88
2012			2.93	3.23	3.42					3.11
2013			4.03	4.08	4.06					4.06

续表

年份	1年期	2年期	3年期	5年期	7年期	10年期	15年期	20年期	30年期	各年份加权平均利率
2014			4.07	4.08	4.19	4.18				4.11
2015	2.63		3.06	3.31	3.54	3.55				3.39
2016			2.64	2.83	3.07	3.09				2.92
2017	4.14		3.81	3.92	4.00	4.04				3.95
2018	3.47	3.50	3.68	3.85	4.03	4.02	4.31	4.22	4.22	3.89
2019		2.99	3.13	3.28	3.45	3.45	3.76	3.83	4.06	3.47
2020		3.15	2.85	2.93	3.22	3.18	3.60	3.70	3.86	3.40
2021	2.60	2.83	2.94	3.11	3.27	3.30	3.55	3.63	3.70	3.36

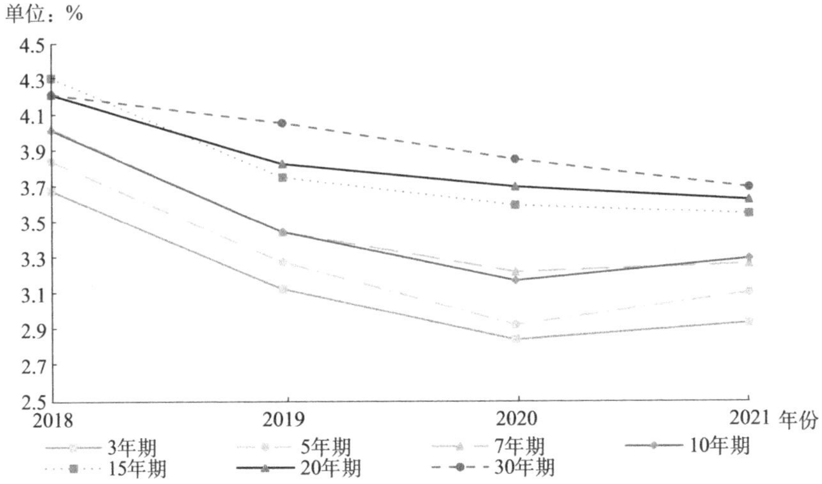

图 2－9　不同期限债券的利率走势

2.3　地方政府债券还本付息统计

我国地方政府债券的规模较大，但是考虑到存量地方政府债券的偿付是阶段性的而非一次性的，所以存量政府债券带来的风险不是债务总量本身，而是债券是否存在集中到期兑付的情形。所以存量政府债券带来的风险，主要通过其要求的利息和本金支付体现。存量政府债券的利息及本金支付情况是根据其债券发行额、发行日期、到期日期、内涵特殊条款、债券利率及债券期限、付息频率等因素决定的。本节从2009—2021年6月底我国发行的8015只地方政府债券本身出发，精确计量地方政府债券每次还本付息额度，再汇总得到全国和省份层面存量债券全面、准确的年度本息支出，进而拓宽了地方政府债务风险研究的视角。

2.3.1 全国层面还本付息统计

图2-10为全国口径下地方政府债券还本付息金额统计，其中2023年我国还本付息金额将达到最大值，具体金额为44553.21亿元。在基于2021年6月末存量地方政府债券的基础上计算地方政府债券还本付息金额，得到2021—2026年我国地方政府债券还本付息金额均超过3万亿元。2015—2020年，我国地方政府债券还本付息支出额从2194.55亿元增加到28790.96亿元，年均增长率为67.33%；我国税收收入从124892.00亿元增加到154310.00亿元，年平均增长率为4.32%。我国税收收入虽整体呈上升趋势，但增长速度远远低于债券增长速度，债券本息支付给地方财政带来较大压力，偿付风险较高。

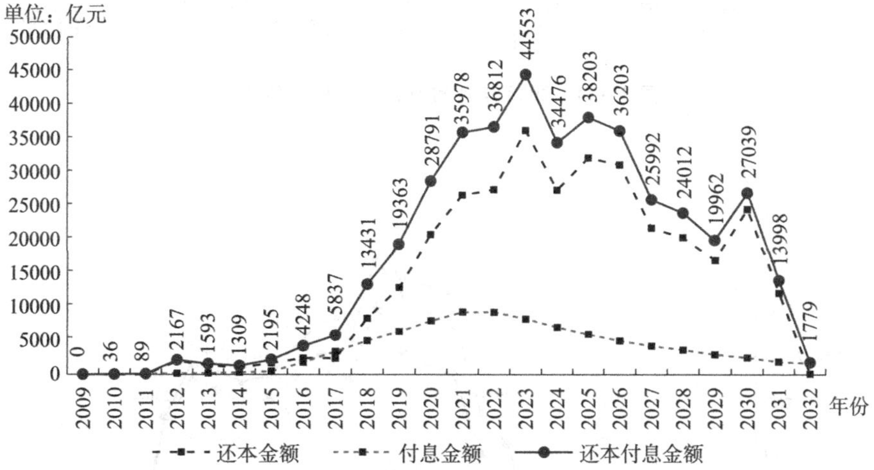

图2-10 全国政府债券还本付息金额统计

2.3.2 省级层面还本付息统计

根据全国口径下地方政府债券还本付息统计，在基于2021年6月末的存量地方政府债券基础上，2023年我国的还本付息金额将达到峰值。图2-11

展示了2023年各省还本付息总额统计情况，其中江苏省在2023年的还本付息金额最大，为3052亿元，其次为山东省，具体金额为2589亿元，西藏的还本付息金额最低为34亿元。图2－12—图2－19列举了几个省份的还本付息金额情况，可以看出不同地区还本付息金额峰值出现的年份以及具体的分布情况存在较大差异，所以各个地区在地方政府偿付风险上存在一定的差异。此外，各个地区的税收及土地出让情况也存在较大差异，所以各省份在后期的债券发行中所采取的措施也应该做到"对症下药"，以保障地方政府债券偿付的可持续性。

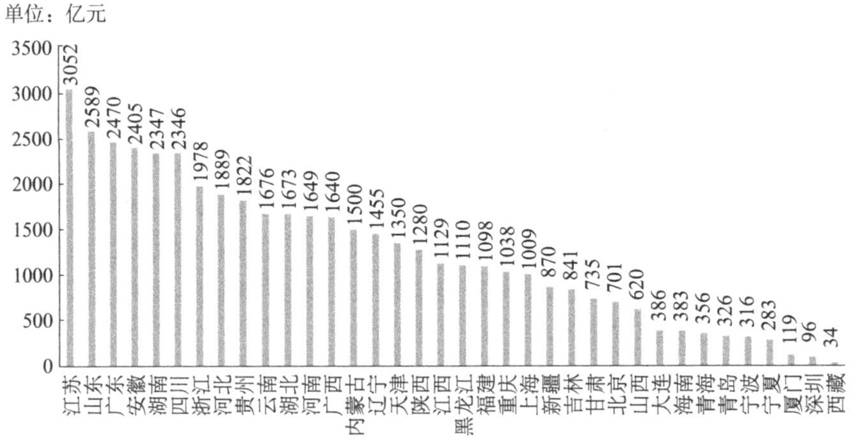

图2－11 2023年各省份还本付息总额统计

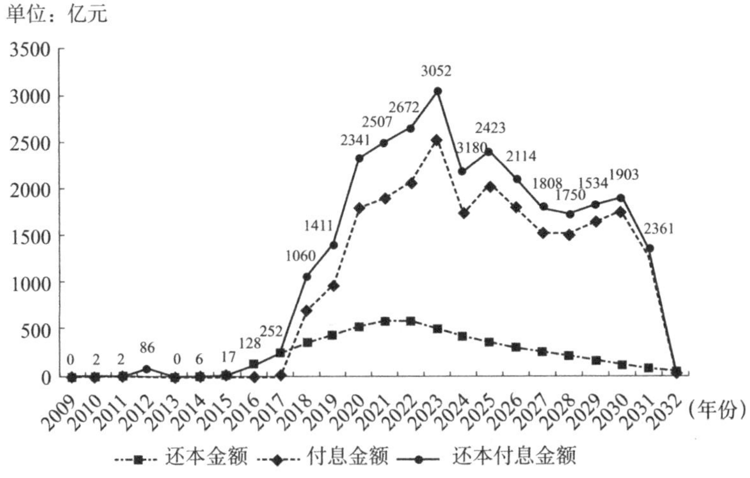

图2－12 江苏省还本付息金额统计

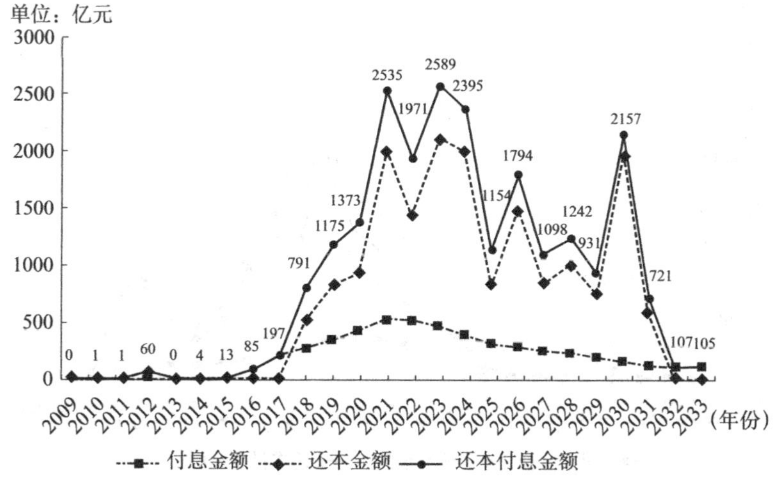

图 2-13　山东省还本付息金额统计

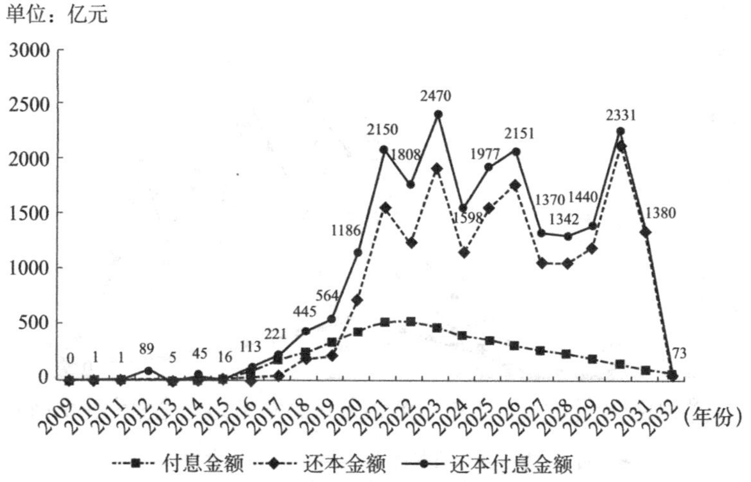

图 2-14　广东省还本付息金额统计

2.4　本章小结

本章从地方政府债务及债券数据本身出发，梳理了地方政府债券政策文本、统计了地方政府债务及地方政府债券现状、测算了 2009—2032 年全国及各省份地方政府债券还本付息情况。基于上述分析发现：

第一，地方政府债券在地方政府债务中占比极高，各省份地方政府债

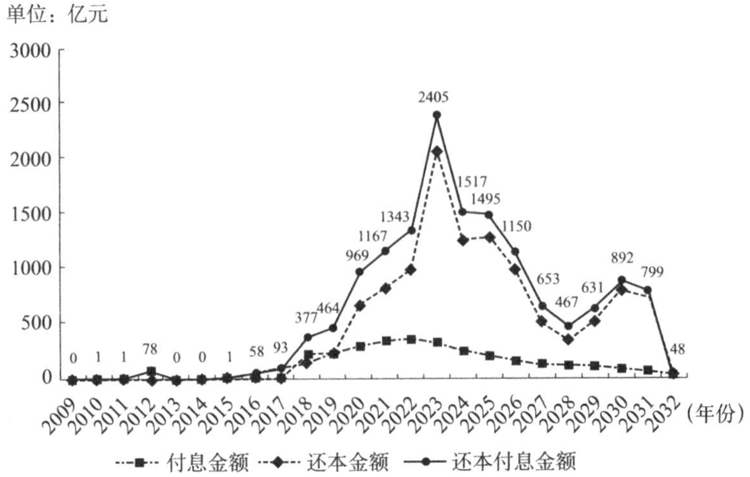

图 2－15　安徽省还本付息金额统计

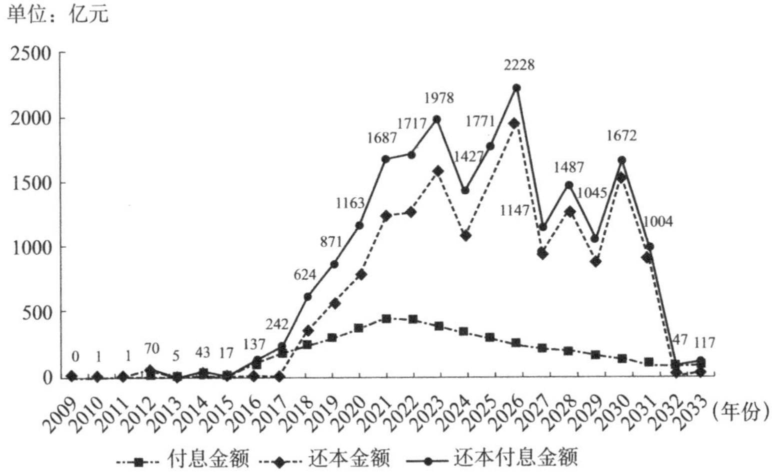

图 2－16　浙江省还本付息金额统计

务及债券余额呈现逐年递增的态势，各省之间的债务余额情况存在显著的差异。

第二，地方政府债券在融资结构上，从一般债券占比较高的局面转变为以专项债券为主的局面。在融资方式上，近几年再融资债券的占比出现明显上升，说明各省份开始依靠借新还旧的形式偿还地方政府债务。在发行期限上开始往较长期限倾斜，这也说明地方政府在逐步重视各省份的债券期限结构配置。在发行利率上，各期限的债券加权平均利率都呈现波动下降的趋势，各省份在重视债务融资成本。

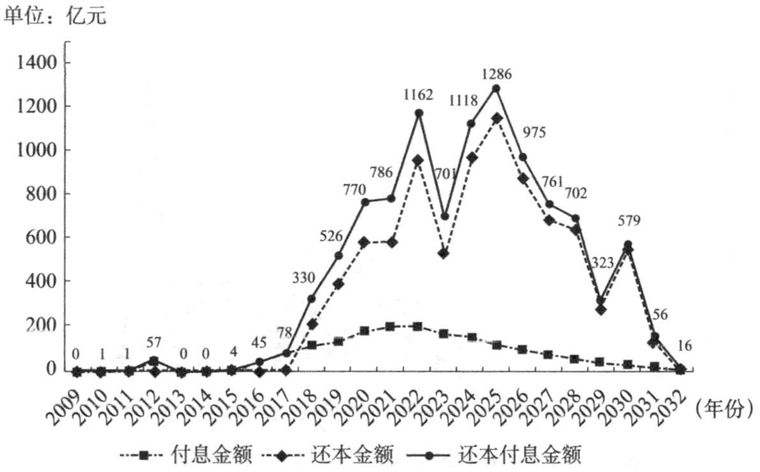

图 2-17　北京市还本付息金额统计

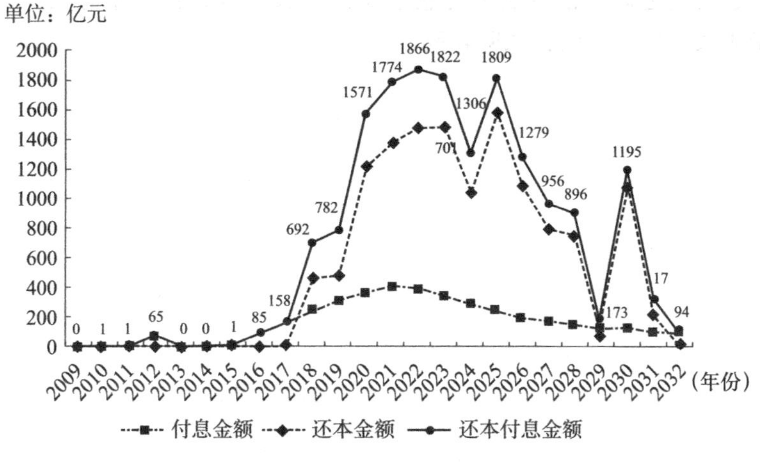

图 2-18　贵州省还本付息金额统计

第三，本文基于现有债券的存量数据统计了各省份在 2009 年至 2032 年的还本付息金额，从全国层面来看，2023 年我国还本付息金额将达到最大值，具体金额为 44553.21 亿元。从省级层面来看，各省份的还本付息金额峰值出现年份以及具体的分布情况存在较大差异，所以各个省份在地方政府偿付风险上存在一定的差异。2015—2020 年，我国地方政府债券还本付息支出额从 2194.55 亿元增加到 28790.96 亿元，年平均增长率为 67.33%；我国税收收入从 124892.00 亿元增加到 154310.00 亿元，年平均增长率为 4.32%，我国土地出让金收入从 31220.65 亿元增加到 82158.99 亿元，年平均增长率为 21.35%。我国税收收入与土地出让金收入虽整体呈上升趋势，

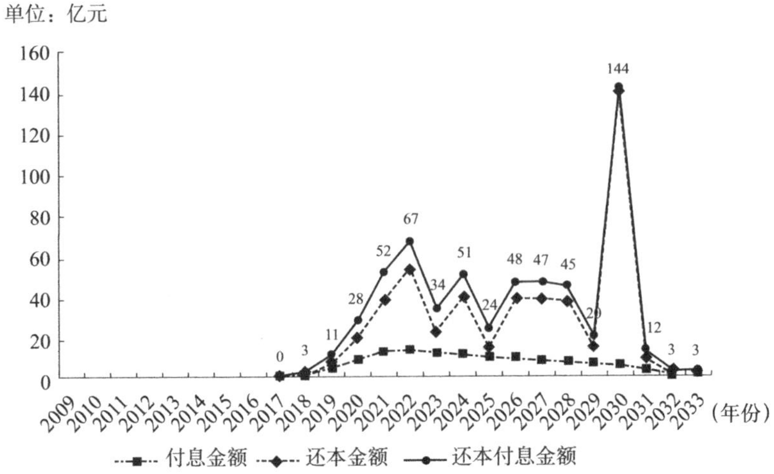

图 2－19　西藏还本付息金额统计

但增长速度远远低于债券还本付息金额的增长速度，债券本息支付给地方财政带来较大压力，偿付风险较高。

3. 地方政府债务可持续性分布现状统计

为分析各省份的债务可持续性分布现状，本章分别基于总量和人均口径数据，从税收收入和“两本账收入”两个收入端口径出发，综合债务端数据，对各省份不同收入和时间口径下债务可持续情况进行分析。

本章的统计方法分别为“象限法”及“四分位矩阵法”。在“象限法”所作图中，横轴代表规模，纵轴代表增长率。落于第一象限的地区代表规模大且增速高，而位于第三象限的地区代表规模小且增速低。如果一个地区在收入端的象限图中位于第三象限，而在债务端的象限图中位于第一象限，则代表该地区债务规模大且债务增长率高，同时其收入规模小且增长率低，那么这部分地区的财政可持续性是较差的，需要引起重视。在用“四分位矩阵法”所作的债务可持续性矩阵表中，越靠后的地区，其债务可持续性越差。

3.1 基于债务余额总量统计债务可持续性

本节从总量的维度出发，运用“象限法”及“四分位矩阵法”分别基于债务规模与税收收入、债务规模与“两本账收入”这两个角度，对债务可持续性情况进行统计。本部分主要分析2019年以及2016—2019年这两个时间维度下的债务可持续性情况。

3.1.1 象限法分析债务可持续性

(1) 基于债务总量及税收收入

本部分将基于各省份债务总量及税收收入总量，分别使用2019年数据及2016—2019年平均值数据，基于“象限法”统计地方政府债务可持续性情况。

首先根据2019年全国31个省份的地方政府总债务规模及其增长率、

税收收入总规模及其增长率对各省份的债务可持续性进行初步分析。在总债务及其增速、总税收收入及其增速方面，选择各指标平均数（近似值）为基准划分象限图的坐标轴。在债务及其增速方面，选择（7000，18.58%）为坐标原点，而税收收入及其增速方面，以（2500，0.40%）为坐标原点。

由图 3－1 可知，基于 2019 年总债务及其增长率数据，广东、河北、河南、湖北等地区位于第一象限，以上省份债务规模较高的同时增长率也保持较高水平。北京、广西、海南、黑龙江、吉林、江西、山西、陕西、上海等地区位于第三象限，代表其债务规模较低且增长慢。而位于二、四象限的地区分别面临债务规模较高或债务增速较高的问题。同理可知，在图 3－2 中基于 2019 年税收收入及其增长率数据，浙江、广东、江苏等地区税收规模及其增长率最高。而吉林、宁夏、贵州、甘肃、重庆、黑龙江、新疆、西藏、青海等地区税收规模及其增长率最低。

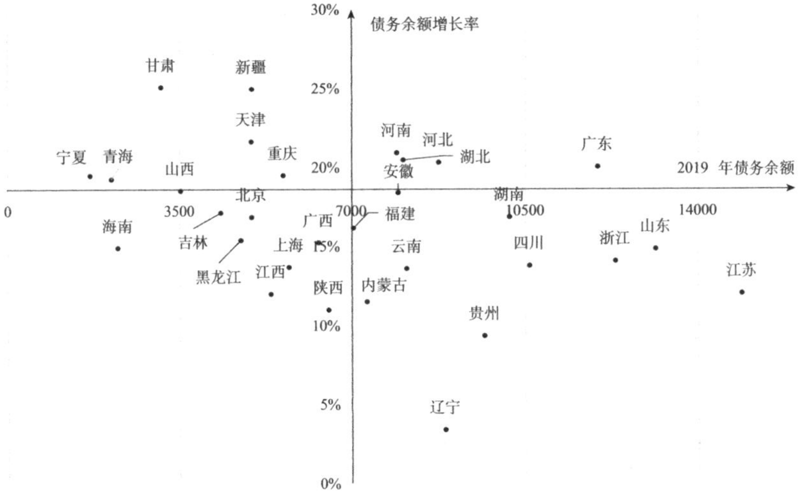

图 3－1　2019 年各省份债务余额总量及其增长率

注：西藏位于第二象限，具体坐标为（251.39，86.50%），由于其增长率的值较大，影响作图，所以单独列示。

其次本文根据 2016—2019 年全国 31 个省份的地方政府总债务规模及其增长率平均值、税收收入总规模及其增长率平均值对各省份的债务可持续性进行初步分析。选择平均数为基准划分坐标轴。在债务及其增速方面，选择（5627.05，10.95%）为基准划分坐标轴，而税收收入及其增速方面，以（2251.36，4.96%）为基准来划分坐标轴。

由图 3－3 可知，基于 2016—2019 年总债务及其增长率数据，安徽、河北、湖北、浙江等地区位于第一象限，以上省份债务较高的同时增长率也

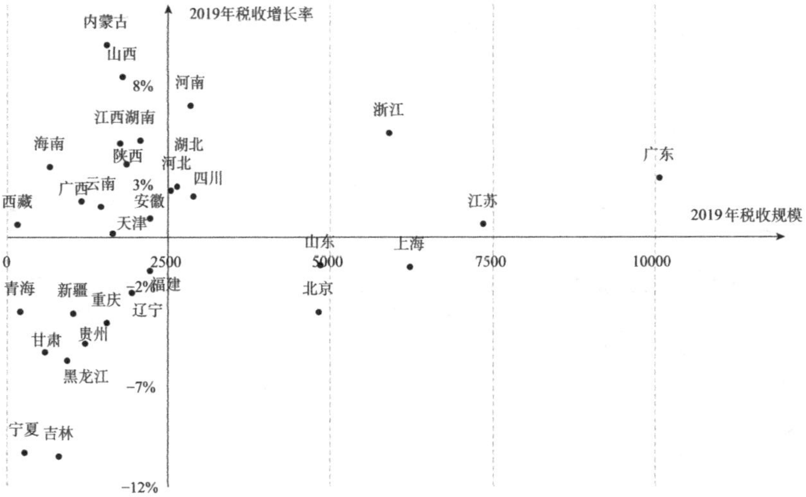

图 3－2　2019 年各省份税收收入及其增长率

保持较高水平。而北京、广西、江西、陕西、上海等地区位于第三象限，代表其债务规模较低且增长慢。而位于二、四象限的地区分别面临债务较高或债务增速较高的问题。同理可知，在图 3－4 中基于 2016—2019 年税收收入及其增长率平均值数据，浙江、广东、上海等地区税收规模及其增长率最高。而吉林、宁夏、贵州、甘肃、重庆、黑龙江、新疆、西藏、青海、天津、广西等地区税收规模及其增长率最低。

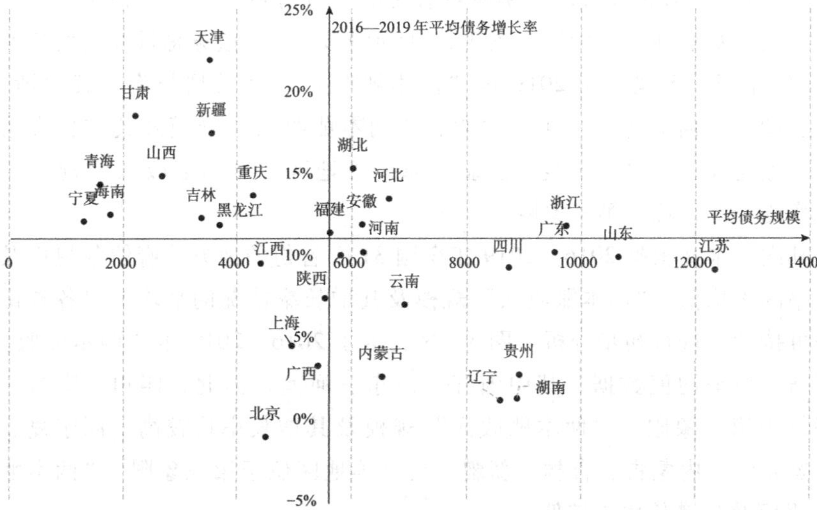

图 3－3　2016—2019 年各省份总债务余额及其增长率

注：西藏位于第二象限，具体坐标为（124.136，41.95%），由于其增长率较高，影响作图，所以将其单独列示。

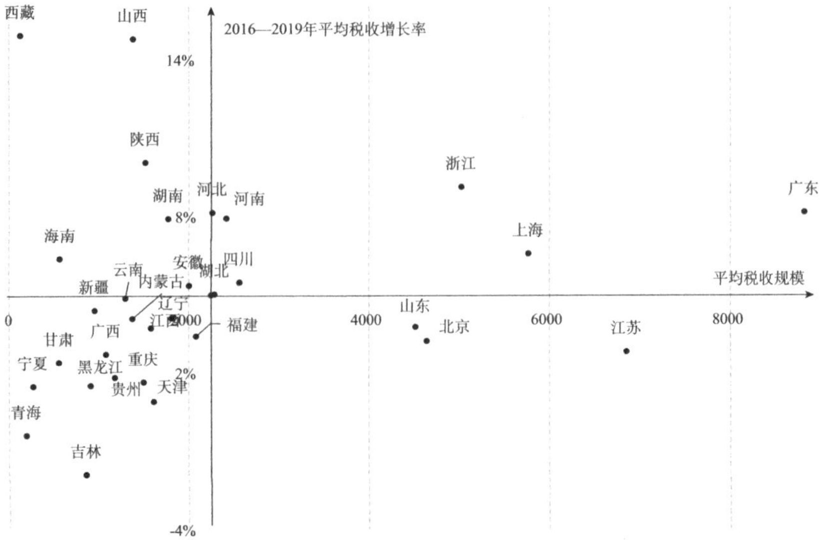

图 3－4 2016—2019 年各省份税收收入及其增长率

（2）基于债务总量及“两本账收入”

本部分将基于债务总量及“两本账收入”，分别使用 2019 年值及 2016—2019 年平均值，统计各省地方政府债务可持续性情况。首先是基于 2019 年债务及其增长率、“两本账收入”及其增长率的统计。

本部分根据 2019 年全国 31 个省份的地方政府债务规模及其增长率、“两本账收入”规模及其增长率对各省份的债务可持续性进行初步分析，选择平均值为基准划分坐标轴。图 3－1 展示了 2019 年债务总量及其增长率的象限图。图 3－5 展示了 2019 年“两本账收入”及其增长率，其中浙江、江苏、湖南、河北等位于第一象限，“两本账收入”规模及其增长率均较高。而黑龙江、西藏、宁夏、新疆、海南等地区“两本账收入”规模及其增长率均较低，位于第三象限。

其次，本文根据 2016—2019 年全国 31 个省份的地方政府债务规模及其增长率的平均值、“两本账收入”规模及其增长率情况的平均值对各省份的债务可持续性进行初步分析。图 3－6 展示了 2016—2019 年“两本账收入”及其增长率平均值数据，其中浙江、山东、河南、河北、四川、安徽、湖南等位于第一象限，“两本账收入”规模及其增长率均较高。而宁夏、甘肃、黑龙江、内蒙古、吉林、新疆、辽宁等地区位于第三象限，“两本账收入”规模及其增长率均较低。

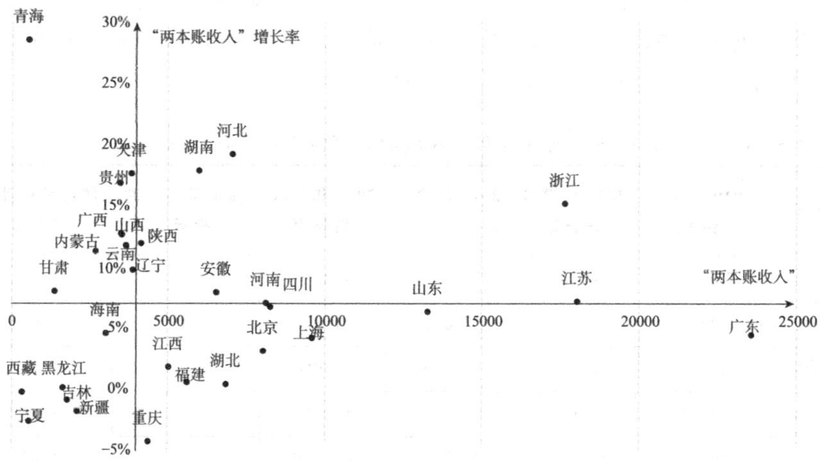

图 3－5　2019 年各省份"两本账收入"及其增长率

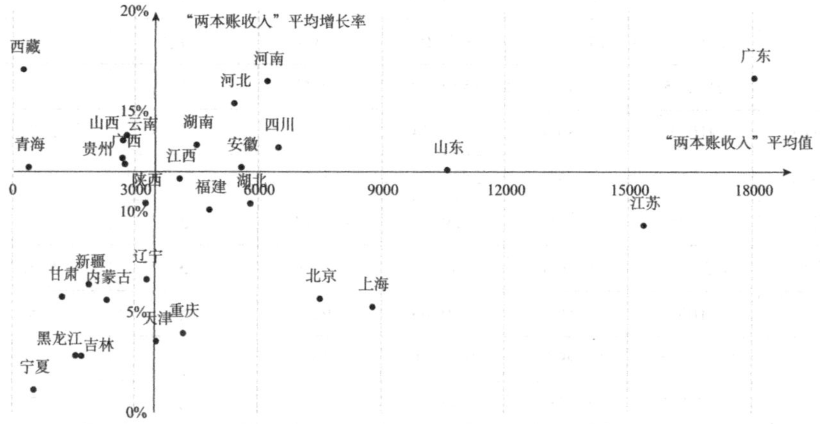

图 3－6　2016—2019 年各省份"两本账收入"及其增长率

注：其中海南位于第二象限，具体坐标为（1792.4，46.82%），其增长率数据较大，影响作图，故单独列示。

3.1.2　四分位矩阵法分析债务可持续性

（1）基于债务总量及税收收入

本部分将根据全国 31 个省份债务总量及其增长率、税收收入及其增长率，按照数据高低划分四分位点，并绘制可持续性矩阵表。债务余额及其增长率均用红色标记，颜色越深表明数据值越大；税收收入及其增长率均用蓝色标记，颜色越深表明数据值越小。首先，对颜色由浅入深分别赋值 1，2，3，4，并求和得到债务可持续性指标 1，该值越大代表风险越大，排名越靠后；其次，构建债务可持续性指标 2，使用债务余额与税收收入之比作为风险度量指标，指标越大代表风险越大，排名越靠后。两指标相结合可对 31 个省份的债务风险值从低到高进行排序。

表 3－1 2019 年总债务余额、税收收入可持续性分布矩阵

地区	2019 年债务余额	2019 年债务增长率	2019 年税收收入	2019 年税收增长率	债务可持续性指标 1	债务可持续性指标 2
陕西	6532	10.96%	1846.11	4.05%	2	3.54
上海	5722.1	13.65%	6216.29	－1.09%	3	0.92
山西	3511.89	18.50%	1783.66	8.39%	3	1.97
江西	5351	11.96%	1747.63	5.08%	3	3.06
北京	4964.06	16.83%	4822.98	－3.32%	4	1.03
江苏	14878.38	11.99%	7339.59	1.05%	4	2.03
浙江	12309.31	14.03%	5898.75	5.59%	4	2.09
海南	2230.4	14.87%	653.25	3.91%	4	3.41
内蒙古	7307.45	11.47%	1539.69	9.99%	4	4.75
河南	7910.1	20.89%	2841.34	6.95%	5	2.78
四川	10577	13.74%	2888.74	2.45%	5	3.66
辽宁	8885.09	3.36%	1929.52	－2.36%	5	4.6
广西	6328.42	15.20%	1146.78	2.20%	5	5.52
云南	8108	13.56%	1450.63	1.92%	5	5.59
广东	11948.95	19.99%	10063.95	3.35%	6	1.19
山东	13127.5	14.80%	4849.29	－0.99%	6	2.71
福建	7033.91	16.13%	2208.98	－1.27%	6	3.18
安徽	7936.4	18.37%	2209.73	1.33%	6	3.59
湖南	10174.5	16.84%	2061.96	5.22%	6	4.93
湖北	8039.98	20.44%	2530.82	2.73%	7	3.18
河北	8754	20.28%	2630.73	2.93%	7	3.33
黑龙江	4748.6	15.35%	924.4	－5.75%	7	5.14
青海	2102	19.23%	198.7	－3.30%	7	10.58
西藏	251.39	86.50%	157.52	1.02%	8	1.6
天津	4959.3	21.60%	1634.35	0.58%	8	3.03
重庆	5603.7	19.47%	1541.22	－3.86%	8	3.64

续表

地区	2019年债务余额	2019年债务增长率	2019年税收收入	2019年税收增长率	债务可持续性指标1	债务可持续性指标2
吉林	4344.83	17.11%	797.98	-10.52%	8	5.44
宁夏	1658.63	19.46%	267.5	-10.33%	8	6.2
贵州	9673.38	9.31%	1204.02	-4.90%	8	8.03
新疆	4972.43	24.93%	1016.09	-3.40%	9	4.89
甘肃	3116.6	25.06%	577.92	-5.33%	9	5.39

根据“四分位矩阵法”，本文统计了2019年各省份债务可持续性矩阵表，由表3-1可知，2019年各省份债务总量明显高于税收收入，与此同时，债务总量保持较高的增速。总体来看，陕西、上海、山西、江西、北京、江苏、浙江、海南这八个省市的债务可持续性相对较高；内蒙古、河南、四川、辽宁、广西、云南、广东、山东这八个省市的债务可持续性处于中等水平；福建、安徽、湖南、湖北、河北、黑龙江、青海、西藏这八个省市的债务可持续性相对较低；天津、重庆、吉林、宁夏、贵州、新疆、甘肃这七个省市的债务可持续性最差。

表3-2 2016—2019年总债务余额、税收收入可持续性分布矩阵

地区	2016—2019年平均债务	平均债务增长率	2016—2019年平均税收	平均税收增长率	债务可持续性指标1	债务可持续性指标2
上海	4963.342	4.37%	5770.18	6.53%	6	0.86
北京	4512.458	-1.17%	4641.074	3.20%	7	0.97
河南	6198.322	10.09%	2417.382	7.91%	7	2.56
广东	9529.854	10.08%	8829.81	8.11%	8	1.08
陕西	5536.18	7.29%	1520.14	10.04%	8	3.64
辽宁	8583.61	1.05%	1811.194	4.08%	8	4.74
湖南	8880.288	1.16%	1771.922	7.89%	8	5.01
山西	2674.052	14.78%	1384.006	14.77%	9	1.93
浙江	9732.92	11.69%	5026.886	9.10%	9	1.94
江西	4418.914	9.41%	1582.784	3.70%	9	2.79
河北	6640.8	13.36%	2263.262	8.13%	9	2.93
四川	8731	9.15%	2564.312	5.44%	9	3.40

续表

地区	2016—2019 年平均债务	平均债务增长率	2016—2019 年平均税收	平均税收增长率	债务可持续性指标 1	债务可持续性指标 2
广西	5416. 954	3. 16%	1078. 886	2. 70%	9	5. 02
云南	6913. 284	6. 90%	1298. 358	4. 84%	9	5. 32
西藏	124. 136	41. 95%	125. 44	14. 91%	10	0. 99
江苏	12332. 364	9. 01%	6845. 904	2. 79%	10	1. 80
山东	10652. 62	9. 79%	4516. 464	3. 74%	10	2. 36
福建	5624. 618	11. 28%	2080. 094	3. 39%	10	2. 70
安徽	6178. 26	11. 78%	2003. 714	5. 32%	10	3. 08
海南	1769. 872	12. 40%	568. 952	6. 35%	10	3. 11
内蒙古	6527. 316	2. 49%	1376. 618	4. 06%	10	4. 74
天津	3525. 722	21. 87%	1614. 698	0. 89%	11	2. 18
湖北	6021. 07	15. 23%	2290. 318	4. 99%	11	2. 63
新疆	3560. 16	17. 39%	948. 636	4. 37%	11	3. 75
重庆	4285. 82	13. 58%	1501. 992	1. 62%	12	2. 85
吉林	3379. 272	12. 20%	856. 77	-1. 90%	12	3. 94
甘肃	2208. 886	18. 46%	558. 264	2. 39%	12	3. 96
宁夏	1305. 854	11. 99%	267. 792	1. 46%	12	4. 88
贵州	8918. 988	2. 61%	1179. 248	1. 80%	12	7. 56
黑龙江	3700. 998	11. 76%	903. 06	1. 50%	13	4. 10
青海	1590. 614	14. 26%	194. 088	-0. 40%	13	8. 20

表 3-2 基于各省份总债务余额、税收收入统计了 2016—2019 年各省份债务可持续性矩阵表。由表 3-3 可知，陕西、上海、山西、江西、北京、江苏、浙江、海南这八个省市的债务可持续性相对较高；浙江、江西、河北、四川、广西、云南、西藏、江苏这八个省市的债务可持续性处于中等水平；山东、福建、安徽、海南、内蒙古、天津、湖北、新疆这八个省市的债务可持续性相对较低；重庆、吉林、甘肃、宁夏、贵州、黑龙江、青海这七个省市的债务可持续性最差。

（2）基于债务总量及“两本账收入”

表 3-3 基于各省份债务余额、“两本账收入”统计了 2019 年债务可持续性矩阵表。

表 3-3 2019 年债务余额、“两本账收入”可持续性分布矩阵

地区	2019 年债务余额	债务余额增速	2019 年“两本账收入”	“两本账收入”增长率	债务可持续性指标 1	债务可持续性指标 2
上海	5722	13.64%	9583	4.13%	7	0.60
陕西	6586	11.87%	4148	11.87%	7	1.59
北京	4964	16.83%	8033	3.05%	8	0.62
浙江	12309	14.04%	17657	15.14%	8	0.70
江苏	14878	11.98%	18052	7.11%	8	0.82
山西	3512	18.49%	3534	12.58%	8	0.99
江西	5351	11.97%	5028	1.74%	8	1.06
广西	6328	15.20%	3511	12.68%	8	1.80
海南	2231	14.88%	3027	4.52%	9	0.74
云南	8100	13.45%	3665	11.70%	9	2.21
辽宁	8885	3.35%	3894	9.69%	9	2.28
内蒙古	7307	11.47%	2697	11.22%	9	2.71
贵州	9673	9.30%	3478	16.83%	9	2.78
青海	2102	19.23%	527	28.54%	9	3.99
河南	7910	20.93%	8122	6.98%	10	0.97
山东	13128	14.79%	13270	6.28%	10	0.99
安徽	7936	18.36%	6557	7.85%	10	1.21
河北	8754	20.28%	7057	19.17%	10	1.24
福建	7034	16.15%	5623	0.50%	10	1.25
四川	10577	13.74%	8256	6.67%	10	1.28
天津	4959	21.60%	3841	17.61%	10	1.29
湖南	10174	16.84%	6001	17.83%	10	1.70
广东	11949	19.39%	23542	4.39%	11	0.51
重庆	5604	19.49%	4383	-4.34%	11	1.28
甘肃	3117	25.08%	1371	7.95%	11	2.27
黑龙江	4749	15.38%	1641	0.06%	11	2.89
吉林	4345	17.05%	1782	-0.94%	12	2.44
宁夏	1659	19.44%	543	-2.69%	12	3.06
西藏	254	88.15%	325	-0.31%	13	0.78

续表

地区	2019年债务余额	债务余额增速	2019年“两本账收入”	“两本账收入”增长率	债务可持续性指标1	债务可持续性指标2
湖北	8040	20.43%	6864	0.32%	13	1.17
新疆	4961	22.80%	2105	-1.86%	14	2.36

由表3-3可知，2019年大多数省份债务余额高于“两本账收入”，与此同时，2019年大多数省份债务余额增速也高于“两本账收入”增长率。总体来看，上海、陕西、北京、浙江、江苏、山西、江西和广西这八个省市的债务可持续性相对较强；海南、云南、辽宁、内蒙古、贵州、青海、河南和山东这八个省市的债务可持续性处于中等水平；安徽、河北、福建、四川、天津、湖南、广东和重庆这八个省市的债务可持续性相对较弱；甘肃、黑龙江、吉林、宁夏、西藏、湖北和新疆这七个省市的债务可持续性最差。

表3-4 2016—2019年债务余额、“两本账收入”可持续性分布矩阵

地区	平均债务余额	平均债务余额增速	平均“两本账收入”	平均“两本账收入”增长率	债务可持续性指标1	债务可持续性指标2
上海	4963.4	4.36%	8784.4	5.27%	5	0.57
北京	4512.4	-1.17%	7508.2	5.67%	5	0.60
江苏	12332.2	9.01%	15379.8	9.33%	8	0.80
天津	3525.6	21.87%	3537.2	3.57%	8	1.00
重庆	4285.8	13.58%	4202.4	3.96%	8	1.02
江西	4418.8	9.41%	4102.4	11.65%	8	1.08
陕西	5547	7.52%	3268.4	10.43%	8	1.70
内蒙古	6242.2	7.62%	2332.2	5.61%	8	2.68
福建	5622.2	11.28%	4829.8	10.11%	9	1.16
吉林	3379.6	12.20%	1711.8	2.82%	9	1.97
黑龙江	3701	11.76%	1567.4	2.84%	9	2.36
宁夏	1300	12.11%	533	1.14%	9	2.44
河南	6196	10.13%	6216.8	16.49%	10	1.00
山东	10653.2	9.79%	10591	12.08%	10	1.01
四川	8730	9.15%	6488.4	13.20%	10	1.35
辽宁	8611.4	0.85%	3301.8	6.63%	10	2.61

续表

地区	平均债务余额	平均债务余额增速	平均“两本账收入”	平均“两本账收入”增长率	债务可持续性指标1	债务可持续性指标2
广东	9539.8	10.07%	18044	16.66%	11	0.53
浙江	9732.8	11.69%	12401.2	24.53%	11	0.78
山西	2674.6	14.75%	2711.6	13.56%	11	0.99
湖北	6021.2	15.23%	5811.6	10.41%	11	1.04
安徽	6174.4	11.88%	5589	12.22%	11	1.10
湖南	7905.8	13.42%	4513	13.33%	11	1.75
甘肃	2209	18.46%	1233.2	5.77%	11	1.79
广西	5053.4	11.92%	2756.2	12.38%	11	1.83
新疆	3569.8	17.30%	1891	6.38%	11	1.89
云南	6909.4	6.87%	2803.6	13.81%	11	2.46
贵州	8919	2.61%	2694.4	12.68%	11	3.31
海南	1770	12.41%	1792.4	46.82%	12	0.99
河北	6640.8	13.36%	5417.8	15.39%	12	1.23
青海	1590.4	14.29%	384.4	12.22%	12	4.14
西藏	124.8	42.39%	258.6	17.07%	13	0.48

表3-4基于各省份债务余额、“两本账收入”情况统计了2016—2019年各省份债务可持续性矩阵表。由表3-4可知，2016—2019年大多数省市平均债务余额高于平均“两本账收入”，且2016—2019年大多数省市平均债务余额增速高于平均“两本账收入”增长率。总体来看，上海、北京、江苏、天津、重庆、江西、陕西和内蒙古这八个省市的债务可持续性相对更强；福建、吉林、黑龙江、宁夏、河南、山东、四川和辽宁这八个省市的债务可持续性处于中等水平；广东、浙江、山西、湖北、安徽、湖南、甘肃和广西等八个省市的债务可持续性相对较弱；新疆、云南、贵州、海南、河北、青海和西藏这七个省市的债务可持续性最差。

3.2 基于人均债务规模统计债务可持续性

本节从人均的维度出发，运用“象限法”及“四分位矩阵法”分别基于人均债务与人均税收收入、人均债务与人均“两本账收入”这两个维度，从不同的收入口径，综合债务余额情况对债务风险的分布情况进行统计。主要分析 2019 年以及 2016—2019 年这两个时间维度下的债务可持续性情况。

3.2.1 象限法分析债务可持续性

（1）基于人均债务及人均税收收入

本部分将基于人均债务及人均税收收入，分别使用 2019 年值及 2016—2019 年平均值，统计全国 31 个省份地方政府债务风险情况。人均债务和人均税收收入均选择平均数作为原点划分坐标轴。

首先，根据 2019 年全国 31 个省份的人均地方政府债务规模及其增长率、人均税收收入规模及其增长率对各省份的债务风险进行初步分析。在人均债务及其增速象限图、人均税收收入及其增速象限图中选择各指标平均数为基准划分坐标轴。在人均债务及其增速方面，选择（17000，18%）为基准划分坐标轴，而税收收入及其增速方面，以（5949，0.56%）为基准来划分坐标轴。

由图 3－7 可知，基于 2019 年人均债务及其增长率数据，吉林、重庆、天津、青海、宁夏、新疆、北京等地区位于第一象限，且天津和青海两地离原点最远，以上省份人均债务较高的同时其增长率也保持较高水平。而广西、山东、四川、江西、福建、陕西等地区位于第三象限，代表人均债务规模较低且增长慢。而位于二、四象限的地区分别面临人均债务较高或人均债务增速较高的问题。同理可知，在图 3－8 中基于 2019 年人均税收收入及其增长率数据，浙江、海南、广东、江苏、天津等地区人均税收规模及其增长率最高。而吉林、宁夏、贵州、新疆、重庆、黑龙江、新疆、西藏、青海等地区人均税收规模及其增长率最低。

结合图 3－7 和图 3－8 可知，吉林、重庆、青海、宁夏、新疆等省市不仅人均债务高、人均债务增长率高，而且人均税收收入低，人均税收增长率低。因此面临的债务偿还风险相对处于较高水平。

其次，根据 2016—2019 年全国 31 个省份的人均地方政府债务规模及其增长率平均情况，以及人均税收收入规模及其增长率平均情况对各省份的债务风险进行初步分析。选择平均值作为原点划分坐标轴。在人均债务及其增速方面，选择（14000，10%）为基准划分坐标轴，而人均税收及其增速方面，以（1500，4.51%）为基准来划分坐标轴。

由图 3－9 可知，基于 2016—2019 年人均债务及其增长率平均值数据，青海、宁夏、海南、新疆、重庆、福建、吉林等地区位于第一象限，且青

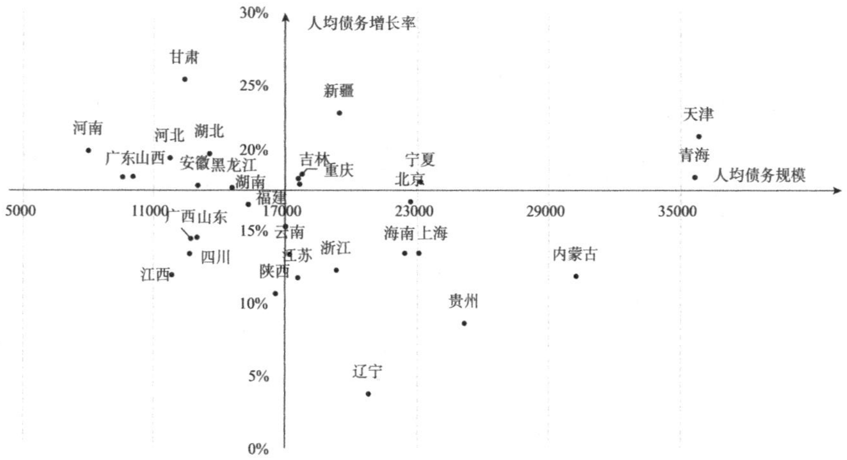

图3-7 2019年各省份人均债务余额及其增长率

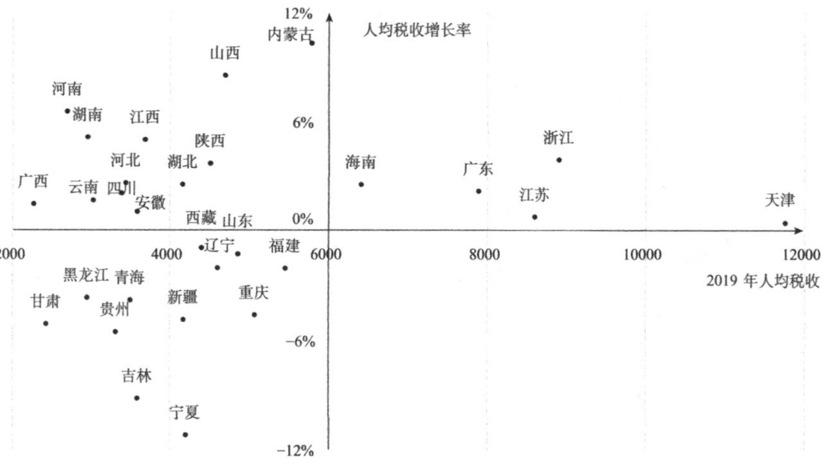

图3-8 2019年各省份人均税收收入及其增长率

注：其中北京市、上海市位于第四象限，具体坐标分别为（22759.26，3.24%）、（25394.10，-1.33%），由于两地区人均税收规模的值较大，影响作图，所以单独列示。

海离原点最远，以上省份人均债务较高的同时其增长率也保持较高水平。而广西、湖南、广东、四川、河南、江西、山东等地区位于第三象限，代表平均人均债务规模较低且增长慢。同理可知，在图3-10中基于2016—2019年人均税收收入及其增长率平均值，浙江、广东、海南、上海等地区人均税收收入规模及其增长率最高。而吉林、青海、宁夏、重庆、贵州、广西、甘肃、新疆、黑龙江、山东等地区人均税收收入规模及其增长率最低。结合图3-9和图3-10可知，青海、宁夏、新疆、重庆、吉林这五个

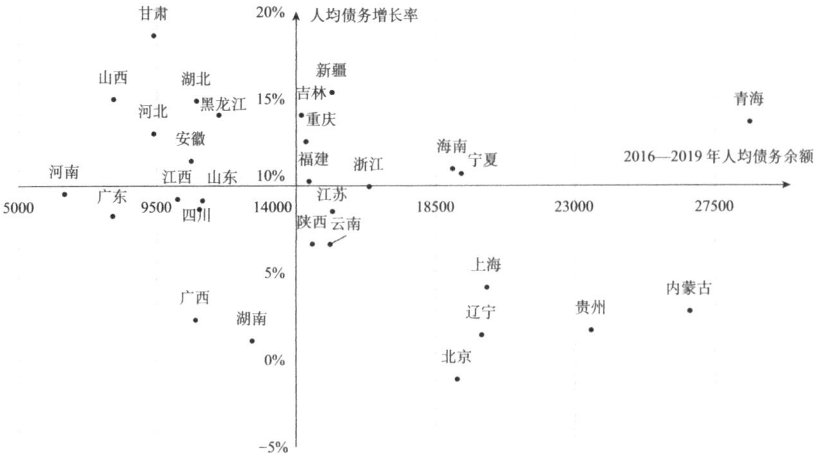

图 3-9 2016—2019 年各省份人均债务余额及其增长率

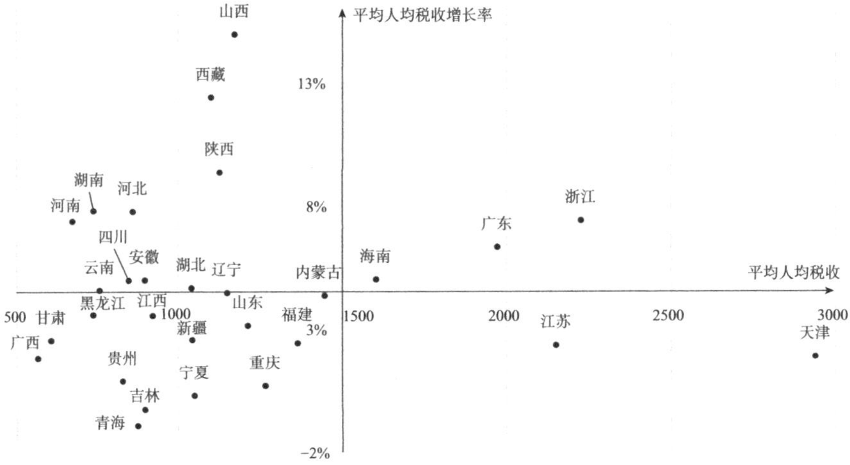

图 3-10 2016—2019 年各省份人均税收收入及其增长率

注：北京市、上海市位于第一象限，坐标分别为（5691.42，3.18%）、（6350.32，6.28%），两市的人均税收规模值较大，故单独列示。

省市不仅人均债务高、人均债务增长率高，而且人均税收收入低，人均税收收入增长率低，因此面临的债务偿还风险相对处于较高水平。

（2）基于人均债务及人均“两本账收入”

本部分将基于人均债务及人均“两本账收入”，分别使用 2019 年值及 2016—2019 年平均值，统计各省地方政府债务风险情况。首先，根据 2019 年全国 31 个省份的人均地方政府债务规模及其增长率、人均“两本账收入”规模及其增长率对各省份的债务风险进行初步分析。在人均债务及其增速方面，选择（17000，18%）为基准划分坐标轴，而“两本账收入”及其增速方面，以（14000，7.5%）为基准来划分坐标轴。

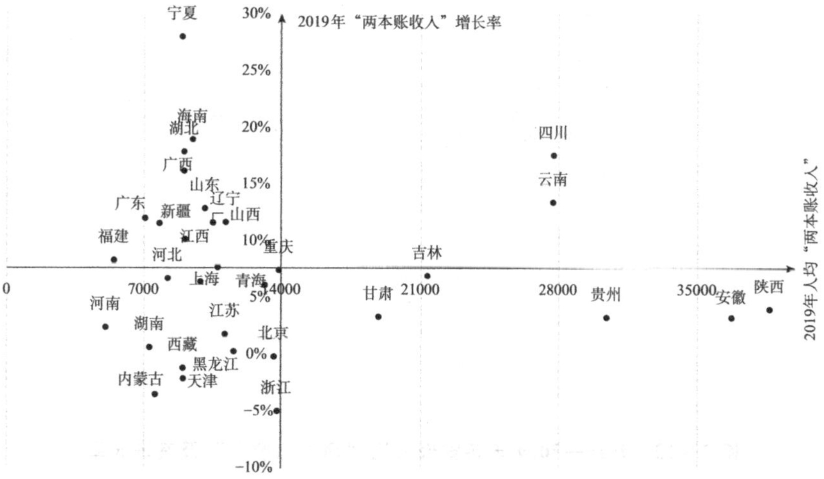

图 3-11　2019 年各省份人均“两本账收入”及其增长率

在图 3-11 中基于 2019 年人均“两本账收入”及其增长率，四川和云南的人均“两本账收入”规模及其增长率最高。而河南、湖南、内蒙古、天津、江苏、黑龙江等地区人均“两本账收入”规模及其增长率最低。结合图 3-7 和图 3-11 可知，青海、天津、重庆三个地区不仅人均债务高、人均债务增长率高，而且人均“两本账收入”低，人均“两本账收入”增长率低，因此债务可持续性相对较差。

其次，根据 2016—2019 年全国 31 个省份的人均地方政府债务规模及其增长率的平均值情况及人均“两本账收入”规模及其增长率情况对各省份的债务风险进行初步分析。在图 3-12 中基于 2016—2019 年人均“两本账收入”及其增长率平均值数据，黑龙江、甘肃、吉林、新疆、宁夏、内蒙古、辽宁、陕西、湖北等地区人均“两本账收入”规模及其增长率最低。结合图 3-9 和图 3-12 可知，新疆、吉林、宁夏这三个省市不仅平均的人均债务高、人均债务增长率高，而且平均的人均“两本账收入”低，人均“两本账收入”增长率低，因此面临的债务可持续性相对较差。

3.2.2　四分位矩阵法分析债务可持续性

(1) 基于人均债务及人均税收收入

根据“四分位矩阵法”，表 3-5 基于统计了 2019 年各省份债务可持续性矩阵表。由表 3-5 可知，2019 年人均债务余额保持较高增速，绝大多数

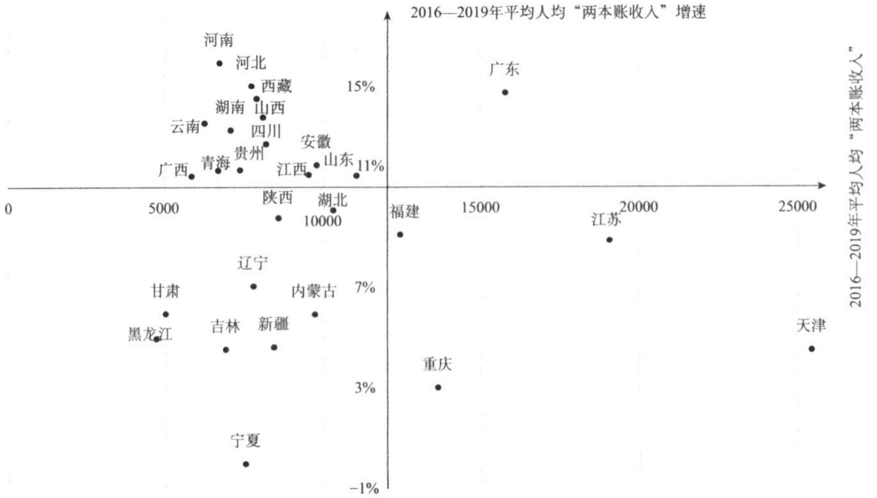

图3－12 2016—2019年各省份人均“两本账收入”及其增长率

注：北京市、上海市位于第一象限，坐标分别为（35104.68，5.66%）、（36491.35，5.02%），由于两地区人均“两本账收入”较高，为不影响作图，故单独列示。

省份人均税收收入增长率为负数。总体来看，浙江、江西、陕西、广东、山西、江苏、海南、内蒙古这八个省市的债务可持续性较高；山东、福建、四川、辽宁、湖南、上海、北京、西藏这八个省市的债务可持续性处于中等水平；河南、河北、安徽、广西、云南、湖北、天津、重庆这八个省市的债务可持续性较低；吉林、黑龙江、甘肃、贵州、新疆、宁夏、青海这七个省市的债务可持续性最差。

表3－5 2019年人均债务余额、人均税收收入可持续性分布矩阵

地区	2019年人均债务余额	人均债务余额增长率	2019年人均税收	人均税收增长率	债务可持续性指标1	债务可持续性指标2
浙江	19308.72	12.21%	8905.83	3.90%	6	2.17
江西	11848.98	11.89%	3685.24	5.01%	6	3.22
陕西	16561.87	10.59%	4513.58	3.70%	6	3.67
广东	9567.579	18.64%	7885.90	2.19%	7	1.21
山西	10042.58	18.67%	4699.23	8.54%	7	2.14
江苏	17568.05	11.69%	8600.11	0.77%	8	2.04
海南	22416.08	13.37%	6402.04	2.55%	8	3.50
内蒙古	30258.59	11.80%	5779.77	10.31%	8	5.24

续表

地区	2019 年人均债务余额	人均债务余额增长率	2019 年人均税收	人均税收增长率	债务可持续性指标 1	债务可持续性指标 2
山东	12989.81	14.47%	4860.49	-1.28%	9	2.67
福建	17002.44	15.21%	5451.80	-2.06%	9	3.12
四川	12665.55	13.33%	3388.73	2.08%	9	3.74
辽宁	20774.12	3.70%	4605.29	-2.04%	9	4.51
湖南	15323.04	16.75%	2953.53	5.14%	9	5.19
上海	23063.68	13.37%	25394.10	-1.33%	10	0.91
北京	22666.94	16.94%	22759.26	-3.24%	10	1.00
西藏	6963.712	82.89%	4404.80	-0.94%	10	1.58
河南	7989.193	20.44%	2693.28	6.55%	10	2.97
河北	11755.07	19.94%	3441.72	2.64%	10	3.42
安徽	13027.58	18.06%	3589.10	1.06%	10	3.63
广西	12702.57	14.39%	2268.22	1.48%	10	5.60
云南	17199.83	13.30%	3026.26	1.69%	10	5.68
湖北	13565.01	20.23%	4163.46	2.56%	11	3.26
天津	35807.22	21.42%	11749.02	0.44%	12	3.05
重庆	17577.48	18.53%	5068.07	-4.61%	12	3.47
吉林	17748.49	18.84%	3589.98	-9.20%	13	4.94
黑龙江	14588.63	17.91%	2948.00	-3.67%	13	4.95
甘肃	12421.68	25.36%	2427.32	-5.11%	13	5.12
贵州	25138.72	8.57%	3312.45	-5.54%	13	7.59
新疆	19431.14	23.03%	4173.81	-4.87%	14	4.66
宁夏	23132.91	18.29%	4201.41	-11.20%	14	5.51
青海	35627.12	18.62%	3500.68	-3.80%	14	10.18

表 3-6 基于各省份人均债务余额、人均税收收入情况统计了 2016—2019 年各省份债务可持续性矩阵表，详细展示了 31 个省份的债务与税收收入情况。由表 3-6 可知，2016—2019 年各省份平均人均债务余额明显高于人均税收收入，与此同时，2016—2019 年人均债务余额保持较高的增速。总体来看，浙江、上海、北京、西藏、山西、河南、河北、陕西这八个省市的债务可持续性较高；湖南、广东、山东、江西、安徽、海南、甘肃、

辽宁这八个省市的债务可持续性处于中等水平；江苏、四川、内蒙古、云南、湖北、福建、重庆、广西这八个省市的债务可持续性相对较低；吉林、天津、新疆、黑龙江、贵州、宁夏、青海这七个省市的债务可持续性最差。

表3-6 2016—2019年人均债务余额、人均税收收入可持续性分布矩阵

地区	平均人均债务余额	平均人均债务余额增速	平均人均税收	平均人均税收增长率	债务可持续性指标1	债务可持续性指标2
浙江	16327.37	9.94%	2227.07	7.39%	7	7.33
上海	20156.11	4.13%	6350.32	6.28%	8	3.17
北京	19193.86	-1.16%	5691.42	3.18%	8	3.37
西藏	3824.866	38.92%	1101.47	12.38%	8	3.47
山西	8092.783	14.96%	1175.10	14.94%	8	6.89
河南	6479.496	9.54%	673.50	7.37%	8	9.62
河北	9393.611	12.98%	860.66	7.76%	8	10.91
陕西	14512.87	6.62%	1128.68	9.35%	8	12.86
湖南	12578.36	1.07%	738.58	7.79%	8	17.03
广东	8057.059	8.27%	1972.02	6.30%	9	4.09
山东	10992.74	9.15%	1215.46	3.12%	9	9.04
江西	10175.92	9.23%	921.57	3.53%	9	11.04
安徽	10623.53	11.41%	897.52	4.97%	9	11.84
海南	19044.45	10.96%	1600.94	4.99%	9	11.90
甘肃	9398.222	18.63%	607.00	2.53%	9	15.48
辽宁	19989.15	1.41%	1151.64	4.45%	9	17.36
江苏	15149.97	8.52%	2150.63	2.32%	10	7.04
四川	10891.75	8.65%	847.41	4.96%	10	12.85
内蒙古	26695.13	2.76%	1445.36	4.34%	10	18.47
云南	15080.04	6.61%	756.77	4.56%	10	19.93
湖北	10800.29	14.85%	1041.15	4.65%	11	10.37
福建	14398.03	10.24%	1363.34	2.42%	11	10.56
重庆	14301.24	12.52%	1267.38	0.68%	11	11.28
广西	10766.55	2.27%	567.22	1.81%	11	18.98
吉林	14151.83	14.04%	897.75	-0.28%	12	15.76
天津	27441.33	23.00%	2938.12	1.85%	13	9.34

续表

地区	平均人均债务余额	平均人均债务余额增速	平均人均税收	平均人均税收增长率	债务可持续性指标1	债务可持续性指标2
新疆	15132.53	15.34%	1043.74	2.55%	13	14.50
黑龙江	11533.9	14.05%	737.20	3.57%	13	15.65
贵州	23525.71	1.67%	828.35	0.87%	13	28.40
宁夏	19327.15	10.68%	1050.64	0.28%	14	18.40
青海	28620.39	13.63%	875.41	-0.94%	14	32.69

（2）基于人均债务及人均“两本账收入”

表3-7基于各省份人均债务余额、人均“两本账收入”情况统计了2019年各省份债务可持续性矩阵表。2019年各省份人均债务余额明显高于人均“两本账收入”，与此同时，2019年人均债务余额保持较高的增速，但绝大多数省份人均“两本账收入”增长率为负数。总体来看，陕西、江苏、浙江、广东、山西、江西、湖南、海南这八个省市的债务可持续性较高；安徽、山东、河北、四川、广西、内蒙古、贵州这八个省市的债务可持续性处于中等水平；北京、天津、福建、云南、辽宁、甘肃、青海这八个省市的债务可持续性相对较低；河南、湖北、重庆、黑龙江、新疆、吉林、宁夏这七个省市的债务可持续性最差。

表3-7　2019年人均债务余额、人均“两本账收入”可持续性分布矩阵

地区	2019年人均债务余额	人均债务余额增速	2019年人均“两本账收入”	人均“两本账收入”增长率	债务可持续性指标1	债务可持续性指标2
陕西	1.66	10.59%	1.05	11.50%	6	1.57
江苏	1.76	11.69%	2.13	6.82%	7	0.82
浙江	1.93	12.21%	2.23	8.12%	7	0.86
广东	0.96	18.64%	1.50	2.78%	8	0.64
山西	1.00	18.67%	1.01	12.74%	8	0.99
江西	1.18	11.89%	1.11	1.67%	8	1.06
湖南	1.53	16.75%	0.90	17.74%	8	1.70
海南	2.24	13.37%	3.04	3.16%	9	0.74
安徽	1.30	18.06%	1.08	7.56%	9	1.21
山东	1.30	14.47%	1.07	4.09%	9	1.21

续表

地区	2019 年人均债务余额	人均债务余额增速	2019 年人均"两本账收入"	人均"两本账收入"增长率	债务可持续性指标 1	债务可持续性指标 2
河北	1.18	19.94%	0.95	18.83%	9	1.24
四川	1.27	13.33%	0.99	6.28%	9	1.28
广西	1.27	14.39%	0.70	11.88%	9	1.80
内蒙古	3.03	11.80%	1.12	11.54%	9	2.71
贵州	2.51	8.57%	0.90	16.04%	9	2.78
上海	2.31	13.37%	3.86	3.88%	10	0.60
北京	2.27	16.94%	3.67	3.15%	10	0.62
天津	3.58	21.42%	2.77	17.44%	10	1.29
福建	1.70	15.21%	1.08	-0.48%	10	1.58
云南	1.72	13.30%	0.78	11.44%	10	2.21
辽宁	2.08	3.70%	0.67	7.33%	10	3.12
甘肃	1.24	25.36%	0.55	8.21%	11	2.27
青海	3.56	18.62%	0.89	27.88%	11	3.99
西藏	0.70	82.89%	0.90	-2.24%	12	0.77
河南	0.80	20.44%	0.82	6.58%	12	0.97
湖北	1.36	20.23%	1.16	0.15%	12	1.17
重庆	1.76	18.53%	1.37	-5.09%	12	1.28
黑龙江	1.46	17.91%	0.50	2.27%	12	2.89
新疆	1.94	23.03%	0.82	-3.36%	14	2.36
吉林	1.77	18.84%	0.73	0.51%	14	2.44
宁夏	2.31	18.29%	0.76	-3.64%	15	3.05

表 3-8 基于各省份人均债务余额、人均"两本账收入"情况统计了2016—2019 年各省份债务可持续性矩阵表。由表 3-8 可知，2016—2019 年各省份平均人均债务余额明显高于平均人均"两本账收入"，且 2016—2019 年平均人均债务余额保持较高增速，绝大多数省份平均人均"两本账收入"增长率为负数。总体来看，广东、浙江、江西、海南、河南、安徽、河北、湖南这八个省市的债务可持续性较高；辽宁、天津、吉林、青海、新疆、黑龙江、宁夏这七个省市的债务可持续性最差。

表 3-8 2016—2019 年人均债务余额、人均“两本账收入”可持续性分布矩阵

地区	平均人均债务	平均人均债务增速	人均“两本账收入”数据平均值	人均“两本账收入”增长率均值	债务可持续性指标 1	债务可持续性指标 2
广东	0.81	8.27%	1.21	18.30%	6	0.66
浙江	1.63	9.94%	1.80	22.28%	7	0.91
江西	1.02	9.23%	0.95	11.46%	7	1.07
海南	1.90	10.96%	2.04	45.05%	8	0.93
河南	0.65	9.54%	0.68	15.90%	8	0.96
安徽	1.06	11.41%	0.98	11.84%	8	1.08
河北	0.94	12.98%	0.78	14.99%	8	1.21
湖南	1.26	1.07%	0.71	13.23%	8	1.77
西藏	0.38	38.92%	0.79	14.47%	9	0.48
北京	1.92	-1.16%	3.51	5.66%	9	0.55
山西	0.81	14.96%	0.81	13.74%	9	1.00
山东	1.10	9.15%	0.91	11.09%	9	1.21
四川	1.09	8.65%	0.82	12.68%	9	1.32
广西	1.08	2.27%	0.59	11.40%	9	1.84
上海	2.02	4.13%	3.65	5.02%	10	0.55
江苏	1.51	8.52%	1.90	8.82%	10	0.80
重庆	1.43	12.52%	1.36	2.98%	10	1.05
陕西	1.45	6.62%	0.86	9.74%	10	1.69
云南	1.51	6.61%	0.63	13.50%	10	2.40
内蒙古	2.67	2.76%	0.97	5.90%	10	2.74
贵州	2.35	1.67%	0.74	11.65%	10	3.17
湖北	1.08	14.85%	1.03	10.05%	11	1.05
福建	1.44	10.24%	0.96	10.72%	11	1.50
甘肃	0.94	18.63%	0.50	5.92%	12	1.87
辽宁	2.00	1.41%	0.58	6.32%	12	3.47
天津	2.74	23.00%	2.54	4.47%	13	1.08
吉林	1.42	14.04%	0.70	4.51%	13	2.04
青海	2.86	13.63%	0.67	11.63%	13	4.26
新疆	1.51	15.34%	0.78	4.52%	14	1.94

续表

地区	平均人均债务	平均人均债务增速	人均“两本账收入”数据平均值	人均“两本账收入”增长率均值	债务可持续性指标1	债务可持续性指标2
黑龙江	1.15	14.05%	0.47	4.93%	14	2.43
宁夏	1.93	10.68%	0.76	-0.04%	14	2.55

3.3 本章小结

结合本章在不同维度下对地方政府债务可持续性分布的统计结果来看，在不同的维度下债务的可持续性分布具有一致性，各省份间的债务可持续性差异较大。关于地方政府债务可持续性现状的结论主要如下：

第一，“象限法”统计了债务端规模及其增长率、收入端规模及其增长率分布图。在象限图中，需要综合债务端与收入端的图，进而判断一个地区的债务可持续性情况。在“总量”口径及两种收入端的口径下，均不存在债务规模及其增长率高并且收入端规模及其增长率低的地区，即在总量口径下一般债务规模大且增长率也高的地区，其收入端或是规模较大或是增长率较高。在“人均”口径下，债务可持续性最差（人均债务规模及其增长率高且人均税收或“两本账收入”规模及其增长率低）的地区统计情况如表3-9所示，可以发现吉林、青海、宁夏、新疆、重庆、天津6个省市的债务可持续性较差。

表3-9　债务可持续性最差的地区统计

债务可持续性最差的地区	人均税收及人均债务维度		人均“两本账收入”及人均债务维度	
	2019年	2016—2019年	2019年	2016—2019年
	吉林、重庆、青海、宁夏、新疆	青海、宁夏、新疆、重庆、吉林	青海、天津、重庆	新疆、吉林、宁夏

第二，“四分位矩阵法”根据每个维度下四个指标的四分位情况分别赋值，进而统计各省份的债务可持续性现状。表3-10为地方政府债务可持续性矩阵汇总表，该表统计了8种情形下的地方政府债务可持续性矩阵分布情况。可以发现在“象限法”下债务可持续性最差的几个地区，在“四分位矩阵法”同样面临着较大的债务风险。综合8种情形来看，北京、上海、

浙江、江苏、陕西、山西、江西等地区的地方债务可持续性较高。其中，北京、上海、浙江和江苏经济发展水平较高，税基较大，财政收入稳定且处于较高水平，即使举债规模较大，也能通过财政收入进行偿付，债务可持续性较高。陕西省、山西省和江西省的经济发展水平虽难以与以上四省相提并论，但凭借着矿产资源丰富的优势，财政收入水平较高，地方债务可持续性也相对较高。与之相反，吉林、黑龙江、新疆、宁夏、甘肃等地区的地方债务可持续性较低。

第三，不同地区在偿还债务时对于不同口径的收入依赖程度存在较大差异。本文将基于税收收入和“两本账收入”不同收入口径的债务可持续性分布进行比较，结果发现，广东、上海等地区在税收口径下处于中位数之前，而在“两本账收入”口径下处于中位数之后，说明税收收入对广东省地方债偿付的作用较大。重庆、贵州等地区在收入端指标为人均税收时，处于4/4位水平，而在收入端指标变为人均“两本账收入”时，则不处于4/4位水平，说明除税收之外的其他财政收入（如转移支付收入及土地出让金收入）在这些地区的财政收入中占比较高，这些地区的债务偿付更依赖除税收收入以外的其他财政收入。

表3－10　地方政府债务可持续性分布汇总表

各省的可持续性分布	人均税收及人均债务维度		人均“两本账收入”及人均债务维度		总税收收入及总债务维度		总“两本账收入”及总债务维度	
	2019年	2016—2019年	2019年	2016—2019年	2019年	2016—2019年	2019年	2016—2019年
1/4位（8个）	浙江	浙江	陕西	广东	陕西	上海	上海	上海
	江西	上海	江苏	浙江	上海	北京	陕西	北京
	陕西	北京	浙江	江西	山西	河南	北京	江苏
	广东	西藏	广东	海南	江西	广东	浙江	天津
	山西	山西	山西	河南	北京	陕西	江苏	重庆
	江苏	河南	江西	安徽	江苏	辽宁	山西	江西
	海南	河北	湖南	河北	浙江	湖南	江西	陕西
	内蒙古	陕西	海南	湖南	海南	山西	广西	内蒙古
1/2位（8个）	山东	湖南	安徽	西藏	内蒙古	浙江	海南	福建
	福建	广东	山东	北京	河南	江西	云南	吉林
	四川	山东	河北	山西	四川	河北	辽宁	黑龙江
	辽宁	江西	四川	山东	辽宁	四川	内蒙古	宁夏

续表

各省的可持续性分布	人均税收及人均债务维度		人均“两本账收入”及人均债务维度		总税收收入及总债务维度		总“两本账收入”及总债务维度	
	2019 年	2016—2019 年	2019 年	2016—2019 年	2019 年	2016—2019 年	2019 年	2016—2019 年
1/2 位（8 个）	湖南	安徽	广西	四川	广西	广西	贵州	河南
	上海	海南	内蒙古	广西	云南	云南	青海	山东
	北京	甘肃	贵州	上海	广东	西藏	河南	四川
	西藏	辽宁	上海	江苏	山东	江苏	山东	辽宁
3/4 位（8 个）	河南	江苏	北京	重庆	福建	山东	安徽	广东
	河北	四川	天津	陕西	安徽	福建	河北	浙江
	安徽	内蒙古	福建	云南	湖南	安徽	福建	山西
	广西	云南	云南	内蒙古	湖北	海南	四川	湖北
	云南	湖北	辽宁	贵州	河北	内蒙古	天津	安徽
	湖北	福建	甘肃	湖北	黑龙江	天津	湖南	湖南
	天津	重庆	青海	福建	青海	湖北	广东	甘肃
	重庆	广西	西藏	甘肃	西藏	新疆	重庆	广西
4/4 位（7 个）	吉林	吉林	河南	辽宁	天津	重庆	甘肃	新疆
	黑龙江	天津	湖北	天津	重庆	吉林	黑龙江	云南
	甘肃	新疆	重庆	吉林	吉林	甘肃	吉林	贵州
	贵州	黑龙江	黑龙江	青海	宁夏	宁夏	宁夏	海南
	新疆	贵州	新疆	新疆	贵州	贵州	西藏	河北
	宁夏	宁夏	吉林	黑龙江	新疆	黑龙江	湖北	青海
	青海	青海	宁夏	宁夏	甘肃	青海	新疆	西藏

4. 财政可持续性模型建立

本章参考 Auerbach（2016）和 Ley（2009）等学者的研究，分别构建财政缺口模型和财政结余模型对全国和各省份的财政可持续能力进行评价。其中，财政缺口模型用使得未来基本财政盈余净现值等于当前债务规模所需要的每年税收增加或支出降低的规模（用固定的 GDP 占比 Δ 衡量）测度财政缺口，测度方式简洁、便于理解，能够通过财政缺口的大小直观地反映财政压力和债务偿付能力。在财政缺口模型的基础上，本章进一步引入了财政结余模型对各省份的债务偿付能力进行更深入的测度。财政结余模型和财政缺口模型均将财政结余（或缺口）视为 GDP 的固定比例，在模型中均利用了基期政府债务余额、GDP 增长率、名义利率、基本财政盈余等参数进行测度。但与财政缺口模型不同，财政结余模型额外考虑了基础货币、实际利率和通货膨胀等因素。通过财政结余模型可以对达到目标债务比率所需的财政结余、实现债务余额稳定所需的财政结余进行测度，拓宽了债务偿付能力的衡量维度。本文使用财政缺口模型与财政结余模型相结合的方式，能够更加全面准确地度量各省份的财政可持续能力及债务偿付能力。

4.1 财政缺口模型

本文参考 Auerbach（2016）改进的财政缺口模型对我国各省份财政缺口进行预测，财政缺口测度的基本公式如模型（1）所示：

$$B_t = \sum_{s=t}^{\infty}(1+r)^{-(s+1-t)}(S_s^p + \Delta \times GDP_s) \tag{1}$$

模型（1）中，B_t是基年的政府债务，r 是固定的名义折现率，GDP_s是第 s 年的 GDP 水平，S_s^p是当政策不发生变化时第 s 年的政府基本财政盈余，Δ 是使得未来基本财政盈余净现值等于当前债务规模所需的每年税收增加或支出降低的规模所占 GDP 的比例。所以该模型的思想即：为了维持债务可持续性，基年的政府债务等于未来的财政盈余加上财政缺口金额的折现。

由于本文拟预测我国 2025 年财政缺口，故需要将模型（1）转换为有限期模型。具体推导如下：

$$B_t = \sum_{s=t}^{\infty}(1+r)^{-(s+1-t)}(S_s^p + \Delta \times GDP_s)$$

$$B_t = \sum_{s=t}^{T}(1+r)^{-(s+1-t)}(S_s^p + \Delta \times GDP_s) + \sum_{s=T+1}^{\infty}(1+r)^{-(s+1-t)}(S_s^p + \Delta \times GDP_s)$$

$$B_t = \sum_{s=t}^{T}(1+r)^{-(s+1-t)}(S_s^p + \Delta \times GDP_s) + (1+r)^{-(T+1-t)}B_{T+1}$$

进而得到预测财政缺口的有限期模型（2）：

$$B_t = \sum_{s=t}^{T}(1+r)^{-(s+1-t)}(S_s^p + \Delta \times GDP_s) + (1+r)^{-(T+1-t)}\left(\frac{B_T}{GDP_T}\right) \times GDP_{T+1} \tag{2}$$

考虑到我国基于一般公共预算收入偿还一般债务本金及利息，基于政府性基金预算偿还专项债的本金及利息，而在这些财政收入中税收收入是地方政府的刚性收入，所以本文分别尝试以税收收入、“两本账收入”（一般公共预算收入＋政府性基金预算收入）替代模型（2）中的 GDP，基于此尝试分析不同口径下我国各省份是否存在财政缺口，以及在不同口径下各省份财政缺口的变化。为此文章基于 2015—2020 年 31 个省级的面板数据，通过散点图和 Pearson 检验来比较地方债务余额与 GDP、税收收入、“两本账收入”之间的相关性。检测结果显示 GDP、税收和“两本账收入”均与地方债余额存在显著的相关性，鉴于税收、“两本账收入”是债务还本付息的来源，本文以税收收入、“两本账收入”代替 GDP。本文拟预测 6 年后全国及各省的财政缺口情况，故需构建有限期模型。

首先将收入端指标替换为税收收入，进而可以得到模型（3）：

$$B_t = \sum_{s=t}^{T}(1+r)^{-(s+1-t)}(S_s^p + \Delta \times tax_s) + (1+r)^{-(T+1-t)}\left(\frac{B_T}{tax_T}\right) \times tax_{T+1} \tag{3}$$

通过模型公式推导得到财政缺口 Δ 的表达公式，具体推导过程如下：

$$B_t = \sum_{s=t}^{T}(1+r)^{-(s+1-t)}(S_s^p + \Delta \times Tax_s) + (1+r)^{-(T+1-t)}\left(\frac{B_T}{Tax_T}\right) \times Tax_{T+1}$$

移项可得：

$$B_t - (1+r)^{-(T+1-t)}\left(\frac{B_T}{Tax_T}\right) \times Tax_{T+1} = \sum_{s=t}^{T}(1+r)^{-(s+1-t)}(S_s^p + \Delta \times Tax_s)$$

等式两边同时除以Tax_t可得：

$$\frac{B_t}{Tax_t} - (1+r)^{-(T+1-t)}\left(\frac{B_T}{Tax_T}\right) \times \frac{Tax_{T+1}}{Tax_t} = \sum_{s=t}^{T}(1+r)^{-(s+1-t)}\left(\frac{S_s^p}{Tax_t} + \Delta \times \frac{Tax_s}{Tax_t}\right)$$

用 g 表示税收收入实际增长率，r 是固定的名义折现率，b_t表示 t 期债

务占 t 期税收收入比例，可得：

$$b_t - (1+r)^{-(T+1-t)}\left(\frac{B_T}{Tax_T}\right)\times(1+g)^{T+1-t} = \sum_{s=t}^{T}(1+r)^{-(s+1-t)}\left(\frac{S_s^p}{Tax_t}\right) + \sum_{s=t}^{T}(1+r)^{-(s+1-t)}\left(\Delta\times\frac{Tax_s}{Tax_t}\right)$$

将Tax_t转化为$\frac{Tax_s}{(1+g)^{s-t}}$，如下所示：

$$b_t - \left(\frac{1+g}{1+r}\right)^{T+1-t} b_T = \sum_{s=t}^{T}(1+r)^{-(s+1-t)}\left(\frac{S_s^p}{\frac{Tax_s}{(1+g)^{s-t}}}\right) + \sum_{s=t}^{T}(1+r)^{-(s+1-t)}(\Delta\times(1+g)^{s-t})$$

化简可得：

$$b_t - \left(\frac{1+g}{1+r}\right)^{T+1-t} b_T = \sum_{s=t}^{T}(1+r)^{-(s+1-t)}\times(1+g)^{s-t}\left(\frac{S_s^p}{Tax_s}\right) + \sum_{s=t}^{T}\left(\frac{1+g}{1+r}\right)^{s+1-t}\left(\Delta\times\frac{1}{(1+g)}\right)$$

用d_s表示$-\frac{S_s^p}{Tax_s}$，s 期的财政结余比上 s 期的税收收入的相反数。

$$b_t - \left(\frac{1+g}{1+r}\right)^{T+1-t} b_T = -\sum_{s=t}^{T}\left(\frac{1+g}{1+r}\right)^{s+1-t} d_s\times\frac{1}{(1+g)} + \sum_{s=t}^{T}\left(\frac{1+g}{1+r}\right)^{s+1-t}\left(\Delta\times\frac{1}{(1+g)}\right)$$

得到财政缺口 Δ 的具体公式：

$$\Delta = \frac{b_t - \left(\frac{1+g}{1+r}\right)^{T-t} b_T + \sum_{s=t+1}^{T} d_s\left(\frac{1+g}{1+r}\right)^{s-t}}{\sum_{s=t+1}^{T}\left(\frac{1+g}{1+r}\right)^{s-t}} \tag{4}$$

其中，g 为税收收入增长率，d_s为第 s 期财政赤字占税收收入比例，本文在后续分析中假设第 s 期的基本赤字占税收收入比d_s等于第 t 期水平d_t，b_t是基期债务规模占税收收入的比例，b_T是第 T 期目标债务规模占税收收入的比例。

紧接着，本文使用“两本账收入”（一般公共预算收入加上政府性基金预算收入）作为收入端指标，扩大收入端指标口径，构建的模型如下：

$$B_t = \sum_{s=t}^{T}(1+r)^{-(s+1-t)}(S_s^p + \Delta\times TFA_s) + (1+r)^{-(T+1-t)}\left(\frac{B_T}{TFA_T}\right)\times TFA_{T+1} \tag{5}$$

其中，TFA_s（“两本账收入”）包括第 s 年的一般公共预算收入、政府性基金收入。

可以得出财政缺口 Δ 的具体公式：

$$\Delta = \frac{b_t - \left(\frac{1+n}{1+r}\right)^{T-t} b_T + \sum_{s=t+1}^{T} d_s \left(\frac{1+n}{1+r}\right)^{s-t}}{\sum_{s=t+1}^{T} \left(\frac{1+n}{1+r}\right)^{s-t}} \tag{6}$$

其中，n 为“两本账收入”增长率，d_s为基期财政赤字占“两本账收入”的比例，b_t是基期债务规模占“两本账收入”的比例，b_T是目标债务规模占“两本账收入”的比例。

4.2 财政结余模型

本文参考 Ley（2009）推导的关于衡量财政可持续性的模型，以期根据该模型预测我国财政的可持续性，具体测算两个指标：各省份达到目标债务率所需的财政结余、各省份为维持债务稳定性所需的财政结余。

4.2.1 基础模型

$$D_t = (1 + i_t) D_{t-1} - B_t - \Delta M_t \tag{7}$$

式（7）为财政结余模型的一般形式，其中D_t为第 t 年的政府债务存量，i_t为第 t 年的名义利率，B_t为不含利息的基本财政盈余，M_t为第 t 年期末的基础货币存量。当$B_t < 0$ 时，为使等式成立，$D_t + \Delta M_t$规模需提高，即政府需要新发债务或进行货币化融资；当$B_t > 0$ 时，政府出现财政盈余，在其他条件不变的情况下$D_t + \Delta M_t$减小，新发债务和货币化融资的压力得以下降。

为衡量政府的偿债能力，将式（7）等式左右两边同时除以 GDP，$P_t Y_t$，可得：

$$\frac{D_t}{P_t Y_t} = \frac{(1+i_t) D_{t-1}}{P_t Y_t} - \frac{B_t}{P_t Y_t} - \frac{\Delta M_t}{P_t Y_t}$$

$$= \frac{(1+i_t)}{(1+g_t)\ (1+\pi_t)} \left(\frac{D_{t-1}}{P_{t-1} Y_{t-1}}\right) - \frac{B_t}{P_t Y_t} - \frac{\Delta M_t}{P_t Y_t}$$

其中，g_t是 GDP 实际增长率，π_t为通货膨胀率（GDP 平减指数的变动），用d_t、b_t、m_t分别表示债务、基本财政盈余、货币存量占 GDP 的比例，

r_t表示实际利率，$\varphi_t=\frac{1+r}{1+g_t}$表示贴现系数，整理可得：

$$d_t=\frac{(1+i_t)}{(1+g_t)(1+\pi_t)}d_{t-1}-b_t-\Delta m_t$$

$$=\frac{(1+r_t)}{(1+g_t)}d_{t-1}-(b_t+\Delta m_t)$$

$$=\varphi_t d_{t-1}-(b_t+\Delta m_t) \qquad (8)$$

令$b_t=b_t+\Delta m_t$，利用递归求解可将式（8）变为：

$$d_t=d_0\prod_{i=1}^{t}\varphi_i-\sum_{i=1}^{t}b_i\prod_{j=i+1}^{t}\varphi_j \qquad (9)$$

若预测期限超过 5 年，则可假设盈余b_t和贴现系数φ_t固定为 b 和 φ（解释为平均值），化简后得：

$$d_t=d_0\varphi^t-b\sum_{i=0}^{t-1}\varphi^i \qquad (10)$$

假设 T 期的目标债务比率固定为$d_t=\bar{d}$，移项后可得：

$$b=\frac{d_0\varphi^T-\bar{d}}{\sum_{i=0}^{t-1}\varphi^i} \qquad (11)$$

4.2.2 债务余额稳定

若将模型的目标设置为维持债务余额不变，即目标债务率为基期债务率水平，进而可以得出新的财政结余表达式。具体分析过程如下：

$$d_t=\frac{(1+r_t)}{(1+g_t)}d_{t-1}-(b_t+\Delta m_t) \qquad (12)$$

上式左右同减d_{t-1}，得

$$\Delta d_t=\frac{(r_t-g_t)}{(1+g_t)}d_{t-1}-b_t \qquad (13)$$

若要实现债务余额稳定（即债务占 GDP 比重保持不变），则需要实现$\Delta d_t=0$，移项可得：

$$b_t^*=\frac{(r_t-g_t)}{(1+g_t)}d_{t-1} \qquad (14)$$

式（14）中的b_t^*为稳定债务余额所要求的基本政府盈余。当$b_t>b_t^*$时，政府债务余额比重将有所下降。该式说明：r_t-g_t越大，稳定债务余额所要求的基本政府盈余b_t^*越大。当$r_t=g_t$时$\Delta d_t=-b_t$。

4.3 本章小结

本文使用财政缺口模型与财政结余模型相结合的方式，能够更加全面准确地度量各省份的财政可持续能力及债务偿付能力。财政结余模型的基本含义是测算使得一个地区的目标债务率达到一定水平时所需的财政结余规模大小，即目标财政结余规模。测算得出的财政结余规模越大，即说明实现目标债务率需要的财政资金越多。而财政缺口模型的基本含义是测算使得一个地区目标债务率达到一定水平时需要补充的财政资金规模，即在当年实际财政结余规模的条件下产生的财政缺口：若缺口为正，即当年需要补充一定资金以达到目标债务水平；若缺口为零或者为负，则说明当前实际财政结余足以满足目标债务水平的要求，不存在财政缺口。

结合财政缺口模型与财政结余模型可知，一个地区达到目标债务率时的财政缺口可以理解为每年实际财政结余与实现目标债务率所需的财政结余之间的差距。因此，若一个地区实现目标债务率所需的财政结余越小且达到目标债务率时的财政缺口越小，则说明该地区每年的实际财政结余规模较大，离保持目标债务水平的差距较小，即该地区的财政可持续性越强。

5.

模拟预测各省份债务可持续性

5.1 各省份财政缺口预测

本节基于财政缺口模型，在税收收入、“两本账收入”两种收入口径下对全国及各省份2025年的财政缺口规模进行预测。

5.1.1 收入端指标为税收收入

本部分根据上文推导的模型（4），将收入端指标设置为税收收入进行预测，其中 g 为2020年至2025年税收收入增长率，b_t 为基期债务规模与税收收入比例，b_T 为目标债务规模与税收收入比例。本节首先对各项指标进行预测，随后对全国及各省份的财政缺口进行测算。

$$\Delta = \frac{b_t - \left(\frac{1+g}{1+r}\right)^{T-t} b_T + \sum_{s=t+1}^{T} d_s \left(\frac{1+g}{1+r}\right)^{s-t}}{\sum_{s=t+1}^{T} \left(\frac{1+g}{1+r}\right)^{s-t}} \tag{4}$$

（1）各项指标预测

本节将结合我国国情以及各省份发展的实际情况，对本文所使用的财政缺口预测模型中的相关参数进行预测，主要包括2020年至2025年的税收增长率 g、利率 r 及目标债务规模与税收收入比例 b_T 的设置。

首先是税收增长率 g 的预测。本文基于2015年至2019年各省份税收数据，测算出2016—2019年各省份税收增长率，分别以过去4年内各省份最低增长率、最高增长率、平均增长率作为该地未来税收低速增长、高速增长、中速增长下的税收增长率。

其次是利率 r 预测。本文通过观察2016年1月至2019年12月每月的十年期国债收益率数据，这一时间内的最高收益率为4.120%、最低为

2.601%，平均收益率为3.333%。为避免极端值对于估计结果的影响，本文采用十年期国债平均收益率3.333%作为无风险利率，以此作为模型中未来5年的无风险利率 r 的估计值，并记作 r_T。然后，考虑到不同省份地方政府债券的平均利率存在差异，本文以31个省份2016—2019年各年度10年期地方政府债券加权平均利率作为各省利率预测值，以各省份10年期单只地方政府债券发行额度与当年总额度之比作为权重，计算2016—2019年各省份地方政府债券的加权平均利率，并记作 r_L。

最后是目标债务/税收 b_T 设置。Auerbach（1994）所使用的财政缺口测度模型对 $T+1$ 期的目标债务规模做出了假设，即从基期 t 起到未来第 T 年的基本财政盈余 Δ 需要使得 $T+1$ 期的债务GDP比例与 t 期相同。该假设被后续许多相关研究沿用（Auerbach，1997；姚东旻等，2013）。此外，据前文所述，2019年各省人均债务余额及人均税收增长率的中位数均接近于全国平均水平，全国平均的债务规模占税收收入比例能够普遍代表各省的目标债务情况。基于此，为了避免个别省份在2019年出现税收收入或债务规模的异常极端波动，对预测结果的准确性和稳健性造成干扰，本文根据2019年全国地方债务总规模及2019年全国地方财政税收总收入计算出二者之比作为 b_T，并应用到后续的财政缺口的预测中。通过计算可得，2019年全国地方债务总规模为213098亿元，2019年全国各省税收收入总规模为76980.12亿元，即本文在全国层面及各省份2025年财政缺口预测中所使用的 $b_T=2.77$。基于上述方法对全国及各省财政缺口的参数进行预测，得到的各参数结果如表5-1所示。

表5-1　收入端指标为税收收入时财政缺口测算指标预测

地区	b_t	b_T	d_s	g_H	g_A	g_L	r_T	r_L
全国	2.77	2.77	1.33	10.60%	5.34%	1.35%	3.33%	3.65%
安徽	3.59	2.77	1.9	10.66%	5.32%	1.33%	3.33%	3.66%
北京	1.03	2.77	0.33	6.67%	3.20%	-3.32%	3.33%	3.55%
福建	2.83	2.77	0.92	9.00%	3.39%	-1.27%	3.33%	3.67%
甘肃	5.39	2.77	5.37	11.57%	2.39%	-5.33%	3.33%	3.73%
广东	1.14	2.77	0.46	9.78%	8.11%	3.35%	3.33%	3.65%
广西	5.52	2.77	3.51	6.09%	2.70%	0.44%	3.33%	3.75%
贵州	8.03	2.77	3.47	7.31%	1.80%	-4.90%	3.33%	3.74%
海南	3.42	2.77	1.6	15.66%	6.35%	-1.82%	3.33%	3.71%
河北	3.33	2.77	1.74	16.21%	8.13%	2.93%	3.33%	3.69%

续表

地区	b_t	b_T	d_s	g_H	g_A	g_L	r_T	r_L
河南	2.78	2.77	2.15	14.05%	7.91%	2.73%	3.33%	3.51%
黑龙江	5.14	2.77	4.06	8.95%	1.50%	-5.96%	3.33%	3.69%
湖北	3.18	2.77	1.81	9.60%	4.99%	1.75%	3.33%	3.71%
湖南	4.93	2.77	2.44	13.39%	7.89%	1.56%	3.33%	3.62%
吉林	5.44	2.77	3.53	4.42%	-1.90%	-10.52%	3.33%	3.74%
江苏	2.03	2.77	0.51	12.02%	2.79%	-1.18%	3.33%	3.57%
江西	3.06	2.77	2.23	9.78%	3.70%	-3.03%	3.33%	3.69%
辽宁	3.58	2.77	1.6	9.03%	4.08%	-2.36%	3.33%	3.67%
内蒙古	4.75	2.77	1.98	9.99%	4.06%	-3.67%	3.33%	3.74%
宁夏	6.2	2.77	3.79	10.36%	1.46%	-10.33%	3.33%	3.70%
青海	10.58	2.77	7.96	11.70%	-0.40%	-14.25%	3.33%	3.62%
山东	2.38	2.77	0.87	10.83%	3.74%	-0.99%	3.33%	3.64%
山西	1.97	2.77	1.32	34.80%	14.77%	-1.89%	3.33%	3.60%
陕西	3.57	2.77	1.86	23.35%	10.04%	-6.66%	3.33%	3.72%
上海	0.92	2.77	0.16	15.80%	6.53%	-1.09%	3.33%	3.49%
四川	3.66	2.77	2.17	16.02%	5.44%	-1.03%	3.33%	3.71%
天津	3.03	2.77	0.7	2.92%	0.89%	-0.75%	3.33%	3.68%
西藏	1.61	2.77	12.48	27.08%	14.91%	1.02%	3.33%	3.33%
新疆	4.88	2.77	3.68	11.37%	4.37%	-3.40%	3.33%	3.66%
云南	5.58	2.77	3.24	15.35%	4.84%	-3.06%	3.33%	3.69%
浙江	1.76	2.77	0.51	13.07%	9.10%	5.59%	3.33%	3.56%
重庆	3.64	2.77	1.76	8.58%	1.62%	-3.86%	3.33%	3.64%

（2）全国及各省财政缺口测算

接下来将基于以上参数对全国及各省份的财政缺口进行测算。首先进行税收收入及总债务余额口径下的测算，测算结果如表 5-2 所示。表 5-2 展示的结果包括当将模型中利率设置为 10 年期国债利率时，财政缺口的测算，以及将利率设置为各省份地方政府债券加权平均利率时，财政缺口测算。由表 5-2 可见，不同的利率口径下，财政缺口的测算结果基本一致。以无风险利率为测算口径，到 2025 年全国的财政缺口比例在税收增长率为高速、低速和平均速度的情况下分别为 1.14、1.37 和 1.26，财政缺口金额分别为 160097.18 亿元、114144.76 亿元和 132865.90 亿元，其中从具体省份

表 5－2　基于总债务余额和税收收入的财政缺口测算

省份	当 r 为无风险利率						利率为地方政府债券利率					
	财政缺口 Δ 测算值			财政缺口金额（亿元）			财政缺口 Δ 测算值			财政缺口金额（亿元）		
	g_H	g_L	g_A	g_H	g_L	g_A	g_H	g_L	g_A	g_H	g_L	g_A
全国	1.14	1.37	1.26	160097.18	114144.76	132865.9	1.14	1.38	1.27	161193.04	114850.86	133723.44
上海	-0.34	-0.07	-0.2	-5116	-433.53	-1816.23	-0.34	-0.07	-0.2	-5078.03	-418.86	-1793.22
北京	-0.02	0.16	0.04	-111.85	617.98	246.22	-0.01	0.16	0.05	-85.22	632.79	268.09
广东	0.08	0.19	0.11	1386.21	2306.05	1709.17	0.08	0.19	0.11	1483.19	2374.14	1797.84
浙江	0.15	0.29	0.22	1849.93	2410.24	2237.97	0.15	0.3	0.23	1906.79	2449.41	2284.78
江苏	0.2	0.49	0.4	2945.32	3367.78	3454.3	0.21	0.5	0.4	3018.53	3405.42	3500.69
山东	0.63	0.92	0.8	5680.95	4182.98	4805.46	0.64	0.92	0.8	5744.57	4218.57	4850.72
天津	0.76	0.86	0.81	1466.64	1349.3	1403.27	0.76	0.87	0.82	1485.72	1365.26	1420.56
福建	0.78	1.06	0.93	2905.38	2170.38	2505.09	0.79	1.07	0.94	2937.38	2189.92	2529.68
山西	0.63	1.31	0.95	6697.62	2080.99	3885.25	0.63	1.31	0.96	6750.35	2090.72	3907.7
海南	1.38	1.87	1.62	2152.5	1096.72	1530.45	1.39	1.89	1.63	2168.1	1103.83	1540.89
河北	1.49	1.85	1.7	9678.4	5773.42	7133.59	1.5	1.86	1.71	9738.52	5806.91	7176.06
辽宁	1.57	1.93	1.71	5078.14	3219.04	4198.49	1.58	1.94	1.72	5110.56	3238.22	4224.48
陕西	1.48	2.34	1.8	9617.84	2861.76	5891.7	1.49	2.36	1.81	9680.48	2878.38	5928.11
湖北	1.71	1.93	1.83	7487.59	5406.83	6206	1.72	1.94	1.84	7532.64	5438.21	6242.54
重庆	1.75	2.15	1.96	4413.8	2619.57	3327.19	1.76	2.16	1.97	4436.76	2632.46	3343.96

续表

省份	当 r 为无风险利率						利率为地方政府债券利率					
	财政缺口 Δ 测算值			财政缺口金额（亿元）			财政缺口 Δ 测算值			财政缺口金额（亿元）		
	g_H	g_L	g_A	g_H	g_L	g_A	g_H	g_L	g_A	g_H	g_L	g_A
安徽	1.82	2.1	1.98	7398.83	5025.74	5957.82	1.83	2.11	1.99	7436.89	5050.78	5987.91
河南	1.89	2.17	2.03	11823.81	7240.33	9124.97	1.9	2.17	2.04	11850.39	7256.1	9145.13
四川	1.96	2.46	2.25	13837.8	6689.57	8942.52	1.97	2.48	2.26	13911.6	6724.35	8989.47
江西	2.11	2.47	2.27	6443.08	3591.57	4928.93	2.12	2.48	2.28	6472.14	3607.38	4950.9
内蒙古	2.08	2.6	2.28	5659.72	3199.01	4462.42	2.09	2.62	2.3	5697.71	3219.88	4492.03
湖南	2.45	2.87	2.63	10742.41	6495.31	8558.6	2.46	2.88	2.64	10784.47	6521.03	8592.31
云南	3.26	4	3.65	11155.35	4821.26	7021.74	3.28	4.02	3.66	11199.18	4841.76	7050.67
新疆	3.75	4.32	3.99	7267.68	3562.94	5242.99	3.76	4.33	4	7289.72	3574.58	5259.48
广西	3.86	4.1	4	6304	4821.9	5375.97	3.87	4.11	4.01	6331.49	4843.53	5399.82
吉林	3.93	4.67	4.21	4065.34	1914.22	2993.85	3.95	4.69	4.23	4082.68	1922.94	3007.01
贵州	4.13	4.87	4.44	7600.31	4337.92	5943.33	4.16	4.9	4.46	7639.29	4361.51	5974.71
宁夏	4.06	5.12	4.45	1964.44	712.58	1298.62	4.08	5.15	4.47	1971.81	715.57	1303.76
黑龙江	4.24	4.88	4.53	6561.52	3117.46	4579.2	4.26	4.89	4.55	6582.15	3128.16	4594.27
甘肃	5.5	6.21	5.85	6126.88	2583.71	3893.13	5.51	6.23	5.86	6143.17	2591.6	3904.3
青海	8.73	10.91	9.54	3371.15	861.53	1850.84	8.75	10.94	9.56	3377.89	863.83	1855.13
西藏	11.87	12.33	12.07	7877.8	2064.88	4377.05	11.87	12.33	12.07	7877.73	2064.86	4377.01

来看，河南最高，分别为11823.81亿元、7240.33亿元和9124.97亿元。就财政缺口Δ而言，上海、北京、广东、浙江始终保持较低水平，而西藏、青海、甘肃、黑龙江的财政缺口Δ较大。在税收收入高速和中速增长时，上海的财政缺口均为负，即不面临财政缺口，债务可持续性较高。

5.1.2 收入端指标为“两本账收入”

本部分将收入端指标替换为“两本账收入”进行预测，相应地，将财政缺口测算模型调整为模型（6），其中 n 为2020年至2025年“两本账收入”增长率，b_t为基期债务规模与“两本账收入”比例，b_T为目标债务规模与“两本账收入”的比例。本节首先对各项指标进行预测，随后对全国及各省份的财政缺口进行测算。

$$\Delta = \frac{b_t - \left(\frac{1+n}{1+r}\right)^{T-t} b_T + \sum_{s=t+1}^{T} d_s \left(\frac{1+n}{1+r}\right)^{s-t}}{\sum_{s=t+1}^{T} \left(\frac{1+n}{1+r}\right)^{s-t}} \tag{6}$$

（1）各项指标预测

本部分将结合我国国情以及各省份发展的实际情况，对本文所使用的财政缺口预测模型中的相关参数进行预测，主要包括2020年至2025年的“两本账收入”增长率 n、利率 r 及目标债务规模与“两本账收入”比例b_T的设置。

首先是“两本账收入”增长率 n 的预测。本文基于2015年至2019年各省份“两本账收入”数据，测算出2016—2019年各省份“两本账收入”增长率，分别以过去4年内各省份最低增长率、最高增长率和平均增长率作为该地未来5年“两本账收入”低速增长、高速增长和中增长下的“两本账收入”增长率，即公式中的 n，对 n 的预测结果如表5－3所示。

其次利率 r 预测沿用税收收入口径下对利率 r 的预测结果。

最后是目标债务/“两本账收入”的b_T设置。本节沿用税收收入口径下b_T的设置方法，根据2019年全国地方债务总规模及2019年全国地方财政“两本账收入”计算出二者之比作为b_T，并应用到后续的财政缺口的预测中。通过计算可得，2019年全国地方债务总规模为213098亿元，2019年全国各省“两本账收入”总规模为188117亿元，即本文在全国层面及各省份2025年财政缺口预测中所使用的$b_T = 1.133$。

按照上述对2020年至2025年“两本账收入”增长率 n、利率 r 及目标债务规模与“两本账收入”比例b_T的预测方法，对全国及31个省份基于总债务规模和一般债务规模时的b_t、b_T、d_s、n_L、n_H、n_A和 r 进行预测，预测结果如表5-3所示。

表5-3 收入端指标为"两本账收入"时财政缺口测算指标预测

地区	b_t	b_T	d_s	n_H	n_A	n_L	r_T	r_L
全国	1.133	1.133	0.546	17.40%	11.70%	7.00%	3.33%	3.33%
安徽	1.21	1.133	0.642	22.60%	12.20%	1.30%	3.33%	3.66%
北京	0.618	1.133	0.198	33.90%	5.70%	-9.00%	3.33%	3.55%
福建	1.251	1.133	0.36	16.50%	10.10%	0.50%	3.33%	3.67%
甘肃	2.274	1.133	2.262	9.20%	5.80%	2.70%	3.33%	3.73%
广东	0.508	1.133	0.197	33.10%	16.70%	4.40%	3.33%	3.65%
广西	1.802	1.133	1.15	20.70%	12.40%	6.80%	3.33%	3.75%
贵州	2.781	1.133	1.202	16.80%	12.70%	5.20%	3.33%	3.74%
海南	0.737	1.133	0.345	7.16%	5.63%	4.50%	3.33%	3.71%
河北	1.24	1.133	0.648	27.60%	15.40%	4.80%	3.33%	3.69%
河南	0.974	1.133	0.754	28.30%	16.50%	7.00%	3.33%	3.51%
黑龙江	2.894	1.133	2.284	10.10%	2.80%	-0.30%	3.33%	3.69%
湖北	1.171	1.133	0.667	20.40%	10.40%	0.30%	3.33%	3.71%
湖南	1.695	1.133	0.838	26.00%	13.30%	1.40%	3.33%	3.62%
吉林	2.438	1.133	1.581	4.30%	2.80%	-0.90%	3.33%	3.74%
江苏	0.824	1.133	0.209	12.00%	9.30%	7.10%	3.33%	3.57%
江西	1.064	1.133	0.776	25.60%	11.70%	0.40%	3.33%	3.69%
辽宁	2.282	1.133	0.794	14.30%	6.60%	-3.70%	3.33%	3.67%
内蒙古	2.709	1.133	1.128	18.50%	5.60%	-10.20%	3.33%	3.74%
宁夏	3.055	1.133	1.869	5.90%	1.10%	-2.70%	3.33%	3.70%
青海	3.989	1.133	3.001	28.50%	12.20%	-10.70%	3.33%	3.62%
山东	0.989	1.133	0.317	26.50%	12.10%	3.70%	3.33%	3.64%
山西	0.994	1.133	0.669	25.60%	13.60%	-3.40%	3.33%	3.60%
陕西	1.588	1.133	0.827	22.10%	10.40%	-9.70%	3.33%	3.72%
上海	0.597	1.133	0.106	11.10%	5.30%	-1.10%	3.33%	3.49%
四川	1.281	1.133	0.76	24.00%	13.20%	-0.50%	3.33%	3.71%
天津	1.291	1.133	0.298	17.60%	3.60%	-7.70%	3.33%	3.68%
西藏	0.782	1.133	6.048	25.90%	17.10%	-0.30%	3.33%	3.33%
新疆	2.357	1.133	1.776	16.80%	6.40%	-1.90%	3.33%	3.66%

续表

地区	b_t	b_T	d_s	n_H	n_A	n_L	r_T	r_L
云南	2.21	1.133	1.281	25.30%	13.80%	1.50%	3.33%	3.69%
浙江	0.697	1.133	0.17	34.30%	24.50%	15.10%	3.33%	3.56%
重庆	1.279	1.133	0.619	20.90%	4.00%	-4.30%	3.33%	3.64%

（2）全国及各省财政缺口测算

基于表5-3的参数预测结果，本部分对总债务余额口径下基于"两本账收入"时全国及各省份的财政缺口Δ以及财政缺口金额进行测算，测算结果如表5-4所示。

表5-4展示的结果包括当将模型中利率设置为10年期国债利率时，财政缺口的测算，以及将利率设置为各省份地方政府债券加权平均利率时，财政缺口的测算。由表5-4可见，不同的利率口径下，财政缺口的测算结果基本一致。以无风险利率为测算口径，在"两本账收入"保持低速、高速和平均速度增长时，全国层面的财政缺口Δ分别为0.507、0.410和0.461，即三种"两本账收入"增速情况下2025年之前每年需要增加"两本账收入"或降低支出的规模占当年"两本账收入"的比例为50.7%、41%和46.1%，财政缺口金额分别为143133.43亿元、201939.13亿元以及168441.08亿元。

就各省份的财政缺口测算结果而言，在高收入增速下，北京、上海、浙江、广东的财政缺口Δ为负，即以上四个地区2020年至2025年当"两本账收入"高速增长时将不面临财政缺口，而西藏的Δ最高，为5.817。在"两本账收入"低速增长下，各省份的财政缺口Δ均大于0，即均面临不同程度的债务偿付风险，但地区之间的债务偿付风险差异悬殊，其中浙江的Δ最低，仅为0.005，西藏的Δ最高，为6.023。在"两本账收入"按照2016—2019年平均速度增长的情况下，浙江的Δ最低，仅为-0.059，西藏的Δ最高，为5.878。由表5-4可知各省份债务可持续性的差异受b_t、d_s影响较大。

5.2 各省份财政结余预测

根据财政结余模型，本文测算了两种情形下各省份的财政结余情况，第一种情形为各省份为达到设定的目标债务比率时，各省份的财政结余情况；第二种情形为各省份为维持基期的债务比率时，各省份的财政结余情况。

表 5-4　基于总债务余额和“两本账收入”的财政缺口测算

省份	利率为无风险利率						利率为地方政府债券利率					
	财政缺口测算值			财政缺口金额（亿元）			财政缺口测算值			财政缺口金额（亿元）		
	n_H	n_L	n_A	n_H	n_L	n_A	n_H	n_L	n_A	n_H	n_L	n_A
全国	0.41	0.507	0.461	201939	143133	168441	0.41	0.507	0.461	202059	143181	168489
浙江	-0.118	0.005	-0.059	-12225	205	-3880	-0.116	0.007	-0.057	-12005	289	-3739
上海	-0.042	0.053	0.001	-757	475	13	-0.041	0.054	0.002	-735	486	32
广东	-0.096	0.085	0.001	-12566	2591	59	-0.093	0.087	0.003	-12224	2661	173
北京	-0.092	0.221	0.093	-4259	1008	1042	-0.091	0.223	0.095	-4192	1015	1066
江苏	0.083	0.124	0.105	2957	3378	3232	0.085	0.126	0.107	3025	3431	3297
山东	0.098	0.289	0.211	5329	4769	5556	0.101	0.292	0.213	5490	4825	5620
海南	0.246	0.269	0.26	1131	1060	1089	0.249	0.272	0.263	1146	1073	1103
福建	0.245	0.414	0.306	3444	2399	3065	0.248	0.418	0.31	3487	2420	3102
天津	0.177	0.472	0.321	1798	1121	1524	0.18	0.476	0.325	1833	1132	1545
河北	0.441	0.649	0.541	13433	6068	9017	0.444	0.653	0.545	13518	6107	9085
山西	0.457	0.719	0.55	6340	2065	4177	0.459	0.722	0.553	6373	2072	4198
安徽	0.471	0.678	0.562	10487	4804	7352	0.474	0.682	0.565	10550	4834	7396
湖北	0.51	0.708	0.599	10664	4948	7444	0.514	0.713	0.603	10738	4980	7499
河南	0.522	0.692	0.609	18910	8435	12366	0.523	0.693	0.61	18960	8453	12396
重庆	0.468	0.741	0.636	6406	2495	3527	0.471	0.745	0.639	6446	2508	3544

续表

省份	利率为无风险利率						利率为地方政府债券利率					
	财政缺口测算值			财政缺口金额（亿元）			财政缺口测算值			财政缺口金额（亿元）		
	n_H	n_L	n_A	n_H	n_L	n_A	n_H	n_L	n_A	n_H	n_L	n_A
四川	0.584	0.832	0.679	17527	6665	11796	0.587	0.836	0.683	17625	6701	11865
江西	0.57	0.796	0.682	11251	4099	6660	0.573	0.8	0.686	11306	4121	6699
湖南	0.678	0.96	0.805	16281	6262	10219	0.681	0.964	0.809	16363	6286	10268
陕西	0.693	1.109	0.814	9525	2494	6113	0.698	1.115	0.819	9589	2508	6151
辽宁	0.818	1.12	0.931	7103	3478	5320	0.823	1.127	0.936	7145	3499	5351
广西	1.049	1.212	1.141	11388	6315	8078	1.054	1.218	1.146	11446	6347	8115
云南	1.169	1.492	1.303	16580	5979	10372	1.174	1.499	1.308	16644	6006	10415
贵州	1.246	1.44	1.308	11003	6789	9321	1.253	1.448	1.315	11064	6825	9374
内蒙古	1.141	1.716	1.347	8521	2427	5038	1.148	1.726	1.355	8569	2441	5066
吉林	1.781	1.881	1.808	4086	3175	3802	1.788	1.889	1.816	4103	3188	3819
新疆	1.775	2.08	1.927	9487	3902	5886	1.78	2.087	1.933	9514	3915	5903
宁夏	2.135	2.333	2.24	1635	1075	1299	2.143	2.342	2.248	1641	1079	1303
甘肃	2.357	2.463	2.411	5479	3962	4636	2.363	2.47	2.417	5495	3974	4648
黑龙江	2.448	2.657	2.589	7156	4282	5014	2.455	2.665	2.596	7175	4296	5028
青海	2.986	3.948	3.265	7085	1055	3433	2.991	3.959	3.271	7097	1058	3440
西藏	5.817	6.023	5.878	7529	1923	4926	5.817	6.023	5.878	7529	1923	4925

5.2.1 为达到目标债务比率的财政结余

本节将测算各省份为达到目标债务率时，各省份的财政结余情况。其中d_0为 2019 年的债务余额与 GDP 的比例，$\varphi = \frac{1 + r_t}{1 + g_t}$，其中$r_t$为实际利率，$g_t$为实际增长率。$\bar{d}$是预期的目标债务规模与 GDP 的比例。本节首先对各项指标进行预测，随后对全国及各省份的财政结余进行测算，以预测各省份的财政可持续性。

$$b = \frac{d_0 \varphi^T - \bar{d}}{\sum_{i=0}^{t-1} \varphi^i} \tag{11}$$

（1）各项指标预测

本节将结合我国国情以及各省份发展的实际情况，对本文所使用的财政结余模型中的相关参数进行预测，主要包括 2020 年至 2025 年的 GDP 增长率g_t、实际利率 r、目标债务规模与 GDP 比例$\bar{d}$的设置。

首先是 GDP 增长率 g 的预测。虽然我国在“十四五”规划纲要中未提及 GDP 的增速目标，只是将指标值设为年均增长保持在合理区间。尽管在规划中未对 GDP 增速设定具体数值，但在纲要其他部分仍能体现对 GDP 的关注。比如要求人均收入跟 GDP 增长基本保持同步，劳动生产率要高于 GDP 增速，这些都隐含对 GDP 的要求。此外，国家发改委自 2018 年开始进行前期研究，完成了 200 多个课题，形成了 300 多份研究报告。研究一致认为，“十四五”时期潜在增长率能保持在 5% 至 5.5%。基于此，本文将“十四五”期间全国的 GDP 增长率范围设定为 5%—5.5%。为了得到各省份的 GDP 增长率，考虑到疫情对经济的影响，本文排除了 2020 年的数据，采用 2019 年的实际 GDP 增长率为基础，以各省 2019 年 GDP 比上全国 GDP 为权重，乘以各省份的实际 GDP 增长率进而计算出全国的加权增长率，从表 5 -5 可知我国以 2019 年实际 GDP 增长率为基础计算的全国加权增长率为 6.11%，以该增长率为基础，分别除以预期 GDP 低速增长率 5%、高速增长 5.5%，进而得出增长率折扣因子为 1.22 和 1.11，用各省份在 2019 年的实际增长率除以折扣因子，进而得出本文预测所需的各省份 GDP 增长率g_L和g_H。

表 5 -5 各省份 GDP 增长率预测

地区	2019 年名义 GDP	2019 年实际 GDP（1978 年为基期）	2019 年实际增长率	2019 年各省份加权利率	预期 GDP 增长率g_L	预期 GDP 增长率g_H
安徽	36845.5	146.53	6.96%	0.26%	5.69%	6.26%

续表

地区	2019 年名义 GDP	2019 年实际 GDP（1978 年为基期）	2019 年实际增长率	2019 年各省份加权利率	预期 GDP 增长率 g_L	预期 GDP 增长率 g_H
北京	35445.1	140.96	5.70%	0.21%	4.67%	5.13%
福建	42326.6	168.33	8.01%	0.35%	6.55%	7.21%
甘肃	8718.3	34.67	6.21%	0.06%	5.08%	5.59%
广东	107986.9	429.46	6.67%	0.73%	5.46%	6.00%
广西	21237.1	84.46	6.82%	0.15%	5.58%	6.14%
贵州	16769.3	66.69	7.83%	0.13%	6.41%	7.05%
海南	5330.8	21.20	7.17%	0.04%	5.87%	6.45%
河北	34978.6	139.11	6.28%	0.22%	5.13%	5.65%
河南	53717.8	213.63	6.21%	0.34%	5.08%	5.58%
黑龙江	13544.4	53.87	4.09%	0.06%	3.35%	3.68%
湖北	45429	180.67	6.73%	0.31%	5.51%	6.06%
湖南	39894.1	158.66	8.41%	0.34%	6.88%	7.57%
吉林	11726.8	46.64	2.88%	0.03%	2.35%	2.59%
江苏	98656.8	392.35	4.50%	0.45%	3.68%	4.05%
江西	24667.3	98.10	7.21%	0.18%	5.89%	6.48%
辽宁	24855.3	98.85	4.38%	0.11%	3.58%	3.94%
内蒙古	17212.5	68.45	5.28%	0.09%	4.32%	4.75%
宁夏	3748.5	14.91	5.43%	0.02%	4.44%	4.89%
青海	2941.1	11.70	5.67%	0.02%	4.63%	5.10%
山东	70540.5	280.53	4.49%	0.32%	3.67%	4.04%
山西	16961.6	67.46	4.94%	0.09%	4.04%	4.44%
陕西	25793.2	102.58	6.36%	0.17%	5.20%	5.72%
上海	37987.6	151.07	4.15%	0.16%	3.39%	3.73%
四川	46363.8	184.39	6.69%	0.32%	5.48%	6.02%
天津	14055.5	55.90	3.85%	0.06%	3.15%	3.46%
西藏	1697.8	6.75	8.25%	0.01%	6.75%	7.43%
新疆	13597.1	54.07	4.80%	0.07%	3.93%	4.32%
云南	23223.8	92.36	9.81%	0.23%	8.02%	8.82%

续表

地区	2019 年名义 GDP	2019 年实际 GDP（1978 年为基期）	2019 年实际增长率	2019 年各省份加权利率	预期 GDP 增长率 g_L	预期 GDP 增长率 g_H
浙江	62462	248.41	6.32%	0.40%	5.17%	5.68%
重庆	23605.8	93.88	7.95%	0.19%	6.50%	7.15%
合计/平均	982320.5	3906.62	6.13%	6.11%	-	-

其次是利率 r 预测。同前文一致，本文采用 2016—2019 年的十年期国债平均利率 3.333% 作为未来的预测利率值 r。

最后是$\bar{d}$目标债务/GDP 的设置，如果让$\bar{d}=d_0$，即目标债务率设置为基期的值，则此时该模型与各省份为实现债务余额稳定时的财政结余模型测算结果完全一致。本文考虑将各省份的$\bar{d}$设置为 2019 年的全国平均水平，即全国债务除以全国 GDP。主要因为全国的债务规模占 GDP 比例能够普遍代表各省的目标债务情况。基于此，为了避免个别省份在 2019 年出现 GDP 或债务规模的异常极端波动，对预测结果的准确性和稳健性造成干扰，本文根据 2019 年全国地方债务总规模及 2019 年全国 GDP 计算出二者之比作为$\bar{d}$，并应用到后续的财政结余模型的预测中。

表 5-6　　财政可持续模型中的各指标预测

地区	d_0	r	g_l	g_h	φ_l	φ_h	$\bar{d}$为全国平均	$\bar{d}=d_0$
全国	0.2160	3.33%	5.00%	5.50%	0.9841	0.9795	0.216	0.2160
安徽	0.2154	3.33%	5.69%	6.26%	0.9777	0.9725	0.216	0.2154
北京	0.1400	3.33%	4.67%	5.13%	0.9873	0.9829	0.216	0.1400
福建	0.1662	3.33%	6.55%	7.21%	0.9698	0.9638	0.216	0.1662
甘肃	0.3575	3.33%	5.08%	5.59%	0.9834	0.9786	0.216	0.3575
广东	0.1107	3.33%	5.46%	6.00%	0.9799	0.9748	0.216	0.1107
广西	0.2980	3.33%	5.58%	6.14%	0.9787	0.9736	0.216	0.2980
贵州	0.5769	3.33%	6.41%	7.05%	0.9711	0.9653	0.216	0.5769
海南	0.4184	3.33%	5.87%	6.45%	0.9761	0.9707	0.216	0.4184
河北	0.2503	3.33%	5.13%	5.65%	0.9829	0.9781	0.216	0.2503
河南	0.1473	3.33%	5.08%	5.58%	0.9834	0.9787	0.216	0.1473

续表

地区	d_0	r	g_l	g_h	φ_l	φ_h	$\bar{d}$为全国平均	$\bar{d}=d_0$
黑龙江	0.3506	3.33%	3.35%	3.68%	0.9999	0.9966	0.216	0.3506
湖北	0.1770	3.33%	5.51%	6.06%	0.9794	0.9743	0.216	0.1770
湖南	0.2550	3.33%	6.88%	7.57%	0.9668	0.9606	0.216	0.2550
吉林	0.3705	3.33%	2.35%	2.59%	1.0096	1.0072	0.216	0.3705
江苏	0.1508	3.33%	3.68%	4.05%	0.9966	0.9931	0.216	0.1508
江西	0.2169	3.33%	5.89%	6.48%	0.9758	0.9704	0.216	0.2169
辽宁	0.3575	3.33%	3.58%	3.94%	0.9976	0.9942	0.216	0.3575
内蒙古	0.4245	3.33%	4.32%	4.75%	0.9905	0.9864	0.216	0.4245
宁夏	0.4425	3.33%	4.44%	4.89%	0.9894	0.9852	0.216	0.4425
青海	0.7147	3.33%	4.63%	5.10%	0.9876	0.9832	0.216	0.7147
山东	0.1861	3.33%	3.67%	4.04%	0.9967	0.9932	0.216	0.1861
山西	0.2070	3.33%	4.04%	4.44%	0.9932	0.9894	0.216	0.2070
陕西	0.2532	3.33%	5.20%	5.72%	0.9822	0.9774	0.216	0.2532
上海	0.1506	3.33%	3.39%	3.73%	0.9994	0.9962	0.216	0.1506
四川	0.2281	3.33%	5.48%	6.02%	0.9797	0.9746	0.216	0.2281
天津	0.3528	3.33%	3.15%	3.46%	1.0018	0.9988	0.216	0.3528
西藏	0.1481	3.33%	6.75%	7.43%	0.9680	0.9619	0.216	0.1481
新疆	0.3657	3.33%	3.93%	4.32%	0.9943	0.9906	0.216	0.3657
云南	0.3491	3.33%	8.02%	8.82%	0.9566	0.9495	0.216	0.3491
浙江	0.1971	3.33%	5.17%	5.68%	0.9826	0.9777	0.216	0.1971
重庆	0.2374	3.33%	6.50%	7.15%	0.9702	0.9643	0.216	0.2374

表 5－6 为各指标的统计，其中d_0为各省份 2019 年债务余额/GDP，r 为 3.333%，φ_l是当 GDP 增长率处于较低水平g_l时计算的结果，$\varphi_l=\frac{1+r}{1+g_l}$。$\varphi_h$是当 GDP 增长率处于较高水平$g_h$时计算的结果，$\varphi_h=\frac{1+r}{1+g_h}$。$\bar{d}$设置了两种情况，第一种情况是将$\bar{d}$设置为 2019 年全国债务/全国 GDP，具体值约为 0.216。第二种情况是将$\bar{d}$设置为各省份基期水平，即 2019 年各省份的债务/各省份 GDP。

(2) 全国及各省财政可持续性预测

基于表 5-6 的参数预测结果，本部分对各省份财政结余以及财政结余金额进行测算，测算结果如表 5-7、表 5-8 所示。

表 5-7　各省份在 GDP 低速增长的情况下的财政结余测算　单位：亿元

地区	φ_l	b_l（$\bar{d}=d_0$）	b_l（$\bar{d}$为全国平均）	B_l（$\bar{d}=d_0$）	B_l（$\bar{d}$为全国平均）
全国	0.9841	-0.0034	-0.0034	-4533.79	-4533.79
安徽	0.9777	-0.0048	-0.0049	-237.18	-242.52
北京	0.9873	-0.0018	-0.0149	-84.68	-705.46
福建	0.9698	-0.0050	-0.0140	-285.02	-792.97
甘肃	0.9834	-0.0059	0.0186	-69.43	217.71
广东	0.9799	-0.0022	-0.0207	-322.54	-2994.67
广西	0.9787	-0.0063	0.0081	-180.54	229.52
贵州	0.9711	-0.0167	0.0480	-374.60	1077.87
海南	0.9761	-0.0100	0.0258	-71.57	184.23
河北	0.9829	-0.0043	0.0017	-200.83	78.49
河南	0.9834	-0.0024	-0.0144	-175.79	-1035.61
黑龙江	0.9999	0.0000	0.0224	-0.85	406.42
湖北	0.9794	-0.0036	-0.0105	-222.00	-638.93
湖南	0.9668	-0.0085	-0.0014	-452.80	-75.06
吉林	1.0096	0.0035	0.0287	55.70	450.77
江苏	0.9966	-0.0005	-0.0115	-66.89	-1515.70
江西	0.9758	-0.0052	-0.0051	-173.45	-168.09
辽宁	0.9976	-0.0008	0.0229	-28.26	761.72
内蒙古	0.9905	-0.0040	0.0316	-92.79	728.09
宁夏	0.9894	-0.0047	0.0341	-23.60	171.10
青海	0.9876	-0.0089	0.0768	-35.03	302.89
山东	0.9967	-0.0006	-0.0056	-58.02	-533.19
山西	0.9932	-0.0014	-0.0029	-31.88	-66.41
陕西	0.9822	-0.0045	0.0020	-155.67	68.57
上海	0.9994	-0.0001	-0.0110	-4.25	-559.74
四川	0.9797	-0.0046	-0.0025	-287.92	-155.89

续表

地区	φ_l	b_l（$\bar{d}=d_0$）	b_l（$\bar{d}$为全国平均）	B_l（$\bar{d}=d_0$）	B_l（$\bar{d}$为全国平均）
天津	1.0018	0.0006	0.0233	12.10	439.68
西藏	0.9680	-0.0047	-0.0170	-10.79	-38.69
新疆	0.9943	-0.0021	0.0232	-38.00	423.11
云南	0.9566	-0.0152	0.0096	-471.61	297.65
浙江	0.9826	-0.0034	-0.0067	-287.81	-563.83
重庆	0.9702	-0.0071	-0.0032	-223.60	-102.22

表5-7为在GDP低速增长的情况下，计算的各省份的财政结余情况，其中表5-7分别计算了当$\bar{d}=d_0$以及当$\bar{d}$为全国债务/全国GDP两种情况下的b_l。考虑到$b=\frac{d_0\varphi^T-\bar{d}}{\sum_{i=0}^{t-1}\varphi^i}$，结合我国国情，我国“十四五”期间的GDP增长率在5%—5.5%，要大于利率r，所以在全国口径下，我国的φ_l及φ_h都小于1，而细分到地区层面，吉林省和天津市的φ_l大于1，其余的地区则都小于1。

在这样的背景下，当将目标债务率$\bar{d}$设置为等于d_0，此时除了吉林与天津，其余地区及全国层面的b_l都是负数，b_l表示财政结余与GDP的比例，按照GDP低速增长的情况预测2025年的GDP，进而计算出B_l。从表5-7可知，当GDP低速增长时，我国全国层面财政结余为-4533.79亿元。在地区层面，财政结余最少的五个省份依次为：云南省-471.61亿元、湖南省-452.80亿元、贵州省-374.60亿元、广东省-322.54亿元和四川省-287.92亿元。在地区层面，财政结余最多的5个省份分别为：吉林省55.7亿元、天津市12.1亿元、黑龙江省-0.85亿元、上海市-4.25亿元和西藏-10.79亿元。

当将目标债务率$\bar{d}$设置为全国债务比上全国GDP，在这种情况下，有15个省份的财政结余为正值，16个省份的财政结余为负值。在地区层面，财政结余最少的五个地区依次为：广东省-2994.67亿元、江苏省-1515.70亿元、河南省-1035.61亿元、福建省-792.97亿元和北京市-705.46亿元。财政结余最多的5个地区分别为：贵州省1077.87亿元、辽宁省761.72亿元、内蒙古728.09亿元、吉林省450.77亿元和天津市439.68亿元。

表5-8为在GDP高速增长的情况下，计算的各省份的财政结余情况，其中表5-8分别计算了当$\bar{d}=d_0$以及当$\bar{d}$为全国债务/全国GDP两种情况下

的b_h。考虑到$b=\frac{d_0\varphi^T-\bar{d}}{\sum_{i=0}^{t-1}\varphi^i}$，结合我国国情，我国“十四五”期间的GDP增长率在5%—5.5%，要大于利率r，所以在全国口径下，我国的φ_l及φ_h都小于1，而细分到地区层面，只有吉林省的φ_h大于1，其余的地区则都小于1。

由表5-8可知，当将目标债务率$\bar{d}$设置为等于d_0，除了吉林，其余地区及全国层面的b_h都是负数，b_h表示财政结余与GDP的比例，按照GDP高速增长的情况预测2025年的GDP，进而计算出B_h。从表5-8可知，当GDP高速增长时，我国全国层面财政结余为-6035.32亿元。在地区层面，财政结余最少的五个省份依次为：云南省-564.07亿元、湖南省-552.68亿元、贵州省-462.97亿元、广东省-414.97亿元、浙江省-377.68亿元。在地区层面，财政结余最多的5个省份分别为：吉林省43.43亿元、天津市-8.38亿元、西藏-13.21亿元、黑龙江省-22.01亿元、上海市-30.15亿元。

当将目标债务率$\bar{d}$设置为全国债务比上全国GDP，在这种情况下，有14个省份的财政结余为正值，17个省份的财政结余为负值。在地区层面，财政结余最少的五个地区依次为：广东省-3199.11亿元、江苏省-1645.04亿元、河南省-1127.6亿元、福建省-881.15亿元、北京市-762.86亿元。财政结余最多的5个地区分别为：贵州省1053.24亿元、辽宁省748.67亿元、内蒙古716.63亿元、吉林省452.29亿元、天津市434.93亿元。

表5-8　各省份在GDP高速增长的情况下的财政结余测算

地区	φ_h	b_h（$\bar{d}=d_0$）	b_h（$\bar{d}$为全国平均）	B_h（$\bar{d}=d_0$）	B_h（$\bar{d}$为全国平均）
全国	0.9795	-0.0044	-0.0044	-6035.32	-6035.32
安徽	0.9725	-0.0059	-0.0060	-301.33	-306.90
北京	0.9829	-0.0024	-0.0156	-117.12	-762.86
福建	0.9638	-0.0060	-0.0151	-350.76	-881.15
甘肃	0.9786	-0.0076	0.0172	-91.77	207.18
广东	0.9748	-0.0028	-0.0215	-414.97	-3199.11
广西	0.9736	-0.0079	0.0067	-230.67	196.69
贵州	0.9653	-0.0200	0.0456	-462.97	1053.24
海南	0.9707	-0.0123	0.0240	-90.18	176.56
河北	0.9781	-0.0055	0.0006	-264.27	26.55

续表

地区	φ_h	b_h（$\bar{d}=d_0$）	b_h（$\bar{d}$为全国平均）	B_h（$\bar{d}=d_0$）	B_h（$\bar{d}$为全国平均）
河南	0.9787	-0.0031	-0.0152	-232.44	-1127.60
黑龙江	0.9966	-0.0012	0.0214	-22.01	400.43
湖北	0.9743	-0.0045	-0.0115	-284.79	-719.24
湖南	0.9606	-0.0100	-0.0029	-552.68	-157.99
吉林	1.0072	0.0027	0.0280	43.43	452.29
江苏	0.9931	-0.0010	-0.0121	-141.16	-1645.04
江西	0.9704	-0.0064	-0.0063	-218.32	-212.73
辽宁	0.9942	-0.0021	0.0218	-71.16	748.67
内蒙古	0.9864	-0.0058	0.0302	-136.65	716.63
宁夏	0.9852	-0.0066	0.0326	-33.86	168.57
青海	0.9832	-0.0120	0.0747	-48.66	302.82
山东	0.9932	-0.0013	-0.0063	-123.42	-616.65
山西	0.9894	-0.0022	-0.0037	-51.40	-87.27
陕西	0.9774	-0.0057	0.0008	-203.71	29.80
上海	0.9962	-0.0006	-0.0116	-30.15	-606.38
四川	0.9746	-0.0058	-0.0036	-370.03	-232.47
天津	0.9988	-0.0004	0.0224	-8.38	434.93
西藏	0.9619	-0.0056	-0.0181	-13.21	-42.36
新疆	0.9906	-0.0035	0.0221	-64.75	414.15
云南	0.9495	-0.0176	0.0075	-564.07	241.37
浙江	0.9777	-0.0044	-0.0077	-377.68	-665.10
重庆	0.9643	-0.0085	-0.0046	-275.57	-148.83

5.2.2 为实现债务余额稳定的财政结余

本部分将测算各省份为实现债务余额稳定时，各省份的财政结余情况，此时财政结余模型为模型（14）。其中，d_{t-1}为$t-1$期各省份政府债务比各省份GDP，在债务余额稳定的情况下，d_{t-1}将等于d_0。r_t为实际利率，g_t为实际增长率，与前文的预测一致。本节首先对各项指标进行预测，随后对全国及各省份的财政结余进行测算，以预测各省份的财政可持续性。

$$b_t^* = \frac{(r_t - g_t)}{(1 + g_t)} d_{t-1} \tag{14}$$

各指标的预测结果如表5-9所述，该部分预测过程如上一节所述。当债务余额保持稳定时，d_{t-1}的值将等于d_0，债务率会保持为基期值。

表5-9 财政可持续模型的各指标预测

地区	d_{t-1}	r	g_l	g_h
全国	0.2160	3.33%	5.00%	5.50%
安徽	0.2154	3.33%	5.69%	6.26%
北京	0.1400	3.33%	4.67%	5.13%
福建	0.1662	3.33%	6.55%	7.21%
甘肃	0.3575	3.33%	5.08%	5.59%
广东	0.1107	3.33%	5.46%	6.00%
广西	0.2980	3.33%	5.58%	6.14%
贵州	0.5769	3.33%	6.41%	7.05%
海南	0.4184	3.33%	5.87%	6.45%
河北	0.2503	3.33%	5.13%	5.65%
河南	0.1473	3.33%	5.08%	5.58%
黑龙江	0.3506	3.33%	3.35%	3.68%
湖北	0.1770	3.33%	5.51%	6.06%
湖南	0.2550	3.33%	6.88%	7.57%
吉林	0.3705	3.33%	2.35%	2.59%
江苏	0.1508	3.33%	3.68%	4.05%
江西	0.2169	3.33%	5.89%	6.48%
辽宁	0.3575	3.33%	3.58%	3.94%
内蒙古	0.4245	3.33%	4.32%	4.75%
宁夏	0.4425	3.33%	4.44%	4.89%
青海	0.7147	3.33%	4.63%	5.10%
山东	0.1861	3.33%	3.67%	4.04%
山西	0.2070	3.33%	4.04%	4.44%
陕西	0.2532	3.33%	5.20%	5.72%
上海	0.1506	3.33%	3.39%	3.73%
四川	0.2281	3.33%	5.48%	6.02%

续表

地区	d_{t-1}	r	g_l	g_h
天津	0.3528	3.33%	3.15%	3.46%
西藏	0.1481	3.33%	6.75%	7.43%
新疆	0.3657	3.33%	3.93%	4.32%
云南	0.3491	3.33%	8.02%	8.82%
浙江	0.1971	3.33%	5.17%	5.68%
重庆	0.2374	3.33%	6.50%	7.15%

表5-10为当债务余额稳定的情况下，各省份财政结余的测算，在这种情况下，财政结余的情况与将目标债务率设置为d_0时结果一致。

表5-10　在债务余额稳定的情况下各省份财政结余测算

地区	b_l^*	b_h^*	B_l^*	B_h^*
全国	-0.0034	-0.0044	-4533.79	-6035.32
安徽	-0.0048	-0.0059	-237.18	-301.33
北京	-0.0018	-0.0024	-84.68	-117.12
福建	-0.0050	-0.0060	-285.02	-350.76
甘肃	-0.0059	-0.0076	-69.43	-91.77
广东	-0.0022	-0.0028	-322.54	-414.97
广西	-0.0063	-0.0079	-180.54	-230.67
贵州	-0.0167	-0.0200	-374.60	-462.97
海南	-0.0100	-0.0123	-71.57	-90.18
河北	-0.0043	-0.0055	-200.83	-264.27
河南	-0.0024	-0.0031	-175.79	-232.44
黑龙江	0.0000	-0.0012	-0.85	-22.01
湖北	-0.0036	-0.0045	-222.00	-284.79
湖南	-0.0085	-0.0100	-452.80	-552.68
吉林	0.0035	0.0027	55.70	43.43
江苏	-0.0005	-0.0010	-66.89	-141.16
江西	-0.0052	-0.0064	-173.45	-218.32
辽宁	-0.0008	-0.0021	-28.26	-71.16

续表

地区	b_l^*	b_h^*	B_l^*	B_h^*
内蒙古	-0.0040	-0.0058	-92.79	-136.65
宁夏	-0.0047	-0.0066	-23.60	-33.86
青海	-0.0089	-0.0120	-35.03	-48.66
山东	-0.0006	-0.0013	-58.02	-123.42
山西	-0.0014	-0.0022	-31.88	-51.40
陕西	-0.0045	-0.0057	-155.67	-203.71
上海	-0.0001	-0.0006	-4.25	-30.15
四川	-0.0046	-0.0058	-287.92	-370.03
天津	0.0006	-0.0004	12.10	-8.38
西藏	-0.0047	-0.0056	-10.79	-13.21
新疆	-0.0021	-0.0035	-38.00	-64.75
云南	-0.0152	-0.0176	-471.61	-564.07
浙江	-0.0034	-0.0044	-287.81	-377.68
重庆	-0.0071	-0.0085	-223.60	-275.57

5.3 本章小结

本章模拟预测了各省份未来的债务可持续性。其中表 5-11 统计了各省份在 2025 年的财政缺口金额。表 5-12 统计了各省份为了达到目标债务率在 2025 年需要实现的财政结余金额。本章的主要结论如下：

第一，在财政缺口预测中，上海市、北京市、广东省、浙江省都存在财政缺口为负的情形，所以其未来债务可持续性相对较强。而四川省、云南省、湖南省、河南省、河北省、陕西省、西藏、贵州省等地区财政缺口金额在不同口径下始终保持较大额度，债务可持续性较差。

第二，在财政缺口预测中，不同口径下，各省份的财政缺口金额存在较大差别。部分地区如上海市、北京市等在“两本账收入”口径下的财政缺口更小；而部分地区如福建省、辽宁省、贵州省等在“税收收入”口径下的财政缺口金额更小。这主要是因为财政缺口既受到收入口径大小的影响，又受收入端的增长率的影响，所以并不是收入端口径越大则缺口越小。

表 5－11　　财政缺口金额统计

地区	收入端为“税收收入”时财政缺口金额			收入端为“两本账收入”时财政缺口金额		
	g_H	g_L	g_A	n_H	n_L	n_A
上海	-5116.00	-433.53	-1816.23	-757	475	13
北京	-111.85	617.98	246.22	-4259	1008	1042
广东	1386.21	2306.05	1709.17	-12566	2591	59
天津	1466.64	1349.30	1403.27	1798	1121	1524
浙江	1849.93	2410.24	2237.97	-12225	205	-3880
宁夏	1964.44	712.58	1298.62	1635	1075	1299
海南	2152.50	1096.72	1530.45	1132.02	1060.38	1089.02
福建	2905.38	2170.38	2505.09	3444	2399	3065
江苏	2945.32	3367.78	3454.3	2957	3378	3232
青海	3371.15	861.53	1850.84	7085	1055	3433
吉林	4065.34	1914.22	2993.85	4086	3175	3802
重庆	4413.80	2619.57	3327.19	6406	2495	3527
辽宁	5078.14	3219.04	4198.49	7103	3478	5320
内蒙古	5659.72	3199.01	4462.42	8521	2427	5038
山东	5680.95	4182.98	4805.46	5329	4769	5556
甘肃	6126.88	2583.71	3893.13	5479	3962	4636
广西	6304.00	4821.90	5375.97	11388	6315	8078
江西	6443.08	3591.57	4928.93	11251	4099	6660
黑龙江	6561.52	3117.46	4579.2	7156	4282	5014
山西	6697.62	2080.99	3885.25	6340	2065	4177
新疆	7267.68	3562.94	5242.99	9487	3902	5886
安徽	7398.83	5025.74	5957.82	10487	4804	7352
湖北	7487.59	5406.83	6206.00	10664	4948	7444
贵州	7600.31	4337.92	5943.33	11003	6789	9321
西藏	7877.80	2064.88	4377.05	7529	1923	4926
陕西	9617.84	2861.76	5891.70	9525	2494	6113
河北	9678.40	5773.42	7133.59	13433	6068	9017
湖南	10742.41	6495.31	8558.60	16281	6262	10219

续表

地区	收入端为“税收”时财政缺口金额			收入端为“两本账收入”时财政缺口金额		
	g_H	g_L	g_A	n_H	n_L	n_A
云南	11155.35	4821.26	7021.74	16580	5979	10372
河南	11823.81	7240.33	9124.97	18910	8435	12366
四川	13837.80	6689.57	8942.52	17527	6665	11796
全国	160097.18	114144.76	132865.90	201939	143133	168441

第三，在财政结余预测中，财政结余值越小代表其债务可持续性越强。从表 5－12 可知，当将目标债务率设置为各省份基期的债务率时，即当$\bar{d}=d_0$时，天津市、吉林省为维持基期债务率水平，则需要在 2025 年实现正向的结余，而其余地区为维持基期债务率水平，则存在一定的财政赤字仍能达到设定的目标。当将各省份的目标债务率设置为全国口径下的债务率水平时，广东省、江苏省、北京市等 16 个地区为达到目标债务率，所需实现的财政结余为负值，即这部分地区的债务可持续性相对较高，而贵州省、吉林省、天津市、黑龙江等 15 个地区为达到目标债务率则需要实现正向的财政结余。本文预测财政结余结果中多数省份财政结余都为负值，债务可持续性较强，这也主要因为本文对目标债务率的设定以基期为准，而未来各省份的债务率可能会远高于基期的水平，所以可能未来依然会面临着一定财政压力。

表 5－12　财政结余金额统计

地区	$B_l(\bar{d}=d_0)=B_l^*$	$B_h(\bar{d}=d_0)=B_h^*$	B_l（为全国平均）	B_h（$\bar{d}$为全国平均）
全国	－4533.79	－6035.32	－4533.79	－6035.32
安徽	－237.18	－301.33	－242.52	－306.9
北京	－84.68	－117.12	－705.46	－762.86
福建	－285.02	－350.76	－792.97	－881.15
甘肃	－69.43	－91.77	217.71	207.18
广东	－322.54	－414.97	－2994.67	－3199.11
广西	－180.54	－230.67	229.52	196.69
贵州	－374.6	－462.97	1077.87	1053.24
海南	－71.57	－90.18	184.23	176.56
河北	－200.83	－264.27	78.49	26.55

续表

地区	$B_l(\bar{d}=d_0)=B_l^*$	$B_h(\bar{d}=d_0)=B_h^*$	B_l（为全国平均）	B_h（$\bar{d}$为全国平均）
河南	-175.79	-232.44	-1035.61	-1127.6
黑龙江	-0.85	-22.01	406.42	400.43
湖北	-222	-284.79	-638.93	-719.24
湖南	-452.8	-552.68	-75.06	-157.99
吉林	55.7	43.43	450.77	452.29
江苏	-66.89	-141.16	-1515.7	-1645.04
江西	-173.45	-218.32	-168.09	-212.73
辽宁	-28.26	-71.16	761.72	748.67
内蒙古	-92.79	-136.65	728.09	716.63
宁夏	-23.6	-33.86	171.1	168.57
青海	-35.03	-48.66	302.89	302.82
山东	-58.02	-123.42	-533.19	-616.65
山西	-31.88	-51.4	-66.41	-87.27
陕西	-155.67	-203.71	68.57	29.8
上海	-4.25	-30.15	-559.74	-606.38
四川	-287.92	-370.03	-155.89	-232.47
天津	12.1	-8.38	439.68	434.93
西藏	-10.79	-13.21	-38.69	-42.36
新疆	-38	-64.75	423.11	414.15
云南	-471.61	-564.07	297.65	241.37
浙江	-287.81	-377.68	-563.83	-665.1
重庆	-223.6	-275.57	-102.22	-148.83

6. 结论与建议

本文旨在从地方政府债务可持续性现状及模型预测结果出发，分析我国地方政府债务可持续性状况。地方政府债务风险是我国现阶段面临的重要问题，而现有文献研究缺乏从多角度对地方政府债务可持续性现状的分析、缺乏对各省份未来债务可持续性的预测。因此，本文主要从各省份还本付息金额统计、不同维度下地方政府债务象限图、不同维度下地方政府债务可持续性分布矩阵表出发，分析了我国各省份地方政府债务可持续性分布现状。紧接着本文建立了财政缺口模型及财政结余模型，并从不同收入口径及三种增速预测情形下，对我国2025年财政缺口及财政结余情况进行了预测。

6.1 结论

首先，在债务可持续性现状方面，我国地方政府债务余额呈现逐年递增的趋势，近两年，地方政府债券发行额度也在不断上升，地方政府债务在存量和流量上均在不断增长。在基于2021年6月底存量地方政府债券还本付息额度统计基础上，可以发现我国在2023年将面临较高的还本付息金额，而随着新的债券发行，该金额还将不断提升，而我国的还本付息金额增长率远高于用于偿还债务本息的收入端数据的增长率，所以我国面临着一定的债务偿还风险。在债务可持续性分布现状方面，本文使用债务可持续性象限法、四分位矩阵法得到在不同的维度下各省份的债务可持续性分布具有一致性，但各省份之间的债务可持续性差异较大。值得关注的是吉林、青海、宁夏、新疆、重庆、天津6个省市的债务规模及增长率高，而这6个省市的收入规模及增长率低，债务可持续性较差。

其次，从财政可持续模拟预测结果来看，债务风险越高的地区其财政缺口越大，达到一定债务偿还能力所需的财政结余要求越高，债务可持续性越差。在财政缺口模型中，两种收入口径下上海市、北京市、广东省、浙江省的财政缺口始终保持较低水平，或财政缺口为负值；而西藏、青海省、贵州省、甘肃省、重庆市、新疆等地区的财政缺口始终较高。在财政结余模型中，吉林、天津、西藏、黑龙江的财政可持续性最差，广东、湖南、浙江等地区可持续性最好。两种模型下的测度结果与基于债务可持续性矩阵的观测结论基本一致，各省份间债务偿付能力的对比结果具有稳定性。

最后，本文综合债务可持续性现状及财政可持续模拟预测结果做了各省份的债务可持续性总排名。表 6－1 是地方政府债务可持续性总表，该表汇总了第 3 章债务可持续性分布现状及第 5 章债务可持续性预测结果。表 6－1 中各列综合排名根据不同口径下排名的算术平均统计而来。

由表 6－1 可知，就现阶段债务可持续性而言，陕西、浙江、江西、上海、北京排名最高，债务可持续性最强，新疆、宁夏、青海、黑龙江、吉林、甘肃排名最低，债务可持续性最弱；就未来债务可持续性而言，广东、福建、北京、浙江、上海、江苏排名最高，可持续性最强，吉林、黑龙江、青海、新疆、宁夏、内蒙古、甘肃排名最低，债务可持续性最弱。由此可知，现阶段和未来债务可持续性分析下可持续性弱的地区保持稳定，但是对于可持续性强的地区而言却不一定，例如，陕西现阶段债务可持续性较强（排名 1）但未来债务可持续性较弱（排名 18），福建现阶段债务可持续性较弱（排名 19）但未来债务可持续性较强（排名 2）。此外，湖北、重庆、广东、安徽未来可持续性均远高于现阶段，江西、山西、内蒙古、陕西等的未来可持续性均远低于现阶段。造成这些省份排名出现巨大波动的原因在于财政收入的波动性，若一个地区当前财政收入规模较大但增速较低，则虽现阶段可以保持良好的债务可持续性，但随着债务规模的不断扩大，财政收入落后于债务规模，未来债务可持续性将有所削弱；相反，若一个地区财政收入保持稳定快速增长，则未来财政可持续性将有所提高。

6.2 建议

基于上述主要发现，本文从收入端和债务端的角度提出以下建议：

首先，本文发现随着收入口径的扩大，财政缺口的比例明显下降，因此为提高地方债务可持续性，地方政府需重视当地财政收入的稳定增长，积极寻找财政收入增长新的动力点。地方政府应结合自身情况合理调整财政政策及财政收支结构，长期来看将能够实现财政平衡，地方债务可持续性将逐步提高。例如，政府可以调整财税政策，扩大招商引资、吸引企业经

表 6-1 地方政府债务可持续性总表

地区	基于人均口径综合排名 A	基于总量综合排名 B	现阶段债务可持续性 C = A + B	现阶段总排名 CR	财政缺口模型排名 D	财政结余模型排名 E	未来债务可持续性分析 F = D + E	未来阶段排名 FR	排名变化 G = FR - CR
广东	4.75	14.75	19.5	8	2.83	11.25	14.08	1	-7
福建	18.5	15.75	34.25	19	8.17	7.75	15.92	2	-17
北京	11.25	3	14.25	5	3.00	13	16.00	3	-2
浙江	1.75	9.5	11.25	2	2.50	14	16.50	4	2
上海	11.75	1.25	13	4	1.83	17.75	19.58	5	1
江苏	10.25	7.5	17.75	7	4.83	16.75	21.58	6	-1
海南	8.25	16.25	24.5	10	8.83	14.5	23.33	7	-3
重庆	22.75	20	42.75	23	14.50	9.5	24.00	8	-15
山东	10.5	15.75	26.25	11	6.33	18.25	24.58	9	-2
安徽	11.75	18.75	30.5	16	13.67	11.75	25.42	10	-6
湖北	22.75	23.25	46	24	13.33	13	26.33	11	-13
河北	10.75	19.75	30.5	17	10.50	16.75	27.25	12	-5
河南	13.25	10.25	23.5	9	15.17	12.25	27.42	13	4
江西	5.75	6.75	12.5	3	17.83	10	27.83	14	11
山西	6.5	9	15.5	6	10.17	19	29.17	15	9
湖南	9.25	17.5	26.75	12	19.50	10.5	30.00	16	4

续表

地区	基于人均口径综合排名 A	基于总量综合排名 B	现阶段债务可持续性 C = A + B	现阶段总排名 CR	财政缺口模型排名 D	财政结余模型排名 E	未来债务可持续性分析 F = D + E	未来阶段排名 FR	排名变化 G = FR - CR
四川	13.5	14.5	28	14	17.33	14.5	31.83	17	3
陕西	7.5	3.75	11.25	1	16.33	16.5	32.83	18	17
云南	20	16	36	20	22.33	11	33.33	19	-1
天津	23.25	18	41.25	22	7.67	27.5	35.17	20	-2
广西	17.75	14.5	32.25	18	22.33	13	35.33	21	3
西藏	13.25	24.75	38	21	31.00	8.25	39.25	22	1
贵州	23.25	24.5	47.75	25	24.67	15.5	40.17	23	-2
辽宁	18.5	11.25	29.75	15	16.33	24	40.33	24	9
甘肃	22	26.5	48.5	26	28.50	14.5	43.00	25	-1
内蒙古	15.25	12.5	27.75	13	21.50	21.5	43.00	26	13
宁夏	30.5	24	54.5	30	27.00	19.75	46.75	27	-3
新疆	28.5	27.5	56	31	24.50	22.5	47.00	28	-3
青海	28.25	24.5	52.75	29	30.00	17.5	47.50	29	0
黑龙江	28	22.25	50.25	28	28.33	25	53.33	30	2
吉林	26.75	22.5	49.25	27	25.17	29	54.17	31	4

营，优化税收结构、扩大税收规模，缩小未来财政缺口，实现长期财政平衡。考虑到不同收入口径下各省份债务风险的观测结果存在差异，各省份应充分结合当地财政收入的来源构成，合理分配财政资金，通过财政收入的优化配置提高债务偿付能力，降低债务风险。

其次，在债务端，各省份需要根据未来债务可持续性预测结果结合未来还本付息统计情况合理调整债券发行限额、展期选择，合理配置期限结构，设定合理的债券融资利率，逐步缩小财政缺口，降低债券偿付压力。对于债务可持续性始终较低或者有明显下降趋势的地区（如黑龙江、吉林、青海、西藏、宁夏、新疆、甘肃等），在考虑各地区未来的发展规划的前提下，尽可能避免进一步扩大新增债务规模，同时合理利用债券展期，通过时间上的财政资金分配实现债务分摊。对于债务可持续性较强的地区，如上海、浙江、北京、广东等，需要进一步考虑当地国有企业杠杆率问题，因为如果一旦该类企业发展遇到难题，则会对这些地区的财政收入产生较大的影响，所以对这一类地区的债务发展也需要保持一定的警惕。此外，需要合理搭配不同期限的债券，防止因债券集中到期而导致个别年份出现严重财政缺口。在利率设定上，各省份要遵循各期限债券利率波动趋势，及时了解债券市场情况，降低债务融资成本。

由于政府债务可持续性是由债务端和收入端的指标共同决定，所以各省份应以逐渐缩小债务端与收入端的增长率差距为目标，在未来的债券发行中需充分考虑当地财政收入规模及增速，进而实现我国地方政府债务的可持续性发展。

参考文献

[1] 巴曙松，王劲松，李琦. 从城镇化角度考察地方债务与融资模式 [J]. 中国金融，2011 (19)：20-22.

[2] 蔡玉. 财政分权、中央税收攫取与地方政府债务扩张 [J]. 财经问题研究，2016 (9)：71-76.

[3] 刁伟涛，傅巾益，李慧杰. 信用利差，违约概率与地级政府债务风险分类测度 [J]. 财贸经济，2019，40 (6)：17.

[4] 杜金富，徐洁勤，徐晓飞. 如何有效防范化解信贷市场风险？——研究综述与展望 [J]. 金融监管研究，2019 (8)：1-15.

[5] 伏润民，缪小林，师玉朋. 政府债务可持续性内涵与测度方法的文献综述——兼论我国地方政府债务可持续性 [J]. 经济学动态，2012 (11)：86-93.

[6] 韩立岩，郑承利，罗雯，杨哲彬. 中国市政债券信用风险与发债规模研究 [J]. 金融研究，2003 (2)：85-94.

[7] 洪源，刘兴琳. 地方政府债务风险非线性仿真预警系统的构建——基于粗糙集-BP神经网络方法集成的研究 [J]. 山西财经大学学报，2012，34 (3)：1-10.

[8] 洪源，张玉灶，王群群. 财政压力、转移支付与地方政府债务风险——基于央地财政关系的视角 [J]. 中国软科学，2018 (9)：173-184.

[9] 侯世英，宋良荣. 财政—金融分权对地方政府债务扩张的影响研究 [J]. 经济经纬，2021，38 (4)：141-149.

[10] 冀云阳，付文林. 项目制治理模式与地方政府债务扩张 [J]. 财经研究，2018，44 (10)：38-52.

[11] 江俊龙，周昊，王太林. 地方政府债务可持续性研究 [J]. 价值工程，2019，38 (33)：69-70.

[12] 蒋永甫，弓蕾. 我国地方政府债务问题研究前沿聚焦 [J]. 湖北行政学院学报，2014 (2)：34-39.

[13] 蒋忠元. 地方政府债券发行过程中的信用风险度量和发债规模研究——基于KMV 模型分析江苏省地方政府债券 [J]. 经济研究导刊，2011 (19)：61-62.

[14] 井焜，芦千文. 地方政府融资与债务问题研究 [J]. 山东行政学院学报，2014 (11)：18-24.

[15] 类承曜. 我国地方政府债务增长的原因：制度性解释框架 [J]. 经济研究参考，2011 (38)：23-32.

[16] 李腊生，耿晓媛，郑杰. 我国地方政府债务风险评价 [J]. 统计研究，2013，30 (10)：30-39.

[17] 李升．地方政府投融资方式的选择与地方政府债务风险［J］．中央财经大学学报，2019（2）：3－12.

[18] 李燕，陈金皇．地方债务视角下西南地区四省市财政可持续性研究——基于面板数据的协整检验［J］．南京审计大学学报，2017，14（6）：9.

[19] 梁丽萍，李新光．我国地方政府债务风险测度研究——基于资产负债表的视角［J］．宏观经济研究，2016（12）：102－111.

[20] 刘松．我国地方政府债务风险及防范研究［D］．武汉：中南财经政法大学，2019.

[21] 刘文朝，马威，许团．地方政府性债务风险测度及防范化解对策［J］．西南师范大学学报（自然科学版），2019，44（5）：79－85.

[22] 马恩涛，姜超．我国地方政府债务的可持续性分析［J］．财政监督，2021（14）：30－34.

[23] 马见闻，高广阔．财政缺口、城镇化与地方政府债务规模——基于中部六省面板数据的实证研究［J］．财会研究，2021（7）：11－17.

[24] 毛振华，袁海霞，刘心荷，王秋凤，汪苑晖．当前我国地方政府债务风险与融资平台转型分析［J］．财政科学，2018（5）：24－43.

[25] 潘功胜等．加快构建规范透明具有约束力的地方政府融资机制［J］．新金融评论，2014（4）：10.

[26] 庞保庆，陈硕．央地财政格局下的地方政府债务成因、规模及风险［J］．经济社会体制比较，2015（5）：45－57.

[27] 孙超．新常态下我国地方政府财政可持续性探讨——基于预算收支关系 VAR 模型的分析［J］．财政监督，2019（7）：85－96.

[28] 孙睿，葛扬．我国地方政府债务风险评估与应对［J］．江苏社会科学，2020（6）：90－97.

[29] 王学凯，黄瑞玲．基于 KMV 模型的地方政府性债务违约风险分析——以长三角地区为例［J］．上海经济研究，2015（4）：62－69.

[30] 夏诗园．基于 KMV 模型的地方政府债务风险预警研究［J］．金融评论，2019，11（4）：114－126.

[31] 肖鹏，樊蓉．债务控制视角下的地方财政透明度研究——基于 2009—2015 年 30 个省级政府的实证分析［J］．财政研究，2019（7）：60－70.

[32] 闫坤，鲍曙光．“十四五”时期我国财政可持续发展研究［J］．财贸经济，2020，41（8）：5－18.

[33] 姚东旻，王东平，陈珏宇．中国财政可持续性研究——基于财政缺口的视角［J］．中央财经大学学报，2013（5）：6－13.

[34] 余应敏，杨野，陈文川．财政分权、审计监督与地方政府债务风险——基于 2008—2013 年中国省级面板数据的实证检验［J］．财政研究，2018（7）：53－65.

[35] 詹新宇，曾傅雯．经济增长目标动员与地方政府债务融资［J］．经济学动态，2021（6）：83－97.

[36] 赵国徽．地方政府融资方式问题研究［D］．济南：山东财经大学，2015.

[37] 赵剑锋. 省级地方政府性债务风险测度、分解与归因——基于2014年省级地方债审计的因子聚类分析 [J]. 经济经纬, 2016, 33 (3): 144-149.

[38] 周亮, 任静. 我国地方债问题的成因及对策分析 [J]. 湖南财政经济学院学报, 2020, 36 (5): 94-101.

[39] Auerbach A J. Long-Term Fiscal Sustainability in Advanced Economies [J]. Asia & the Pacific Policy Studies, 2016, 3 (2): 142-154.

[40] Auerbach A J. Quantifying the Current US Fiscal Imbalance [J]. National Tax Journal, 1997, 50 (3): 387-398.

[41] Auerbach A J. Tax Reform in an Era of Budget Stress, Inequality, and International Mobility [J]. Swiss Journal of Economics and Statistics, 2017, 153 (2): 103-122.

[42] Auerbach A J. The US Fiscal Problem: Where We Are, How We Got Here, and Where We're Going [J]. NBER Macroeconomics Annual, 1994, 9: 141-175.

[43] Bastida F, Beyaert A, Benito B. Electoral Cycles and Local Government Debt Management [J]. Local Government Studies, 2013, 39 (1): 107-132.

[44] Bernoth K, Schuknecht L, Von Hagen J. Sovereign Risk Premia in the European Bond Market [J]. Available at SSRN 572845, 2004.

[45] Buiter W H. A Guide to Public Sector Debt and Deficits [J]. Economic Policy, 1985 (1): 14-79.

[46] Buiter W H. the Fallacy of the Fiscal Theory of the Price Level: A Critique [J]. Economic Journal, 2002, 112: 459-480.

[47] Consiglio A, Zenios S A. Risk Management Optimization for Sovereign Debt Restructuring [J]. Journal of Globalization and Development, 2015, 6 (2): 181-213.

[48] Contessi S. An Application of Conventional Sovereign Debt Sustainability Analysis to the Current Debt Crises [J]. Federal Reserve Bank of St. Louis Review, 2012, 94 (3): 197-220.

[49] Couch R B. A Payback Approach to Generational Inequity [J]. Public Budgeting & Finance, 2016, 36 (4): 94-110.

[50] Kluza K. Financial Innovation in Local Governments as a Response to the Deterioration of Their Risk Profile and Legislative Changes: The Case of Poland [J]. The Innovation Journal, 2016, 21 (1): 1.

[51] Ley E. Fiscal (and external) Sustainability [J]. 2009.

[52] Ley E. Fiscal Policy for Growth [J]. 2009.

[53] Maco P, Pappas A. Raising the bar on Government Financial Transparency [J]. Bond Buyer, 2016, 1: 1.

[54] Magazzino C, Brady G L, Forte F. A Panel Data Analysis of the Fiscal Sustainability of G-7 Countries [J]. The Journal of Economic Asymmetries, 2019, 20: 127.

[55] Makin A J, Pearce J. Fiscal Consolidation and Australia's Public Debt [J]. Australian Journal of Public Administration, 2016, 75 (4): 424-440.

[56] Pettersson-Lidbom P. An Empirical Investigation of the Strategic Use of Debt [J].

Journal of Political Economy, 2001, 109 (3): 570 - 583.

[57] Schuknecht L, Moutot P, Rother P, et al. The Stability and Growth Pact: Crisis and Reform [J]. ECB Occasional Paper, 2011 (129) .

[58] Zhang P. Facing Fiscal Crisis: Managing Counter-Cyclical Debt Financing of the State and Local Governments [J]. Journal of Public Budgeting, Accounting & Financial Management, 2015, 27 (4): 523 - 545.

致　谢

三年时光似乎刚好，不长也不短。这三年我无论在学术上还是思想上都有很大的提升。最开始步入研究生生涯时，我每天在迷茫中跌跌撞撞前行，一度陷入自我怀疑的困境中。后来，我开始学会开导自己，接受自己的不足，逐渐融入中心浓厚的学术氛围中，参与了许多学术课题研究，与一群专注于学术的老师和同学们共同学习了很多深奥有趣的知识。再回望过去，心中皆是对所遇之事、所遇之人的感激之情。

首先，要感谢的是我的导师姚东旻教授，姚老师是一位对学术非常认真、非常有思想见地的老师，也正是在姚老师的带领下我才能实现快速的成长。回首过去，印象最深的是跟着姚老师学习微观计量课程，学会剖析方法，打开黑箱看清方法的本质，这让我无论在学术上、生活中还是工作上都有很深的领悟：做任何事情我们都要有深入探索的精神，切忌浅尝辄止。当然姚老师除了严厉之外，也有一颗不喜外露的善良心思，感谢姚老师在求学路上给予的支持与鞭笞。同时也要感谢中心的罗伟杰老师、李慧青老师、王麒植老师、周世愚老师让我在三年的学习生涯中学到了形色各异的知识，让我的三年研究生生涯非常充实。

其次，我非常感谢我的父母，他们是普普通通的父母，却给了我最珍贵的爱。感谢他们一路以来对我的支持和培养，让我成为一个简单、真诚、善良、乐观的人。我也要感谢我的哥哥和嫂子，他们在家照顾爸爸妈妈，让远在他乡的我能安安心心做自己的事。感谢我的家人能给我一个被爱包围的环境，让我即使被困难包围也能积极面对。

在这里，我还要感谢我的男朋友，感谢他在任何环境下都能理解我、无条件支持我、做我坚强的后盾，让我越来越自信，让我能义无反顾走自己想走的路，做自己想做的事。

最后，感谢我的朋友、同学们。在无数个夜晚里我们畅谈人生、吐槽当下，我们一起将眼前的困难在交谈中一笑化解。我们相互扶持、相互鼓励，偶尔也一起消沉后又奋发图强。

三年时光不长不短，但也终将画上句号，希望自己能立足当下，不忘初心，保持努力的心态，继续朝前走！

论文短评

点评人：李慧青

财政可持续性与债务风险研究历来是财政领域的重点议题。近年来，地方政府债务问题已成为我国经济运行中的“灰犀牛”。2015年1月1日新修订的《预算法》生效后，我国地方政府举债只能通过发行政府债券。与此同时，我国地方政府债务快速增长，地方政府债务规模已经超过中央政府。2023年3月15日，财政部公布的《关于2022年中央和地方预算执行情况与2023年中央和地方预算草案的报告》显示，截至2022年末地方政府显性债务余额约35.1万亿元。这一数额相比2014年末增长了127%，远超过同期GDP增长增幅以及货币和准货币供应量M2的增幅，这样的增幅在其他国家较为少见。与此同时，地方政府债务偿还压力逐渐较大。由于我国地方政府举债投资资产变现力弱，偿债主要依靠土地出让收入和债务“借新还旧”，随着近年来房地产市场下滑和金融监管的加强，地方土地出让收入大幅下降，“影子银行”融资渠道收紧，地方政府还债压力持续增大。在此背景下，增进地方政府债务可持续性、控制地方政府债务风险，已成为各界共识。

杜婷婷同学这篇硕士论文围绕“地方政府债务可持续”这个主题，首先在剖析和总结中国制度背景和财政体制特征的基础上，全面描述总结了地方政府债务融资方式的演变历程，并测算了全国及各省份地方政府债券还本付息情况。结果显示，各省份地方政府债务及债券余额呈现逐年递增的态势，且各省之间的债务余额情况存在显著差异。同时，我国税收收入与土地出让金的增长速度远低于债券还本付息金额的增长速度，债券本息的偿付风险较高。其次，为进一步深化对我国地方政府债务现状的认识，作者从不同维度下地方政府债务“象限法”、不同维度下地方政府债务可持续性“四分位矩阵法”出发，系统评估和分析了各省份地方政府债务可持续性分布现状。其中，“象限法”统计了债务端和收入端的规模及其增长率分布图；“四分位矩阵法”根据每个维度下指标的情况分别赋值，统计了8种情形下的各省份地方政府债券可持续性矩阵分布情况。

面对不断膨胀的地方政府债务，地方政府部门迫切需要知道，在债务扩张的冲动和刚性兑付的压力下，要想保证债务的可持续性，其适度规模有多大。为此，作者在借鉴 Auerbach（2016）、Ley（2009）等经典文献的基础上，通过建立财政缺口模型与财政结余模型，对地方政府债务未来的可持续性做了模拟预测。在分析与预测中，两种模型的结果相互验证，提升预测的精确度。同时，作者通过多个指标、多种数据维度、多种经济增长方式为我国地方政府债务可持续性做了统计与预测。其中，对我国各省份为实现债务余额稳定所需要的财政结余规模的模拟测算，可以为地方政府的举债的安全界限提供一定程度上的借鉴，同时也为债务规模的控制以及防范违约风险提供一些参考。

最后，作者分别从收入和债务端为降低地方债务风险提出了可行的建议。考虑到不同收入口径下不同省份的债务可持续性存在较大差异，地方政府应该充分结合各省份财政收入来源结构，寻找财政新增长点，并注重非税收入的稳定增长，合理分配财政资金。在债务端，作者首先对债务可持续性较强和较弱地区未来需要注意的债务风险进行了叙述。其次，作者建议各省份需要根据未来债务可持续性的结果，结合未来还本付息情况，合理调整债务发行额度、合理设定债务期限结构、合理设定债务的融资利率，进而降低债务偿付压力。

与同类研究相比较，本论文注重在符合一般基本原理的研究框架下，结合各省份经济发展的不同特点，基于微观层面的政府债券数据，考察我国地方政府债务的可持续性。具体来看，论文的理论价值和创新之处主要体现在以下四点：

第一，拓宽了地方政府债务可持续性研究视角。与现有文献大多基于地方政府债务余额等宏观指标来衡量风险不同，作者从2009—2021年6月发行的8015只地方政府债券本身出发，精确计量地方政府债券还本付息额度，建立了8015只地方政府债券的具体发行信息、还本付息数据集，测算的数据能精确到每只债券每次偿还本金及利息的具体日期及具体金额。第二，使用直观的方法、从多维度展现地方政府债务可持续性现状。作者创造了“象限法”及“四分位矩阵法”，基于不同时间维度，从总量和人均两个数值维度出发，使用债务指标，分别用税收、“两本账收入”构建地方政府债务可持续性分布象限图及四分位矩阵表，更加清晰直观地分析地方政府债务可持续性现状。第三，采用多模型、多口径相结合的方式模拟预测地方政府债务可持续。作者同时考虑了财政缺口模型与财政结余模型，更为全面地考察了各省份的财政可持续性。在财政缺口模型中，考虑到我国政府预算的特点，分别预测了“税收收入”和“两本账收入”两种收入口径下各省份2025年的财政缺口规模。第四，应用符合我国国情的现实数据进行模拟预测。作者结合我国各省份经济发展的实际数据，首先对财政缺口模型和财政结余模型中的相关参数进行预测，主要包括税收收入增长率、“两本账收入”增长率、目标债务规模与税收收入比例、目标债务规模与“两本账收入”收入比列、各省份GDP增长率和目标债务规模占GDP的比例等。同时，考虑经济发展的不同情形，将收入指标分为低速增长、高速增长和平均增速三种情景，对各省份2020—2025年的财政缺口和财政结余进行预测，模拟角度全面，具有一定参考价值。

论文的不足首先体现在对于以后年度还本付息额度的数据是基于存量地方政府债券数据统计的，而随着未来年度新的债券发行，未来各省份还本付息金额会在本文所统计的金额上有所增加，所以统计的结果对各省份的风险警示性具有一定局限性。其次，论文中对我国各省份为实现债务余额稳定所需要的财政结余规模的模拟测算是否可以作为各地方政府债务可持续的临界点这一问题，缺少必要的解释。实际上，地方政府债务问题是一个跨越经济学、财政学、法学、政治学和金融等多学科的选题，其研究范围宽、研究视角多样化、研究难度大。因此，囿于研究的学科和研究的视角，论文对于实际问题的论证相对薄弱。

当然，瑕不掩瑜，杜婷婷同学这篇硕士论文的质量，比之同类论文，整体上仍可圈可点！

中国对外援助支出的促贸效应

——基于全球价值链视角

The Trade Effect of China's Foreign Aid Expenditure

——From the Perspective of Global Value Chains

胡泽宇

摘 要

作为人类命运共同体与脱贫初心的重要实践，中国通过对外援助与发展中国家共同发展，极大地改善了受援对象的生活和生产水平，提高了中国在国际社会中的地位，彰显了有担当、要奉献、负责任的大国形象。对外援助一直是学界的研究重点，针对受援国的经济发展、社会环境和贸易水平等领域存在大量的实证研究，但由于国内数据获取的困难性，大量文献的观测样本止步于2014年前后。而近些年来，中国致力于促进全球经济合作，以“一带一路”为核心的南南援助框架逐渐成熟，伴随着中国与伙伴国之间关系的不断加深，对外援助的边界在拓展和模糊，大量以政府资金为主导的经济合作项目蓬勃发展，这其中不乏援助各国基础设施建设，修建电站、公路、学校等，同时中国还和各国积极签署贸易协定，尽可能将伙伴国纳入互惠合作的贸易框架中来，通过降低贸易壁垒和成本加深彼此的贸易合作。伴随着中国对外援助资金规模的不断攀升，这种以援助为主要方式的合作形式已经成了重要的经济社会现象，但这种合作模式是否推动了中国在全球价值链中的生产地位，对于这一重要的经济学问题，目前学术界尚处于空白的状态。传统的货品贸易理论在解决复杂的国际分工和生产关系中已经捉襟见肘，而从网络角度分解和计算贸易流出发，全球价值链理论正在重塑对外援助领域的研究方法。在提升本国“全球价值链生产地位”这一国家战略要求下，对外援助对这一政策目标是否具有影响，是在新时期从援助国角度对援助支出命题的一次更新。本文从全球价值链角度出发，研究对外援助对援助国全球价值链地位的影响，总结中国财政援助支出的成果和经验。

本文主要从理论和实证两个方面对援助国与本国全球价值链地位进行了研究。首先本文总结和梳理了对外援助可能对援助国全球价值链生产地位的影响渠道，认为对外援助可以直接或通过对外投资、商品贸易等间接方式影响中国全球价值链的生产地位：（1）对外援助直接或间接地降低了关键稀缺性资源的供给成本；（2）对外援助间接地促进了基础产业的转移并释放了大量基本生产要素；（3）对外援助通过促进与受援国之间的贸易关系间接产生了创新动力；(4) 对外援助通过化解产能直接消除了产业升级阻碍。研究以全球价值链地位指数进行实证检验，为避免传统指标的“重复计算”问题，选取了62个样本国在2007—2019年的数据，通过设立基准假设和机制假设，构建模型对研究问题予以探究和假设验证，为了应对援助可能存在的内生性问题，本文根据传统做法通过中国优势产能构建供给冲击性工具变量进行2SLS；在稳健性检验方面，本文主要通过更换解释变量测度方式、考虑滞后期、剔除特殊样本的方式进行检验；在异质性检验方面，本文对援助和全球价值链地位指数分别按照目的和行业进行分类，分解不同类别援助不同的影响水平；在机制检验方面，本文主要采用Bootstraps法对中国对外投资和贸易水平的中介效应进行检验。

本文研究得到了以下结论：(1) 对外援助的确促进了中国的全球价值链地位，对外援助每提升1%，中国在价值链上的位置向下游迁移0.1%左右；(2) 基础设施类援助、生产性援助会使中国和受援国上游产业联系加强，对外援助每提升1%，中国在价值链上的平均位置向上游迁移0.2%左右，ODA援助的效用则相反，推动中国全球价值链地位整体向下游迁移，推动作用约为0.1%；(3) 按行业分类的异质性分析显示对外援助对中国第二产业的价值链地位具有显著的推动作用，对外援助提升1%，第二产业整体向世界下游迁移0.13%左右；(4) 对外援助对中国全球价值链地位的影响存在直接和间接两种机制，后者通过中国对外投资和贸易水平作为中介渠道。

关键词：对外援助；全球价值链；中国对外投资；双边贸易

Abstract

Foreign aids is the main means of fiscal external expenditures. It not only has the political task of establishing a good international image, but also an important form of economic cooperation between countries. Foreign aids have always been the focus of academic research, and there are a lot of empirical studies on its economic development, social environment, and trade level. In recent years, China has been committed to promoting global economic cooperation. The South - South aid framework centered on the "Belt and Road" has gradually matured. With the deepening of relations between China and partner countries, the boundaries of foreign aid are expanding and blurring. Economic cooperation projects led by government funds are booming, many of which are assisting countries in infrastructure construction, building power stations, roads, schools, etc. At the same time, China has also actively signed trade agreements with other countries to include partner countries in mutually beneficial trade as much as possible. With the continuous increase in the scale of China's foreign aid funds, this form of cooperation with aid as the main form has become an important economic and social phenomenon. But whether this cooperation has promoted China's production position in the global value chain remains an important economic issues, which is still in a blank state in academics. The traditional theory of trade in goods has been stretched to solve the complex international division of labor and production relations, but from the perspective of the network to decompose and calculate the trade flow, the global value chain theory is reshaping the research method in the field of foreign aid. Whether foreign aid has an impact on this policy goal under the national strategic requirement of enhancing "production status in the global value chain" is an update of the aid research from the perspective of donor countries. From the perspective of global value chain, this paper studies the impact of foreign aid on the status of donor countries in the global value chain, and summarizes the results and experience of China's financial aid expenditure.

This paper mainly studies the position of aid and the country's global value chain from two perspectives, theoretical and empirical. First of all, this paper summarizes and sorts out the channels that foreign aid may affect the production position of the donor country's global value chain, and believes that foreign aid can directly or indirectly affect China's production position in the global value chain through foreign investment and commodity trade. First, foreign aid Directly or Indirectly reduces the supply cost of key scarce resources. Second, foreign aid indirectly promotes the transfer of basic industries and releases a large number of basic production factors. Third, foreign aid promotes trade relations with recipient countries by promoting innovation. Forth, foreign aid directly eliminates the obstacles to industrial upgrading by dissolving production capacity. The research uses the GVC Position Index for empirical testing to avoid the "double counting" problem of traditional indicators, selecting 62 countries from 2007 to 2019, building a model by establishing benchmark assumptions and mechanism assumptions. In order to deal with the possible endogeneity of aid, this paper constructs supply-shock instrumental variables through China's advantageous production capacity to conduct 2SLS according to traditional practices. In terms of heterogeneity test, this paper classifies aids and position index according to purposes and industries, and decomposes the different impact levels of different types of aid. In terms of mechanism test, this paper mainly uses Bootstraps method to test the mediating effect of China's foreign investment and trade.

This paper draws the following conclusions: (1) Foreign aid has indeed promoted China's position in the global value chain. For every 1% increase in foreign aid, China's position in the value chain will move downstream by about 0. 1%; (2) Infrastructure aid, and productive aid will strengthen the ties between China and the recipient countries' upstream industries. For every 1% increase in foreign aid, China's average position in the value chain will move upstream by about 0. 2%. The effect of ODA aid is the opposite, promoting China's global value chain. The driving effect is about 0. 1%. (3) The heterogeneity analysis by industry shows that foreign aid has a significant promoting effect on the global value chain position of China's secondary industry. With foreign aid increasing by 1%, the second industry to the downstream of the world is about 0. 13%; (4) There are direct and indirect mechanisms for the impact of foreign aid on China's position in the global value chain. The latter uses China's foreign investment and trade level as an intermediary channel.

Keywords: Foreign Aid; Global Value Chains; OFDI; Bilateral Trade;

1. 导 论

1.1 研究背景

对外援助是国家在全球范围内配置财政资源，从而实现该国战略目标的重要手段。对于中国而言，援助作为财政预算管理的重要组成部分和对外经济事务的官方窗口，在改善国际关系和贸易往来方面起到了举足轻重的作用：过去承载了外交职能、支撑和深化改革开放的功能，近二十年配合“走出去”、深化市场改革等战略目标，再到当前成为大国竞争的主要战场。服务于国家总体战略和外交政策（陈曦，2021），援助在中国国际经济社会发展等工作中已经发挥了不可替代的作用。如今中国财政收支处于总体“收紧”的状态，亟须健全中国对外援助财政预算执行管理制度，作为预算制定科学性、系统性的前提要求，需要充分认识援助在对外资源分配方面实际的效果和使用效率。

从财政学角度看，我国对外援助开支部门分散，主要由商务部、财政部、外交部以及卫健委等部门进行支出和协调，预算执行具有相当的独立性，2018 年成立国家国际发展合作署，主要负责援助政策和立项监督职责，但这些部门缺少预算的协同机制和平台，在援助理念、援助方式、援助对象上不可避免地遇到各行其是的问题，影响对外援助工作的整体合力和协同作用；此外，近年来外交需求的过度增长也催生了逐年脱离预算控制的援助投入，而一旦受援国政治生态出现波动，这些援助项目又极易成为被抹黑攻讦中国的工具，对中国“债务陷阱”“中式马歇尔计划”的观点便与此相关（陈曦，2021）；最后，随着中国大国地位提升、财政资金支出的收紧，对外援助用于国际政治生态、邻国关系、国际组织的影响如何，援助项目能否使受援国和本国真正受益，这些“结果导向型”的援助结果也在逐渐被学界和决策方所关注。而从经济学角度看，一方面对外援助作为对外官方资金窗口，是否产出了特定的成果和进展，从而以结果判断援助质量并作为指标来确定预算，是可持续发展目标和预算管理的重要基础；另一方面大规模援助是否改善了中国自身的经济水平，是否创造了更多生产性价值和贸易价值，中国这种以完善工业生产体系和公共基础服务为重点的援助模式与西方国家强调促贸、开放式的援助模式究竟谁更有效，这些对于发展中国特色经济理论以及在区域经济发展中占据主导权和优势地位等具有相当重要的学术价值。

20 世纪 90 年代以来，交通、通信领域的快速发展，以外国资本流动性增强、贸易壁垒逐渐降低为特征，发展中国家通过劳动力和市场规模等比较优势逐渐嵌入全球价值链生产体系中（戴翔等，2021），带来了世界范围内经济的快速增长与繁荣。然而，参与价值链的收益并未在国家间和国家内平均分配，一方面发达国家依靠技术垄断利得水平更高，另一方面发展中国家的比较优势正在持续衰弱，例如人力成本和资源储备等。近年来新冠肺炎疫情等导致了各国供应链成本和社会运行风险上升，中美中欧贸易战等一系列事件产生了大量摩擦，投资近岸化等反全球化潮流与现有国际经济治理结构背道而驰，这些都给全球价值链生产带来剧烈的冲击。对于中国而言，目前产业总体仍处于全球价值链的中低端。总结过去中国在全球价值链生产体系中的经验教训，提升我国在全球价值链中的地位，是利用复杂外部环境、挑战带来的机遇，是在新时期实现经济跨越式发展的关键目标。

“提升我国在全球价值链生产中的地位”这一目标受到了党中央及有关部门的高度重视。2013 年 9 月，习近平总书记在二十国领导人峰会中前瞻性地提出“更好地融入全球价值链”的目标；2016 年 9 月，习总书记在二十国集团工商峰会开幕式主旨演讲中指出“我们应该增进利益共赢的联动，推动构建和优化全球价值链，扩大各方参与，打造全球增长共赢链”。中国政府已经充分认识到：本国在全球价值链地位中的提升、有“中国特色”的价值链规则，与现有的全球价值链体系不完全矛盾，二者可以是实现共赢的。但是，以“合作、共商、共享”为态度、以“人类命运共同体”为主旨的发展理念与西方发达国家长期以来坚持的“零和博弈”“霸权态度”截然不同，因而产生的全球价值链生产模式和增长理论也存在差异。对于本国而言，近年来不太好的国际形势、国内经济动力衰退等因素促使了对外援助有效性的审查工作，政府也不能像以前那样“慷慨”，这为从经济学视角看待对外援助创造了有利的环境和导向。

综上所述，作为中国对外支出的主要形式和财政资金的官方窗口，面对整体不利、风险提升的内外环境，如何回应“提升我国在全球价值链生产中的地位”这一重要目标，在国际经济秩序的变化中抓住机遇、站稳脚跟，是对外援助领域学术研究的重点。本文观察到绝大多数文章都从对外援助的“道德动机”出发，研究对受援国的主要影响，忽略了对中国本身的研究，因此本文拟将重心转回国内，探究对外援助这一财政支出是否能为本国带来经济利益，具体即指中国在全球价值链生产中的地位水平是否有提升。

1.2 研究意义

本文使用中国在亚洲地区主要援助的国家作为研究样本，通过文献分析法和实证分析研究法相结合，考察对外援助对中国全球价值链生产地位的影响。本文的研究意义如下：

（1）理论意义。其一，目前国内在援助有效性领域的研究主要集中在受援国经济增长（汪文卿和赵忠秀，2014；冯凯等，2021、2022;）、促贸效应（朱丹丹和黄梅波，2015）、减贫效应（杨攻研等，2021）、投资效应（黄友星等，2020）、减少冲突（李嘉楠等，2021）等领域，缺少以财政支出效果和援助国为视角的相关研究。其二，对于当前复杂的国际分工形式，全球价值链（Global Value Chains，GVC）框架提供了相比传统贸易框架对中国经济活动理解更准确的工具，越来越多的学科研究用到全球价值链的相关概念，在理解产业升级、跨国协作、金融投资领域研究发挥了重要的作用。本文在全球价值链视角下将中国对外支出与自身经济发展匹配起来，具备一定的创新性和理论前沿性。

（2）现实意义。中国在现代国际经济治理体系中面临了诸多困境与机遇：①现有的全球价值链生产体系在国际冲突、贸易摩擦、疫情等各类约束下逐渐僵化，如何促使国内产业链实现完善、升级，在全球价值链中联结顺畅、地位提升，避免“独善其身”，对中国政策出台和财政支出提出了更高要求，是当前关注的一个重要财政问题；②作为我国参与国际治理的重要手段和中流砥柱，对外援助发挥的作用一直难以量化，以至于不断被西方挑战和攻击，如何反驳成为一个迫切的现实问题；③对外援助已经不仅是利益输送，更是塑造和联系区域经济合作的重要手段，是国与国间促进互惠共利和多边互信的方式，能否真正促进区域间的经贸合作、拉动地区经济增长、提高本国经济地位，是一个关注现实前沿的经济学问题。

综上所述，本文从全球价值链为视角切入，探究对外援助这一财政支出对本国全球价值链生产地位的影响和作用机制，具备一定的理论价值和现实意义。

1.3 研究框架

本文第1章为导论，主要讨论中国对外援助的现实背景以及本文的研究意义、研究思路和创新点、不足之处。第2章为文献综述，主要梳理了对外援助对本国财政、投资、贸易、价值链水平等方面的影响和作用机制，并介绍了全球价值链框架的基本概念和研究现状。第3章是本文的研究设计和变量解释。第4章为实证分析，基准回归使用双向固定效应模型考察对外援助和中国全球价值链地位之间的关系，稳健性检验主要使用替换解释变量、剔除样本、工具变量回归等方法，异质性检验则从不同援助目的、不同行业全球价值链生产地位进行探究，中介效应检验主要通过Bootstrap法进行。第5章是基于实证结果，总结和提炼本文的结论和政策启示。本文的研究框架如图1－1所示。

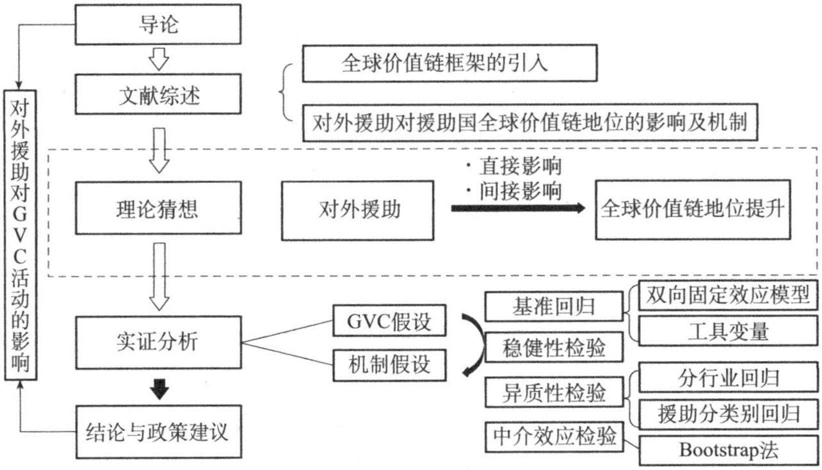

图1－1 研究框架示意图

1.4 研究方法

本文的研究方法主要为文献分析法和实证研究法。

(1) 文献分析法：通过对援助有效性、促贸援助和全球价值链的相关文献进行重点梳理，着重关注对外援助对跨国合作、协同分工等超越简单贸易活动的相关文献资料。本文从两方面依次入手，梳理了对外援助对一国投资、贸易等领域影响的文献，然后和投资、贸易对一国全球价值链水平的影响机制进行对接，同时本文还认真整理和归纳了全球价值链的有关文献，理解不同指标的异同和适用范围，学习国内外学者分析援助问题的思路和常用方法，从理论中整理可解释和可验证的原理和思路，归纳出对外援助通过多种渠道影响本国 GVC 活动的理论路径。

（2）实证研究法：本文选择的模型为双向固定效应模型，以 2007—2019 年亚洲开发银行公布的跨国区域投入产出表入手，结合威廉玛丽学院公布的最新中国对外发展援助数据，对本文提出的两个假设进行模型设定和变量表征。对于可能的内生性问题，本文借鉴主流做法，利用中国主要出口型工业产品，如钢材、平板玻璃等，与中国累计援助数乘积来构建符合解决内生性问题要求的工具变量。为检验可能存在的中介效应，本文摒弃了常被诟病的阶段回归，采用目前得到主流认可的 Bootstrap 法进行中介效应检验。由此设置出实证部分的基准回归以及补充的中介效应回归和工具变量两阶段回归，来分析对外援助对援助国全球价值链生产地位的影响和作用机制。

1.5 创新点和不足

对外援助在全球价值链体系中发挥作用的研究正在逐步成为学科热点，一方面是因为有关全球价值链的数据和研究方法正在不断补充和完善，另一方面是因为全球价值链体系已经成为国家竞争力的重要组成，提升本国在全球价值链中的地位甚至主导权，是争取经济发展动力、配合国内经济改革的重要机遇和目标。总体来看，现有文献可以在以下几个方面进行扩展，也是本文的创新点所在：（1）从研究问题看，援助行为至少包含受援国和援助国两个方面，前者是国际发展学的前沿、成果丰硕，而后者则尚处在理论分析阶段（王钊，2020），实证文献也处于空白状态，这是因为援助为本国带来经济利益的研究在过去被边缘化，但援助体制改革和国内经济发展目标的转变逐渐要求对外援助以解决国内、国际经济问题为前提或潜在目标，研究对外援助对援助国的经济效益和战略影响，具备了现实性和重要性；（2）从研究方法上看，国内研究全球价值链的文献多以使用指标为主，存在不同的理论框架（HIY 和 SNA 框架）混用的情况，随着 GVC 框架的逐渐成熟、指标体系的全面化，已经能够满足大多数理论机制所需要验证的概念和变量，并且近年来期刊中有关 GVC 的文章呈上升态势，验证了该框架具有一定的前沿性和创新性；（3）从研究对象看，国外相关研究主要集中在发达国家等援助项目中，具有特殊性，不能对中国实践进行指导，而国内研究对象偏向非洲国家和“一带一路”沿线国家，对援助国（中国）的影响考虑和分析较少，因此为该领域提供实证证据，对解释中国援助问题、反驳西方观点具有重要价值；（4）机制分析较弱，国内文献多强调实证结果，理论和机制分析次之，而外文文献对于理论机制的讨论多从发达国家本位出发，其理论基础在中国并不适用，如何理解中国援助在GVC中的作用，需要从中国故事出发，在实证研究和理论机制两个方面有所创新；（5）从数据上看，目前已发表研究受制于援助和GVC数据的可得性，样本范围主要集中在14年前，但很多基础建设型援助在此时期并未建成或立项，不能发挥应有的经济作用，因而得到的援助效果值得推敲，对外援助数据和投入产出表数据库近期更新了有关数据，将样本可取时间更新至2019年，容纳了“一带一路”各国及绝大多数援助项目，在分析对外援助效果方面具备了更大的优势和说服力。

本文存在以下几点不足之处：受限于数据的可得性，AidData数据库的援助数据非常分散，且来源信度、执行状态、援助边界和援助属性等都需要谨慎对待，新数据需要较长的时间来进行检验；另外，由于亚洲发展银行公布的跨国投入产出表存在大量与中国不存在援助关系的发达国家，在和对外援助项目进行交叉匹配时会进一步缩小样本；此外，由于援助项目范围广、领域多、影响渠道繁杂，很难将某一类援助和某一受援产业进行匹配，因此本文主要从国家层面聚合分析，异质性检验中则主要基于宏观部门或产业分类聚合分析，因此实证结果的说服力具有一定限制。

2. 文献综述

对外援助对一国经济产生的影响是对外援助领域的重要课题，在以提升本国全球价值链为政策目标审视这一主题时，产生的研究问题主要有两个：对外援助对援助国（东道国）本身的影响是什么，影响其全球价值链活动的机制是什么。目前国内外对外援助对受援国经济增长、促进贸易、减贫、减少冲突等方面的研究非常丰富，但对外援助对援助国本身影响的研究处在较为空白的状态，为了构建起援助与援助国之间的理论联系，本文将从援助对援助国的经济影响以及不同经济行为如何影响全球价值链生产地位两个方面对现有文献进行梳理。

2.1 对外援助对援助国的影响

对外援助作为国家在国际间分配财政资源的重要形式，本身的产生与援助国自身的政治经济目标以及战略目标相关联，主要包括维护国际形象、释放国内多余要素、促进行业衔接和拓宽市场等。本文将从对外援助对援助国本身的直接影响以及可能带来的长期间接影响进行梳理。

2.1.1 对外援助对援助国财政、贸易和投资方面的直接影响

无论是出于达成联合国制定的援助目标，还是出于回应国内民众、发展机构、投资方对这些援助决策的疑问，对外援助对本国的影响具有重要的研究价值，该部分主要从援助对援助国的财政、国际关系、贸易、投资等方面进行梳理。

对外援助是体现国家外交战略、发挥经济合作关系的制度基础和重要支柱，良好的援助预算管理制度不仅能够增加财政预算质量，同时能够避免诸多外交风险和政治危机。我国目前有 20 多个部门拥有援助事权，彼此

之间较为分散，援助基于的诉求也都和部门各自的外交利益相关，这使得财政资金在援助上的使用较为碎片化，而援助的形成过程也大多是驻外使馆提出要求、外交部门施压立项、援助项目匆匆执行的过程，这种援助的碎片化和随机化导致近些年对外援助的承诺金额脱离财政预算控制，并且在遇到受援国政治生态和社会环境出现波动、项目和资金不能发挥原有作用时，反而变为外国势力攻击抹黑中国的主要手段（陈曦，2021）。为了应对国外援助预算合法性危机的现实问题，目前国际援助指导原则的主要趋势是加强对外援助预算实施的评估，重视它的“问责”“学习效用”和“结果导向”（崔文星等，2022）；而国内为了适应财政整体“收紧”的态势和回应援助“低透明化”的指责，各部门也都在制度构建和实践运作中更加重视和积极探索援助效果和质量评估方法（王玉萍，2018）。

在国际关系领域，学者认为尽管对外援助在政治宣誓上都以促进受援国经济发展为目标，但通过援助维护和提升本国政治经济利益仍是各国默认的事实。例如，Morgenthau（1962）从现实主义观点出发，认为援助本身就是援助国通过经济利益“贿赂”受援国的行为，带有明显的政治性和经济性；Griffin（1970）则认为援助国支出的规模、范围与其能在受援国获得的直接经济和战略意义相关性极强。这些文献形成的共识是援助本身对援助国而言具备战略和经济价值，而在实践方面，以束缚性援助为代表，即通过附带某些条件来实现产品倾销、维持受援国对援助国依赖特性的援助进入学界研究视角（宋微，2020）。学界对这类对援助国产生直接影响的研究主要针对“搭售”或“捆绑”形式的援助，以及由此衍生出的“援助策略”研究。“搭售”或“捆绑”即要求某些特定商品或服务的进口只能来自援助国，这类附带条件的援助短期内促进了受援国和援助国对应领域制造商的合作，容易产生援助依赖和模式复制的可能（Svensson，2000），而在长期水平上，这种方式长期存在负面效应（Morrissey，2005）。世界银行1998年的促贸援助报告中同样指出，这类捐助会导致援助价值至少下降30%。此外，物资捐赠等无偿援助、项目合作等形式的援助在短期内却能产生较大的正面效应，提高援助国的国际良好形象和国际社会威望，从而使其在多边贸易中受益（Arvin 和 Choudhry，1997）。不同援助在长短期效应上的不同已经得到了大量事实和实证结果证明，因此 Arvin 和 Baum（1997）提出，援助国应当采取以下的援助策略：用以保持国际形象的无条件援助保持一定份额和占比，同时按时间调整附带条件的对外援助。

对外援助还可能促进援助国和受援国之间的贸易关系，尤其是对援助国的出口影响效果最显著。Arvin 和 Baum（1997）以及 Arvin 和 Choudry

(1997) 的研究发现，无论是否具备附加条件，援助都能促进出口，原因是政治善意或者贸易能够带来正面的影响。Vogler 等 (1999) 利用 1976—1995 年德国的援助、贸易数据发现，ODA 类型援助每增加 1 美元，援助国的双边出口会增加 4.3 美元；Nilson (1997) 则发现欧盟国家对发展中国家每 1 美元援助能带来 2.6 美元的出口；Wagner (2003) 对经合组织捐助者 (特别是日本) 与受援国之间援助、贸易关系进行研究时发现，1 美元的援助对捐助国出口的影响约为 2.3 美元；Nowak (2009) 则借鉴 Nilson 和 Wanger 的贸易重力模型，认为德国的援助增加了其自身的出口水平，增加金额约为援助金额的 1.04—1.5 倍，此外欧盟国家间的援助还会造成彼此贸易的相互挤出。国内学者在该领域同样成果颇丰：张汉林 (2010) 基于中国 1993—2007 年的相关数据发现，中国对非援助能够显著促进中国对非出口规模，但对于受援国的出口则影响不大；彭冬冬和林珏 (2019) 对中国 2002—2014 年对附近国家的对外援助数据研究发现，援助的确促进了中国对周边国家的出口水平；孙楚仁等 (2021) 通过中国援非数据和贸易数据实证发现，中国可以通过集约边际和扩展边际显著促进中国对非各国出口。大量文献都通过对非、对亚的援助实证提供了“援助能够促进贸易”的中国证据。

除了贸易水平外，对外援助还会对援助国的对外投资产生显著正向影响，这其中最为显著的是以基础建设为主的发展性援助。Gnangnon 等 (2017) 研究发现援助能够对援助国的对外直接投资 (OFDI) 产生显著的促进作用；Severine (2005) 通过日本对华援助和日本 OFDI 之间的验证发现，援助的支援对象、领域、选址都对日本对华企业的投资产生显著的参考和指导作用，这一“先导”作用也被该国学者木村秀美等 (2007) 和国内学者所证明 (陈子雷，2017)；Steve Kapfer 等 (2007) 对 52 个国家 1982—1995 年的援助和 OFDI 数据的实证结果发现，只有基础建设类援助能够显著带来援助国对受援国的 OFDI。此外，部分促贸研究中也涉及了援助对 OFDI 的影响，例如张汉林等 (2010) 中国对非洲的官方援助与对非的直接投资具有相当显著的互补性，具有非常强的正向关系；孙楚仁 (2020) 也发现中国对非援助能够显著促进中国企业的对外投资，而以发展性为主的基础建设类援助，促进效果则最为明显。

2.1.2 对外援助对援助国产业结构、价值链地位的间接影响

无论是学界还是国际组织，都逐渐形成一个共识，即援助能够对发展

中国家更好地利用全球价值链体系发挥巨大作用。Werner 等（2014）提出，以“贸易援助”为核心的援助办法，应当以培养受援国加入全球经济生产链条的能力为目标。2013 年的《亚太地区贸易援助报告》中指出，“贸易型援助”将发展中国家融入价值链和提高贸易效率、贸易能力更紧密地联系在一起。此外，经合组织也将“发展型援助”帮助发展中国家融入全球价值链作为重要的原则和支柱，并为各国间交流和对话“成功参与并提升全球价值链的政策依据”创建了专门的平台。

在援助促进中国对外投资的结论背后，是援助对中国企业正向的微观利好和转型驱动。在大型援助项目中，例如苏丹石油合作项目，带动了大量相关的机电产品出口、技术服务和劳动服务出口；而由国务院设立并以援助本息为主要组成部分的“援外合资合作项目基金”则支持了大量中小中国企业利用受援国的当地资源，以合资、独资等方式开展了大量中小型项目（《中国对外援助白皮书》，2014）。对外援助也在不断推动中国企业的合作模式和合作质量，近年来“建设—营运—移交”的 BOT 模式和 PPP 模式项目大幅提升，中国企业也在从简单的设计者、制造商、建筑队向承包商、平台运营商和投资商转型，中国企业与国外产业的联系空前密切，中国企业的价值生产能力在逐步提升（宋微，2020）。

对外援助对援助国产业结构地位等宏观结构的直接影响也得到了大量关注。Peiffer 等（2015）通过对 OECD 国家预算支持类援助的分析后发现，OECD 国家的援助分配是在部门基础上做出的；McLean（2015）在对 OECD 国家响应“蒙特利尔”协议的相关细分援助检查后，发现环保业竞争力更强的德国和日本，在成为有关援助承包商时更为积极，同时驱动和游说政府和民间以获取更多的援助资金，撬动更多的援助资金池。国内学者王钊（2020）承接上述研究的思路，认为受到服务业全球扩张和工业产业过剩的影响，并在工业化优先发展的理念影响下，中国援助本身会向对应的产业部门倾斜，并使得国内的产业尤其是第二产业得到显而易见的经济回报；事实上，中国在对苏丹石油开采、电站建设的过程中，中方每年能够低价获得成品油 200 万 –240 万吨，承包的上游项目和炼油厂项目获利 2 亿多美元（《中国对外援助白皮书》，2014）。

王钊（2020）还提出，相比起产业结构，中国作为新兴援助国与西方国家援助理念不同的更深层原因是二者通过不同的资源禀赋接入全球价值链体系，中国以劳动力价格优势和完整的工业体系快速在第二产业价值链条中建立位置优势，而西方国家通过技术优势和其他政治原因，快速在知识密集型的第二产业和第三产业中占据优势，因而反映在援助中产生了中国注重经济设施等基础建设而西方注重软性制度构建的不同。因此，在实践层面，中国的对外援助可以理解为是在援助理念制定的规范和产业链的发展压力下互补产生的。

2.1.3 小结

在该部分的文献梳理中，本文发现主流观点和研究成果中，对外援助不仅会对本国国际形象和外交地位产生显著影响，同时对本国出口、对外投资等产生显著的正向影响，从而带动中国相关企业生产能力提高、与受援国产业结合更加紧密，这些方面都得到了大量实证文章的佐证，这些研究成果大多以“完全利他”作为预设，负责回答援助有效性这一基本问题。而对于阐述中国援助理念是否有效这一更深层次问题和构建财政预算统一管理制度这一现实问题而言，对本国价值链生产地位影响的研究则更为关键。此外，从实践角度而言，对外援助是本国财政资源在国外区域的重新分配，其是否促进了本国在区域乃至国际价值链中的生产活动，对“提升中国在全球价值链中的生产地位”这一国家战略问题中起到重要指导作用；而从经济学角度出发，一国援助理念的有效性直接也与本国在区域经济中的竞争力、是否占据区域主导权和顺应经济周期等息息相关。对于这些问题，学界正处于理论构建的阶段，需要实证证据的补充。据此，本文拟基于现有文献构建起援助对本国价值链地位的理论机制，同时补充实证结果验证对外援助是否提高了本国在全球价值链中的地位和理论机制的有效性。图 2-1 为本文研究问题设置思路框架图。

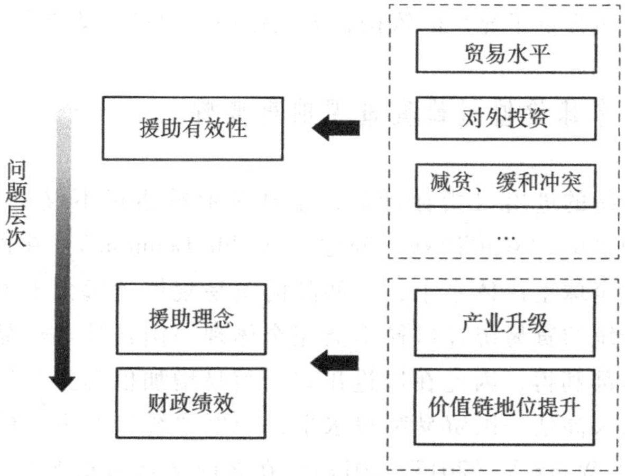

图 2-1 本文研究问题设置思路

2.2 全球价值链框架的引入

2.2.1 全球价值链框架定义

全球价值链是对生产全球化的归纳和描述（王钊，2020）。最初由Gereffi（1994）在著作《商品链与全球资本主义》中提出全球价值链（GVC）的概念，并于杜克大学成立GVC研究中心，从全球产业布局的角度对现代贸易基础进行重构。全球价值链真正成为一门分析工具则可追溯至Hummels（2001），该学者基于非竞争性投入—产出表提出了垂直专业化指数（Vertical Specialization，VS），以此建立的贸易分析方法称为HIY框架，缺点在于未区分加工型贸易和一般型贸易，因此会高估出口附加值。Koopman提出的进出口分解方法，是被国内外学者广泛使用的全球价值链指数测算基础，它可以按国别、行业比较增加值的来源，构建“GVC地位指数”“GVC参与度”等指数，来反映一个经济体各细分产业参与GVC活动的分工位置和参与程度（Koopman，2010，2014）。这之后，以Timmer等（2013）、Wang等（2013，2017a，2017b）的研究为代表，GVC的基础理论和统计测算方法相继取得突破，并被广泛应用在WTO、OECD、ADB等国际组织报告和各类研究文献中。后续研究中，Borin等（2019）分别从不同层面或不同角度对出口额的分解特别是重复计算问题进行了深入的探讨。这些研究不仅为全球价值链研究提供了相当精确的定量分析工具，还为政策效果测量和分析提供了充足的依据，大大促进了学科交叉研究。

2.2.2 全球价值链研究框架的重要性

相比起传统的进出口指标计算，全球价值链指标不仅更加贴合现实，还能够避免明显的“双重计算”问题（Double Counting）：在以价值链为主要表现形式的全球生产体系中，中间品的贸易规模远远大于最终品贸易规模，这使得传统的贸易统计口径不能完全体现一国在某一产品的生产和贸易链条中的全部利得，因此在以进出口、贸易增加值等指标统计一国贸易利得时，会大大高估一国贸易利得水平，产生“统计幻想”的结果（陈继勇等，2016）。Wang等（2013，2017a）在之前文献的基础上，总结了前人对GVC的研究框架，在比较优势新定义和贸易网络分析两个方面做出了突破性贡献，并在亚洲发展银行的 GVC 报告和相关文献（欧定余，2020；彭冬冬等，2021）中得到了广泛使用。Wang 等（2017b）的 GVC 分解框架在日趋复杂的对外贸易形式中仍然能够充分覆盖各类情况，并且兼顾了数据可得性，是目前研究世界贸易关系最为理想的框架。

2.3 对外援助对援助国价值链地位的影响机制

从全球价值链角度看，本国地位的提升通常包括两种方式，一种是以自身为核心拓展或延伸出新的价值链条（李芳芳等，2019），另一种是以比较竞争优势替代价值地位更高的主体从而实现攀升（毛蕴诗等，2015）。前者要求本国行业与目标国家行业开展密切、顺畅的合作，以优势互补为原则，实现价值链条的对接和匹配，例如制造业领域一国以技术优势负责设计和销售，另一国以劳动力价格和要素价格优势负责生产环节，这种合作是建立在两国协商共识的基础上，并且以顺畅的商品贸易作为载体来实现的。对于后者，则是在原有的价值链条上，本国通过更高的性价比，以竞争的方式淘汰他国，或者掌握更高的生产设计水平，聚合或缩短价值链条，这种以产业升级为主要形式的地位提升需要行业整体技术创新水平的提升以及更低要素价格的供应。对于这两种形式共同而言，市场的规模也是相当重要的。

全球价值链地位提升为援助提供了新的观察视角和理解方式，本文通过对援助经济性、全球价值链、产业升级等领域的文献进行理论梳理和总结，结合中国援外现实案例，总结了对外援助直接和通过对外投资、商品贸易等间接方式影响中国全球价值链地位的机制：（1）对外援助直接或间接地降低了关键稀缺性资源的供给成本；（2）对外援助间接地促进了基础产业的转移并释放了大量基本生产要素；（3）对外援助通过促进与受援国之间的贸易关系间接产生了创新动力；（4）对外援助通过化解产能直接消除了产业升级阻碍。本文拟验证的理论机制如图 2-2 所示。

2.3.1 降低关键稀缺性资源供给成本

对外援助对本国价值链地位最为直接的影响方式是降低稀缺要素的供应成本。在产业升级理论中，上游产业中的能源、采矿以及原材料等稀缺要素行业的发达，能够缓解国内制造业升级的资源短板，这是因为关键性资源的获取成本直接影响了行业的生产行为和研发投资行为，更充足的资源供给和更低的获取成本能够促进企业将更多资源向研发、设计、管理等

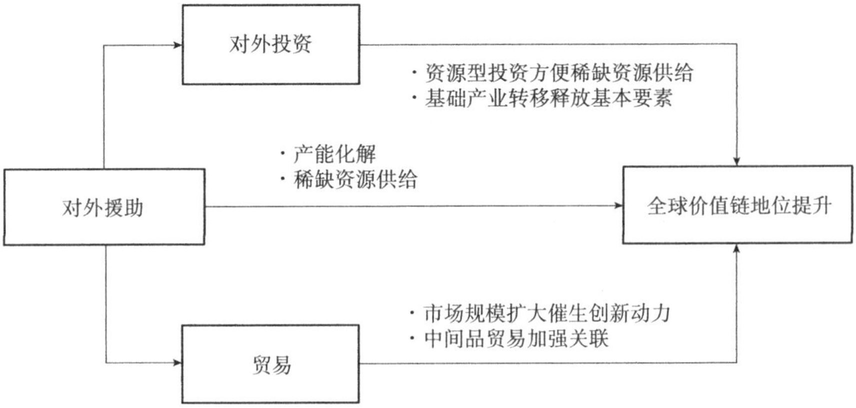

图 2－2 研究机制：对外援助对本国全球价值链地位的提升作用

技术性成分倾斜，这种产业结构的调整能够为产业升级积累条件，形成价值链攀升的良性互动（丁秀飞等，2021）。

对于中国而言，实现高端制造业发展和全球价值链提升面临的最大问题就是关键稀缺性资源的制约。数据显示，中国资源短缺问题日益严重，以石油和铁矿石进口为例，中国在这两类关键资源上的进口长期居世界首位，且对外依存度年年攀升，2020 年进口量已经超过 5.4 亿吨和 11.7 亿吨，对外依存度高达 73% 和 82.3% 。

通过国际市场解决问题又常常面临高成本、政治封锁和价格波动等风险，因此通过低价合同或开采协议解决要素输送问题优势更为明显。从这个角度出发，一方面中国需要低风险和更优质的资源要素来支撑国内产业升级和经济发展，另一方面亚非等受援国渴望自身能源、采矿、电力等基础要素部门薄弱的问题能够得到解决，二者在中国以基础建设等发展型援助为主的援助模式下实现互利共赢。因此，中国可以通过对外援助的附加条件和合作关系，在石油、天然气、煤炭、矿石等关键性资源上保证更直接、更优惠和低风险的供给渠道。例如，中国的优惠贷款帮助苏丹建立了一整套现代化的石油体系，摆脱了贫油国的“帽子”，而中国以优惠条件获得了苏丹一半以上的石油出口，数据显示 2015 年中国进口苏丹原油超一千万吨，超过年进口的 6% ，有效保障了中国在工业现代化和城镇化过程中对石油的高度需求（江涛，2015）。

而对外援助在通过对外直接投资来满足国内资源需求的间接渠道上同样发挥了重要作用。中国在受援国援助项目的 BOT 和 PPP 模式，决定了企业在受援国投资设厂时，不仅在管理经验和营运方式上能够更加契合，相关资源也能以更符合国内使用需要的状态进入贸易链条。在对外援助的带动作用下，中国大量的跨国企业将原材料供应行业放置在非洲、中亚等中国主要的援助区域中，通过开采和简单加工后返销回国内（樊瑛，2010）；中国能源行业的大型国企的对外投资存量在2019年达到1754多亿美元，是中国2003年水平的29倍甚至更多。

2.3.2 促进基础要素释放

对外援助对本国全球价值链生产地位的影响方式还包括对外直接投资进行产业组合优化这一间接影响。对外直接投资与全球价值链升级存在逻辑上的一致性（聂名华等，2016）；“边际产业转移理论”认为，一国的对外投资能够基于比较优势促进国内产业结构的重新优化（Kojima，1978）。国内学者丁秀飞等（2021）认为，对外直接投资可以将一些原本处在全球价值链低端的传统产业迁移至国外、削减负担，从而为国内释放出大量土地、劳动力等生产性要素，方便投入附加价值更高的生产活动中去，从而推动本国全球价值链生产地位的提升；这与国内部分观点认为中国部分行业长期被锁定在价值链低端的原因和解决方案具有逻辑上的一致性（吕文栋等，2005；马述忠和刘梦恒，2017）。援助领域的基础产业转移是常见的，例如Beierlien（2019）指出，援助国倾向于促进低技术劳动密集型产业的援助，例如纺织业、服装业等，作为发展出口导向型制造业模式的切入点。

2.3.3 市场化效应带动创新

对外援助可能通过商品贸易上的促进作用扩张中国的出口市场，以间接的方式促进中国全球价值链地位的提升。“需求引致创新”理论认为，由于企业追逐利润的特性，其专利发明等创新投资活动受到其面对市场规模和需求的影响，一般而言，市场和需求规模越大，企业更有动力参与创新活动，在行业层面上推动生产水平进步（Schmookler，1952；Linn，2004）。丁秀飞等（2021）进一步提出，中国制造业更大的外国市场能够带来规模效应和投资热情，降低创新成本、激发创新动力，为相关行业生产标准和技术水平发展提供动力；但同时该文献也指出，本国的价值链生产地位和东道国的需求结构间存在联系，因此市场效应可能是双向的。此外，区域中间品贸易网络的联系和密度提升，能够促进价值网络中各国集约性和广延性[①]的特

① 集约性指贸易网络中个体与其他个体之间的关联程度，广延性指个体在网络中的枢纽程度，都是衡量一国在贸易网络中实际地位的特殊指标。

征，从而显著促进成员在全球价值链生产中的地位（赫晓等，2022）。

中国与受援国之间的出口规模、出口品类都有了极大的提升，与之相对应的，是中国和各受援国之间中间品贸易规模的不断扩大。此外，中国不同类别的援助促进双边贸易水平的不同机制具备充足的实证证据，例如降低贸易成本（朱丹丹和黄梅波，2015）、优化贸易结构（孙楚仁等，2019）、改善营商环境（宋微，2020）等。全球价值链本身是对商品或服务贸易的重构和新认知，其地位本身可以理解为不同国家的贸易质量如何，因此本文认为对外援助的促贸效应很可能在促进中国全球价值链地位中起到间接的影响作用。

2.3.4 化解过剩产能

对外援助对中国工业过剩产能的纾解作用，在中国突破全球价值链低端锁定、提升全球价值链生产地位上具有直接的影响作用。在产能和全球价值链的相关领域研究中，中国个别行业产能过剩的原因和全球价值链处于低端地位之间具有相关关系具备一定共识（林毅夫等，2010；白永秀等，2015）；中国钢铁产业大而不强、附加值水平低、规模僵化庞大是中国在价值链中低端锁定的主要原因（王彦芳等，2018）。在共识和原因分析的基础上，程俊杰（2016）提出，应当加快企业创新行为，加速融入全球价值链以解决过剩问题；吴福象等（2017）则认为应当通过国际间合作加速产能化解，以此推动区域或全球资源整合。化解产能和提升中国在全球价值链中的地位之间具有良性循环的作用。

中国对外援助以建设项目居多，对各类建筑材料的需求非常庞大，而在援建的过程中，中国的钢铁、有色金属、建筑材料等领域也在不断地向受援国进行产能迁移（宋微，2020）。而这一现象也被用来构建供给冲击型的工具变量，来解决对外援助和受援国经济情况之间的内生性问题（Dreher 等，2017；李嘉楠等，2021）。因此，从经验角度和实证角度，本文认为对外援助在疏解国内过剩产能，如钢铁、平板玻璃等建材相关产能中发挥了积极作用，因而能够优化中国优势过剩产能，突破固有的价值链低端地位，具体如图 2－3 所示。

2.3.5 小结

本文通过文献梳理和事实说明，总结了对外援助直接和间接影响中国全球价值链地位的一般机制，基于上述论述和分析，本文提出研究假说 H1

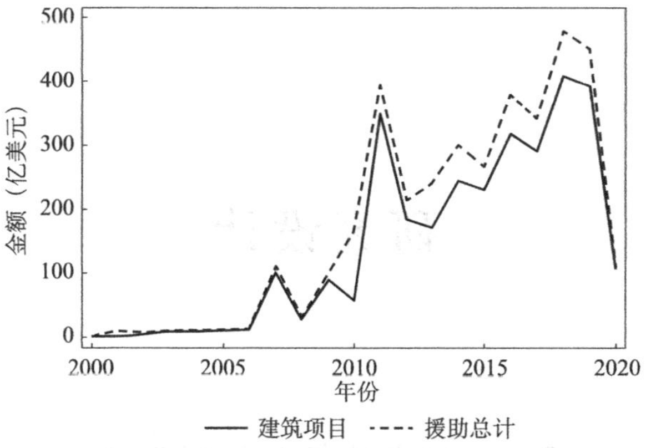

图 2－3　中国建筑类援助和援助总额比较

（对外援助有利于提升中国在全球价值链中的地位）以及假说 H2（对外援助通过对外直接投资和双边贸易间接提升中国在全球价值链中的地位）。

3.

研究设计

3.1 样本选择和模型设定

理论上说，中国的对外援助分布广泛、受益国众多，应该将不同国家纳入样本范围中，但是由于不同国家之间差异明显、援助方式各不相同，全部纳入样本可能会遇到各种偶然因素的混淆，而在实证检验中，大多数的文献都是选择以“一带一路”为主的亚洲地区或非洲地区作为样本范围；此外，考虑到全球价值链相关指标的计算需基于不同国际机构公布的特定区域的投入产出表，而本文拟使用的是亚洲开发银行公布的 ADB - MRIO（Asian Development Bank Multi - Region Input - Output）数据库，即以亚洲、欧洲及美洲等重要国家构成的跨区域投入产出表。综合以上因素的考量，本文选取 2007—2019 年亚洲地区受中国援助的主要国家作为研究样本。

为验证假说 H1，本文基于 Pettersson 和 Johansson（2013）的扩展引力模型①构建基准模型（模型 1）：

$$GVC\_\ Pos_{i,t} = Gravity_{i,t} + \beta_1 \ln Aid_{i,t} + \beta_2 NAid_{i,t} + X_{i,t} + \gamma_i + \lambda_t + \varepsilon_{i,t} \quad (1)$$

其中，i 表示受援国，t 表示时间，$GVC_\ Pos_{i,t}$表示中国相对于受援国而言的全球价值链生产地位；$Gravity_{i,t}$为变量组，表示两个国家之间的贸易联结程度；$Aid_{i,t}$表示中国对受援国的援助支出，$NAid_{i,t}$为虚拟变量，当 t 年中国对 i 国没有援助支出时为 1，否则为 0；$X_{i,t}$为控制变量，β 为待估计系数，γ_i 和 λ_t 分别为控制个体效应和时间效应的虚拟变量，$\varepsilon_{i,t}$为残差项。

为了检验对外直接投资和贸易对中国全球价值链地位和援助的中介作用（假说 H2），本文构建中介模型（模型 2）：

$$Exp_{i,t}\ (ODI_{i,t}) = Gravity_{i,t} + \beta_1^* \ln Aid_{i,t} + \beta_2 NAid + X_{i,t} + \gamma_i + \lambda_t + \varepsilon_{i,t}$$

① 引力模型是经济学中应用最成功的经验模型之一，能很好地将贸易和要素运动中观察到的跨空间经济相互作用结合起来，大量实证文献中都有系数估计的良好拟合和紧密的聚类形态。

$$GVC\_Pos_{i,t} = Gravity_{i,t} + \beta'_1 \ln Aid_{i,t} + \beta_2 NAid_{i,t} + \beta_3 Exp_{i,t}\ (ODI_{i,t}) + X_{i,t} + \gamma_i + \lambda_t + \varepsilon_{i,t} \quad (2)$$

模型 2 用于验证对外援助对中国全球价值链地位的间接效应，其中 $Exp_{i,t}$（$ODI_{i,t}$）分别表示中国的净出口额和对外直接投资额。为了保证中介效应验证的有效性，本文吸纳温忠麟和叶宝娟（2014）对于该效应验证的看法，接受主流文献对 Baron-Kenny 逐步回归法（1986）的批评和质疑（Edwards 和 Lambert，2007；Hayes，2009；Zhao 等，2010），采用目前学界主流认为更可靠的 Bootstrap 法检验乘积系数的显著性来验证中介效应，检验方法及流程如下：

（1）检验模型 1 中 β_1 的显著性，如果显著则按中介效应论；

（2）依次检验模型 2 中的 β_1^* 和 β_3，如果都显著，则直接进入第 4 步，如果至少有 1 个不显著，则直接进入第 3 步；

（3）用 Bootstrap 法直接检验统计量 $\beta_1^* \cdot \beta_3$ 等于 0 的假设是否显著，如果显著则进入第（4）步，如果不显著立刻停止中介效应分析；

（4）检验模型 3 - 2 中的 β'_1，如果不显著，则说明只有中介效应，如果显著，说明直接效应和中介效应都存在；

（5）比较 $\beta_1^* \cdot \beta_3$ 和 β'_1 的符号，如果同号，属于部分中介效应，中介效应占总效应的比例为 $\frac{\beta_1^* \cdot \beta_3}{\beta_1}$；如果异号，属于遮掩效应。

3.2 数据来源和变量测度

3.2.1 全球价值链地位的测度

全球价值链地位的测算方法非常丰富，有依托传统贸易框架计算的出口技术复杂度指标以及不同学者根据 GVC 分解得到的增加值指标等（赫晓等，2022）。本文使用的是亚洲开发银行官方公布的测算结果，这一结果是基于 Wang 等（2017a，2017b）对亚洲开发银行公布的跨国投入产出表进行的分解结果，然后采用 Koopman 等（2010）构造的上游依赖度和下游影响度公式，来综合反映由中间品贸易产生的依赖情况和 GVC 生产地位。本文具体的计算思路主要由三步构成。

（1）Wang 等（2017）对跨国投入产出表的分解，可以从生产附加值的角度（Value Added）将一国的出口分解为四个部分，包括出口后被国外吸收的国内增加值、出口后返回国内的国内增加值、外国增加值和重复计算部分，具体的分解如图 3－1 所示，这也构成了本文分析中国全球价值链地位的重要依据。

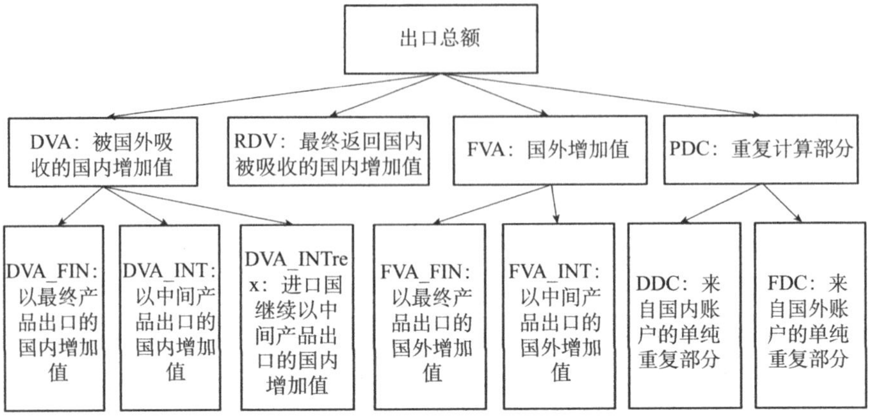

图 3－1　一国出口的分解方式（WWZ 框架）

（2）本文在此分解基础上计算两类指数：上游依赖度指数和下游影响度指数。上游依赖度 $UD_{i,t,s}$ 表示一国对上游国家产业的依赖程度，使用外国增加值 FVA 和出口总值 Export 之间的比值来计算，具体表达式为：

$$UD_{i,t,s}=\frac{FVA_{i,t,s}}{Export_{t,s}}$$

其中，$FVA_{i,t,s}$ 表示中国 s 行业在 t 年出口中所包含的来自 i 国的外国增加值，$Export_j$ 表示中国 s 行业在 t 年的总出口额，比值越高说明中国更依赖于受援国的上游产业。需要注意的是，上游依赖度仅能直观地反映中国对上游产业联结的紧密程度，不能够对其全球价值链地位进行完整的判断，例如中国对基础能源、原材料和初级加工品的需求提升和对关键技术、零部件的需求提升都会带来上游依赖度的提升，但二者的意义是不同的（戴翔和宋婕，2019）。

与上游依赖度的定义类似，下游影响度 $DD_{i,t,s}$ 表示一国对下游国家产业的影响程度，使用本国在中间产品领域的增加值 DVA 和出口总值 Export 之间的比值来计算，具体表达式为：

$$DD_{i,t,s}=\frac{DVA_{i,t,j,s}}{Export_{t,s}}$$

其中，$DVA_{i,t,j,s}$ 表示 j 国 s 行业在时点 t 的中间品出口中被 i 国继续使用加工并再次出口的国内增加值。比值越高说明中国的下游国家产业更依赖于中国。

(3) 这两个指标综合来看反映了中国对其价值链中上下游企业的影响程度，因而二者之间的相对重要性可以表示该国在某一价值链条中的分工地位。根据此思路，构建价值链地位指数 $GVC\_\ Position_{i,t}$，具体而言可以采用一般的比值形式或对数形式（丁秀飞等，2021），本文选用后者，保证对数形式的统一、方便结果解读，该指数越大，表明中国在该行业出口中上游依赖度相对重要程度更高，生产价值链向上游迁移，反之则向下游靠拢。具体的表达式如下所示：

$$GVC\_\ Pos_{i,t,s} = \ln\ (1 + UD_{i,t,s})\ - \ln\ (1 + DD_{i,t,s})$$

所有数据都来自亚洲开发银行公布的投入产出 ADB - MRIO 数据库和王直教授依此计算整理的衍生数据库 UIBE 数据库。

3.2.2 援助的测度

援助的测度，主要根据美国威廉玛丽学院（College of William & Mary）对外援助实验室（下文简称 AidData）发布的《中国全球发展金融数据库 2.0》（Global Chinese Development Finance 2.0，GCDF）整理得来。该数据库记录了 2000 年至 2019 年由中国官方财政和实物承诺支持的 13427 个项目，由全球 165 个国家或地区获得的 300 多个中国政府机构和国有实体的资助构成，总价值 8340 亿美元，使用低估财务流量追踪法（Tracking Underreported Financial Flows，TUFF）系统收集这些项目信息。由于国内援助数据透明度较低，因此 AidData 数据库在对外援助支出领域被国内外学者广泛使用（Lu 等，2017；Isaksson 和 Kotsadam，2018；李嘉楠等，2021；孙楚仁等，2021）。

本文对原始数据进行了一定的调整使其更符合学术规范。首先按照 GCDF 的使用指南，剔除了所有取消、暂停和未达成正式批准的项目，以及属于总括项目中的分项目以避免援助数额的“重复计算”。此外，本文剔除了“不适合作为研究的数据”，包括：(1) 非官方援助，由于我国援助实施的标准与 OECD 略有不同，我国既有以无偿援助、无息贷款和优惠贷款为主的 ODA 类援助，同时也有以开发合作为主旨参与互利性经济合作的 OOF 类援助，前者主要以财政和国有银行负担，后者的负担主体还会包括国有企业等，因此该数据库的大口径有可能混淆和夸大了由财政负担的对外援助（陈杰，2020），这一说法也得到了国内相关学者（王玉萍，2018）和商务部①的

① 中国向发展中国家提供援助是为自身利益？商务部回应，https：//www.chinanews.com.cn/gn/2017/10 - 12/8350772.shtml。

认可，针对这一现象本文从援助机构条目中剔除没有政府资金直接参与而只由商业银行或国有企业参与的援助项目；（2）军事援助，该类援助不在本文的研究范围内，故予以排除；（3）低信度援助，通过筛选来源等级最低（该条目变量为1）的援助条目，剔除完全由非官方信息渠道获取的援助数据；（4）自治领土和区域性援助，剔除并不具备ISO国家代码且援助规模过小的援助国或援助范围。最终获得时间区间为2000—2019年，覆盖149个国家和地区，共计9072条总援助金额约6162亿（美元现价）的中国对外援助项目数据。

由于数据中存在部分无法确定具体完工时间的援助，本文的处理方法如下：对于无法确定具体完工时间的项目，如果记录开工时间，则依照杨攻研（2021）在投入开始时间增加两期的方法进行数据补充，如果没有记录开工时间，则剔除；对于确定已完工但没有记录完工时间的项目，如果记录开工时间，则在其基础上增加两期补充数据，如果没有记录开工时间，则对于ODA类援助直接使用援助承诺期，对于OOF及其他类援助则在承诺期基础上增加两期补充数据。

3.2.3 控制变量及其他的测度

变量集 $Gravity_{i,t}$ 用于解释中国与贸易伙伴之间的联结程度。本文借鉴Pettersson和Johansson（2013）以及Head（2003）建议的一般形式，将宏观经济指标（双边国家的GDP、人口规模）、地理指标（反映国与国之间贸易活动分布的距离）、贸易便利化指标（包括贸易组织、贸易协定等促贸元素）、文化相容度（语言、文化、法律等兼容情况）作为衡量两国联结程度的引力参数，数据来源于CEPII数据库。具体表达式如下所示：

$$Gravity_{i,t} = \alpha_1 \ln GDP_t^{CN} + \alpha_2 \ln GDP_{i,t} + \alpha_3 \ln Pop_t^{CN} + \alpha_4 \ln Pop_{i,t} + \alpha_5 \ln Dist_i + \alpha_6 Cont_i + \alpha_7 Lang_{i,t} + \alpha_8 Relig_{i,t} + \alpha_9 Legal_{i,t} + \alpha_{10} WTO_{i,t} + \alpha_{11} RTA_{i,t}$$

其中，GDP_t^{CN}（$GDP_{i,t}$）为中国（受援国）的实际GDP，表示一国的经济体量，Pop_t^{CN}（$Pop_{i,t}$）为中国（受援国）的人口数量，$Dist_i$ 表示中国和受援国之间的贸易距离①；虚拟变量 $Cont_i$ 表示两国之间是否相邻（相邻为1，不相邻为0），$Lang_{i,t}$、$Relig_{i,t}$、$Legal_{i,t}$ 分别表示该双边国家是否共享语言、宗教、法系等（共享为1，不共享为0），$WTO_{i,t}$ 表示两国是否同时为世界贸易组织成员国（同为表示为1，不同为表示为0），$RTA_{i,t}$ 表示两国是否同时

① 贸易距离指两国对主要城市之间距离按照城市人口加权平均后得到的虚拟距离（Head和Mayer，2010）。

签订了区域贸易协定（共同签署为1，否则为0）。

控制变量 $X_{i,t}$ 主要参考国内学者的设置方式，如朱丹丹和黄海波（2018）、朱玮玮等（2018）、孙楚仁（2021）等文章将一系列经济指标、社会指标和政治指标加以控制，数据主要来自世界银行发展指标数据库（WDI）和世界银行政府指标数据库（WGI）。

经济指标主要包括汇率风险和自然资源禀赋两类：

（1）$CPI_{i,t}$，该指标主要是为了控制由汇率波动造成的经济风险，因为援助本身会通过有效汇率来影响对外贸易（Wijnbergen，1985），如果引入汇率指标可能会导致共线性问题（黄梅波，2015）。

（2）可耕地占比 $Arable_{i,t}$ 和化石能源租金 $Nature_{i,t}$ 代表一国的自然资源禀赋（Munemo，2011），作为农业或出口导向型的低收入经济体，以自然禀赋作为比较优势参与全球价值链生产是合理的；其中非农业自然资源使用资源租金占 GDP 的百分比来表示。

政治指标非常重要，一方面，一国政府在面临国际援助时，有多少援助资金能够按照援助方案流入正常、规范的渠道，特别受到腐败情况的影响；另一方面，改善制度质量可以增强契约效率、提高产权保护水平，对于改善贸易和分工地位也有利无害（齐俊妍等，2018）。国外文献在研究援助有效性时，有证据显示援助的分散性极大影响了援助效果，而这种分散的产生极可能是由当地政府腐败等制度导致的（Knack，2001；Brautigam等，2004）；国内文献中大多数研究对外援助对贸易影响的文章中都将政府治理能力等制度指标放到贸易模型中进行控制（朱丹丹等，2015；齐绍洲，2018），主要依据是制度因素特别会影响两国的交易成本（Novy，2006；Manchin，2007）。本文借鉴冯凯等（2022）的做法，将世界治理指数 $Wgi_{i,t}$ 提供的 6 项指标取平均值以反映样本内各国的制度水平。

社会指标主要包括社会稳定度、人力资本和劳动禀赋三个方面：

（1）状态脆弱指数 $Sfi_{i,t}$，国家稳定程度很大程度影响其外交行为、贸易水平，本文借鉴文献中对状态脆弱指数（李嘉楠等，2021）的使用，来自系统和平中心（Center for Systemic Peace）数据库。该指标衡量各国在经济、社会、政治和安全四个方面的合法性和有效性，指数取值在 0 到 24 范围内，指数越高表示稳定程度越低。

（2）高等院校入学率 $Enroll_{i,t}$，一国人力创新程度和技术能力更高时，越能创造更多高附加值的生产和服务，可以参与到更多创新性和技术性的生产环节中去，有利于此国贸易水平和国际分工地位的提升。本文借鉴选用高等院校净入学率作为人力资本水平的代理变量（Barro 和 Lee，2013），即用高等院校入学人数除以高等教育学龄人数进行计算。

（3）劳动力占比 $Labor_{i,t}$，根据要素禀赋理论，一国参与国际贸易是基于其禀赋带来的比较优势，除自然禀赋外，劳动禀赋是一国参加劳动密集型产品生产或输出劳动力的重要手段，以劳动力占比作为代理变量，放入控制变量中。

3.2.4 中介变量的测度

中介变量主要为中国对其他国家的净出口 $Export_{i,t}$和对外直接投资 $OFDI_{i,t}$，前者使用亚洲开发银行区域投入产出表计算的扣除“重复计算”部分的净出口额，后者使用对外投资研究领域常见的中国对外投资追踪数据库作为数据来源（刘源丹和刘洪钟，2021）。中国对外投资追踪数据库（China Global Investment Tracker，CGIT）由美国企业研究所 AEI 和美国传统基金会 HF 发布，记录了中国 2005—2021 年对外投资金额超过 1 亿美元的 1860 个项目，其中详细记录了投资时间、股权占比、投入国家和部门等信息。

所有的贸易数据来自 OECD 经合组织数据库①中的双边贸易数据库（Bilateral Trade in Goods by Industry and End - use）和亚洲发展银行（Asian Development Bank）官方公布的进出口净值数据库，时间跨度为 2007（含 2000）—2020 年，包含了中国和 202 个国家或地区按照国际标准行业分类（ISIC）进行分类的进出口数额，以及按照 ADB - MRIO 的 35、15、5 部门分类的进出口数据；其他 GVC 相关的指标使用的原始数据是亚洲发展银行制作的区域间投入产出数据库 ADB - MRIO2021，时间跨度为 2007（含 2000）—2020 年，主要包括 62 个国家和地区之间的投入产出数据，其他补充数据来自对外经济贸易大学全球价值链研究院 UIBE 数据库对此进行处理的衍生数据和相关指标。

3.2.5 变量描述性统计

关于变量描述性统计如表 3 - 1 所示。

表 3 - 1　　变量描述性统计

变量	含义	观测量	均值	标准差	最小值	最大值
$GDP_{i,t}$	中国与上游国家实际 GDP	23485	8.856e11	2.220e12	0	1.918e13

① http：//stats. oecd. org/.

续表

变量	含义	观测量	均值	标准差	最小值	最大值
$Pop_{i,t}$	双边国家人口	23485	63022.07	166081.35	0	1338658.8
$Cont_{i,t}$	两国是否相邻	23485	0.18	0.385	0	1
$CPI_{i,t}$	双边 CPI 指数	23485	1.058	0.212	0	1.75
$Arable_{i,t}$	可耕地面积占比	23485	19.107	14.54	0	60.8
$Oil_{i,t}$	石油资源租金	23485	-.189	1.075	-3.452	1.155
$Gas_{i,t}$	天然气资源租金	23485	-.631	1.273	-5.792	0.898
$Coal_{i,t}$	煤炭资源租金	23485	-2.625	2.35	-9.847	3.257
$Sfi_{i,t}$	社会脆弱指数	23485	1.398	3.376	0	16
$Wgi_{i,t}$	世界政治指数	23485	0.572	0.865	-1.178	1.889
$Enroll_{i,t}$	高等院校入学率	23485	45.802	30.788	0	136.603
$Labor_{i,t}$	劳动力占比	23485	15.742	1.816	11.746	19.972
$Aid_{i,t}$	当年援助承诺额	23485	5.864	8.945	0	23.983
$Aid\_Num_{i,t}$	当年援助数	23485	2.28	4.44	0	28
$Aid\_Old_{i,t}$	累计援助数	23485	17.833	34.391	0	212
$ODA_{i,t}$	官方发展援助	23485	3.334	6.816	0	21.465
$OOF_{i,t}$	其他官方流入	23485	4.719	8.508	0	23.983
$Glass_{i,t}$	中国玻璃产量	23485	28546.45	36058.106	0	83765.8
$RSteel_{i,t}$	中国粗钢产量	23485	27643.07	35291.917	0	87074.09
$Steel_{i,t}$	中国钢铁产量	23485	35214.47	45361.3	0	112513.12
$GVC\_Pos_{i,t}$	中国全球价值链生产地位指数	23485	-0.021	0.051	-0.172	0.073
$OFDI_{i,t}$	中国对外投资数	23485	6.975	1.418	4.605	10.886
$Export_{i,t}$	出口总额	23485	22.372	1.931	16.704	26.613

4.

实证分析

4.1 基准回归结果

由于面板数据的使用，本文可用的面板回归模型包括固定效应、混合效应和随机效应模型。本文的检验过程如表4－1所示，作为强平衡面板，该数据存在显著的个体效应和随机效应，因此拒绝混合效应模型。

表4－1　　基准模型：前置检验

检验类型	F检验
假设	H0：个体间不存在显著差异；
	H1：个体间存在显著差异，考虑固定效应；
检验	F（60，608）＝63.76
	Prob ＞ F ＝ 0.0000
结果	拒绝原假设H0
	个体间截距项存在显著差异，固定效应模型优于混合效应模型
检验类型	BP检验（LM）
假设	H0：残差符合自由度为1的卡方分布；
	H1：不符合上述分布，考虑随机效应；
检验	chibar2（01）＝2292.13
	Prob ＞ chibar2 ＝0.0000
结果	拒绝原假设H0
	存在随机效应，随机效应模型优于混合效应

在固定效应和随机效应模型的选择上，本文首先进行序列相关性和异方差的检验，结果原模型存在显著的序列相关性（F统计量为78.41，拒绝

原假设）和异方差性（Chi2 统计量为 3273.58，拒绝原假设），因此常规的 Hausman 检验不能适用，本文选择基于过度识别检验的 Wald 统计量进行检验，如表 4－2 所示。

表 4－2　　基准模型：前置检验 2

检验类型	Wald 过度识别检验
假设	H0：解释变量与残差间存在相关性
	H1：不存在相关性，考虑固定效应模型
检验	Sargan-Hansen ＝ 9.649
	P－value ＝ 0.0080
结果	拒绝原假设 H0
	固定效用模型优于随机效应模型

根据上述检验结果，本文选择固定效应模型进行拟合回归，以中国全球价值链地位指数为被解释变量的基准回归结果如表 4－3 所示，第（1）列的结果为只控制行业效应后的结果，显示对外援助支出对中国全球价值链指数具有显著的负向效应，根据 GVC 地位指数的设计，该指数下降时表示上游依赖度相对于下游影响度的重要性在下降。具体而言，当对外援助增加 1% 时，中国显著向产业链下游迁移 0.14%，更接近链条末端。第（2）列的结果为控制个体效应后的结果，对外援助对中国全球价值链地位提升（体现为指数的负向效应）依然有显著的促进作用。第（3）列和第（4）列表示依次增加控制变量和引力部分进行控制的结果，促进作用有所下降，但依然显著。

表 4－3　　援助与 GVC 地位：基准回归

被解释变量：$GVC\_Pos_{i,t}$	(1)	(2)	(3)	(4)
$Aid_{i,t}$	−0.0014**	−0.0015**	−0.0012*	−0.0013**
	(−2.037)	(−2.298)	(−2.247)	(−2.336)
$NAid_{i,t}$	−0.025*	−0.026*	−0.001	−0.002
	(−1.809)	(−1.846)	(−0.144)	(−0.202)
$CPI_{i,t}$			0.056**	0.052**
			(2.598)	(2.822)
$Arable_{i,t}$			−0.013	−0.012
			(−0.944)	(−0.931)

续表

被解释变量：$GVC\_Pos_{i,t}$	(1)	(2)	(3)	(4)
$Gas_{i,t}$			0.001 (0.491)	0.001 (0.339)
$Coal_{i,t}$			0.002 (0.534)	0.001 (0.470)
$Sfi_{i,t}$			0.001 (0.514)	0.002 (0.731)
$Wgi_{i,t}$			0.009 (0.381)	0.007 (0.247)
$Labor_{i,t}$			0.295*** (5.716)	0.309*** (5.999)
$GDP_{i,t}$				-0.000* (-2.154)
$Pop_{i,t}$				0.000 (1.641)
$WTO_{i,t}$				0.004 (1.122)
$RTA_{i,t}$				0.000 (.)
Constant	0.005 (0.330)	0.006 (0.456)	-4.794*** (-6.019)	-8.388** (-3.054)
Country	No	Yes	Yes	Yes
Year	No	No	Yes	Yes
Sector	Yes	Yes	Yes	Yes
N	23485	23485	23485	23485
r^2			0.894	0.897

注：括号中为 t 统计量；***、**、* 分别表示 1%、5%、10% 的显著水平；Country、Year、Sector 分别表示个体、时间、行业效应控制与否；以下各表同。

4.2 稳健性检验

基准回归的结果初步支持了中国的对外援助对中国全球价值链地位的改善作用，为了保证结果的稳健性，本文依照孙楚仁等（2021）、李嘉楠等（2021）的做法，采用更换解释变量、筛选样本的做法，另外依照 Bluhm 等（2018）和杨攻研（2021）的做法，设置滞后期检验援助效应。本文还注意到，对外援助领域经常收到内生性问题的质疑，这是因为随着中国对外援助项目的落实和规模的扩张，与某些国家的经贸合作更加密切，而后者反过来可能影响中国的援助决策，向这些援助效果更好、促贸效率更高的国家提供更松的预算限制和更多的援助金额，因而产生反向因果的内生性问题。具体的处理方法和结果在下文展示。

4.2.1 更换解释变量的测算方式

为了检验被解释变量和解释变量之间因果关系的稳健性，本文替换了被解释变量的指标，基础回归中使用的是中国当年的承诺援助额 $Aid_{i,t}$，替换为中国当年的承诺援助数额 $Aid\_Num_{i,t}$ 和历史援助数额 $Aid\_Old_{i,t}$（冯凯等，2022；Dreher 等，2017）进行回归，结果如表 4 - 4 所示。第（1）列结果显示，作为援助金额最常见的同义变量，承诺援助数额对中国全球价值链地位同样具有显著的改善作用，和基准回归的结果是一致的。第（2）列结果显示，中国累积的援助数额则会使中国对援助国的依赖程度提升，从侧面反映长期水平援助很可能加剧中国对受援国基础产业的依赖。

表 4 - 4　援助与 GVC 地位：稳健性检验 - 替换解释变量

被解释变量：$GVC\_Pos_{i,t}$	(1)	(2)
$Aid\_Num_{i,t}$	-0.0025***	
	(-4.365)	
$Aid\_Old_{i,t}$		0.0023***
		(5.617)
Constant	-0.901	3.546
	(-0.152)	(0.888)
Control	Yes	Yes

续表

被解释变量：$GVC\_Pos_{i,t}$	(1)	(2)
Country	Yes	Yes
Year	Yes	Yes
Sector	Yes	Yes
N	23485	23485
r^2	0.718	0.753

注：为展示简洁和缩减篇幅，该表未展示控制变量部分的系数结果。

4.2.2 考虑滞后期

中国对外援助支出的滞后效应一直是学界研究的重点（孙楚仁等，2021），并且中国全球价值链地位的提升很可能不是当期即时显现的，因此本文考虑和分析援助的滞后效应。杨攻研（2021）根据对中国绝大多数援助项目的梳理后发现，建设性援助项目通常在承诺后两年内能够竣工，本文借鉴这一事实，设置解释变量滞后两期进行稳健性检验，回归结果如表4-5所示，第（1）列和第（2）列结果显示，滞后两期的援助仍对当期中国全球价值链地位具有显著的促进作用，但控制了当期后，滞后期的促进作用不再显著。

表4-5　援助与GVC地位：稳健性检验—滞后期

被解释变量：$GVC\_Pos_{i,t}$	(1)	(2)
$Aid_{i,t}$	-0.0015**	
	(-2.842)	
$NAid_{i,t}$	0.007	
	(0.924)	
$Lag2.Aid_{i,t}$	-0.001	-0.002**
	(-2.013)	(-2.839)
$Lag2.NAid_{i,t}$	0.004	-0.044**
	(0.372)	(-3.565)
$Constant$	-5.342*	-2.307
	(-2.266)	(-0.333)

续表

被解释变量：$GVC\_Pos_{i,t}$	(1)	(2)
Control	Yes	Yes
Country	Yes	Yes
Year	Yes	Yes
Sector	Yes	Yes
N	19215	19215
r^2	0.985	0.869

4.2.3 剔除特殊样本

由于样本是使用亚洲开发银行公布的投入产出表进行分解和对中国对外援助的交叉得到，因此存在不少并非中国援助对象的国家，绝大多数为西方发达国家；另外，剔除特殊国家的方式大多以较多混杂因素作为标准，中国与发达、发展中国家之间的经济关系区别较大，因而价值链地位的变化很可能并非由援助引发，通过统一的控制变量集很难进行控制，因此，本文对发达国家和发展中国家进行区分，删除了样本中属于发达国家的部分，包括：澳大利亚、奥地利、加拿大、芬兰、瑞士、比利时、丹麦、法国、德国、希腊、新加坡、美国、葡萄牙、挪威、爱尔兰、日本、卢森堡这17国。回归结果如表4-6所示，第（1）列显示样本剔除后，结果依然显著，和基础回归保持一致。

表4-6　　援助与GVC地位：稳健性检验—剔除特殊样本

被解释变量：$GVC\_Pos_{i,t}$	(1)
$Aid_{i,t}$	-0.001*
	(-2.482)
$NAid_{i,t}$	0.007
	(0.787)
Constant	-5.321*
	(-2.868)
Control	Yes

续表

被解释变量： $GVC\_Pos_{i,t}$	(1)
Country	Yes
Year	Yes
Sector	Yes
N	16940
r^2	0.937

4.2.4 工具变量回归

为了能够更真实、精确地识别对外援助和中国全球价值链地位之间的因果关系，解决可能的内生性问题，本文采用工具变量法进行回归检验。通常而言，一方面，随着对外援助规模的扩大和既往项目的落实，双边贸易伙伴关系会进一步加深，同时限制往来的条件也在逐渐放松，分工协作有明显改善；另一方面，中国对于南南合作框架之下、一带一路协议之内那些拥有长期援助经验、深刻伙伴关系的国家更愿意进行援助。对于这一可能的反向因果问题，本文采用李嘉楠等（2021）、杨攻研等（2019）在类似研究中使用的工具变量，即中国钢铁年产量滞后项与受援国接受中国援助频率的交乘项，原因和做法如下：（1）本文拟采用的是固定效应模型，而对一国援助的数额与其滞后一期数额间可能有较强的自相关关系，会极大影响回归系数的准确性；（2）国外学者认为以钢铁为主要原材料的大型基础建设项目是中国对外援助的最典型特征，这是因为钢铁制造能力有限的受援国通常要借助中国钢铁产能进行项目建设（Bräutigam，2009），事实上中国也乐于以此形式来对援助项目进行优惠贷款融资，项目所需的钢材有超过50%由中国提供（Bräutigam，2011）；（3）国内学者杨攻研（2019）还发现受援国所受援助规模还取决于该国过去接受援助的频率，因为已经建立了良好援助合作关系的国家，在钢铁产量提升时更容易接受更大规模的援助。综合来看，钢铁产能与援助频率这一交乘项与援助规模关系密切，同时也和受援国本身的经济贸易水平关系不大，同时满足了工具变量的相关性要求和外生性要求。工具变量设置为 $Steel_{t-1} \cdot P_{i,t}$，变量 $Steel_{t-1}$ 表示援助国（中国）在援助承诺时间 t 上一年的钢（或粗钢、平板玻璃等优势产能[①]）的

① 产能数据均来自中经网数据库：https：//db-cei-cn-s.webvpn.cufe.edu.cn/。

产量（万吨），是援助决策的主要参考；$P_{i,t}=\sum_{t_0}^{t}A_{i,t}$，表示受援国在 t 时点已经接受的历史援助笔数（次），$A_{i,t}$ 为虚拟变量，当该年接受援助时即为1，否则为0。具体的回归结果如表4-7所示：第（1）列为第一阶段回归结果，使用中国钢铁产量、粗钢产量和平板玻璃三种优势产能的滞后一期（李嘉楠等，2021）和累计援助数的乘积作为工具变量，第（2）列为使用工具变量的回归结果，结果显示2LSL下对外援助能够显著提高中国在全球价值链中的地位。内生性检验统计变量为5.895，在5%的置信水平上否定外生原假设，证明模型显著存在内生性问题；识别不足检验方面，从表中汇报的Sanderson-Wind Meijer Chi-Sq（SW检验）结果看，在1%的置信水平上显著拒绝识别不足的原假设，Kleibergen-Paap LM为9.05，在5%的置信水平上显著拒绝识别不足的原假设，进一步确保没有识别不足的现象出现；弱工具变量检验方面，SW检验F统计量和KP-F统计量为13.47，大于Stock Yogo 10%显著水平下的临界值9.08，因此拒绝弱识别的原假设；过度识别检验使用的Hansen-J统计量，为0.404，P值为0.8172，不能拒绝工具变量有效的原假设，通过检验。

表4-7　援助与GVC地位：稳健性检验-工具变量回归

第一阶段回归	
被解释变量：$Aid_{i,t}$	(1)
$ln(Steel_{i,t-1})\times P_{i,t}$	-23.21^{**}
	(-2.01)
$ln(RSteel_{i,t-1})\times P_{i,t}$	9.83
	(0.74)
$ln(Glass_{i,t-1})\times P_{i,t}$	19.51^{**}
	(2.12)
Control	Yes
Country	Yes
Year	Yes
Sector	Yes
N	23485
r^2	0.937

续表

第二阶段回归	
被解释变量： ***$GVC\_ Pos_{i,t}$***	**(2)**
$Aid_{i,t}$	-0.0023* (-2.38)
Control	Yes
Country	Yes
Year	Yes
Sector	Yes
N	23485
r^2	0.937
假设检验	
内生性检验（Endogeneity）	
Endogeneity test	5.895（0.0152）
识别不足检验统计量（Under identification）	
Sanderson-Wind Meijer Chi - Sq	44.02
Kleibergen-Paap rk LM	9.05（0.0286）
弱工具变量检验统计量（Weak Identification）	
Sanderson-Wind Meijer F - static	13.47
Cragg-Donald Wald F statistic	7.45
Kleibergen-Paap Wald rk F	13.47
过度识别检验统计量（Over Identification）	
Hansen J statistic	0.404（0.8172）

4.3 异质性检验

4.3.1 按类别区分中国对外援助

对外援助领域的研究非常重视不同援助目的对于经济指标的不同影响，例如 Clemens 等（2004）认为不同类型援助对于受援国经济增长的效果是不同的；Pettersson 和 Johansson（2013）认为技术型援助和促贸援助对国家进出口的影响是截然不同的。因此本文按照不同的官方分类方式对中国对外援助进行分解，并分别进行回归检验。

第一种分类方法，是本文参照国内外学者统一的做法，以 OECD 的 CRS 代码（括号中为编码）为标准（黄梅波等，2015），按照援助流入部门的不同，将中国对外援助区分为五类：第一类为社会建设援助，主要包括教育（110）、健康（120）、生育等人口政策（130）、文化建设（150、160）等，主要针对个人健康、人力资本等公共服务领域；第二类为基础设施援助，针对包括水设施（140）、交通及仓储（210）、通信（220）、能源（230）、金融和商业服务（240、250）等，主要用于弥补受援国政府在基础公共支出方面的不足（冯凯等，2021）；第三类为生产性援助，主要针对生产性部门，包括农林渔业（310）、工业和采矿业（320）等，主要用于帮助受援国快速积累生产能力和资源使用能力，这其中有关贸易政策类的援助（330）出于本文既定的理论机制被单独分为一类贸易政策援助；第四类为对政府的各项财政支持，包括环境保护（410）、多部门援助（430）、一般预算支持（510）、粮食援助（520）、债务相关援助（600）、应急和人道主义援助（720、730、740）等（朱玮玮等，2018）。对应的，模型 1 中的对外援助部分 $Aid_{i,t}$可以被相应分解，其中，$Aid_\ 1_{i,t}$代表社会建设援助，$Aid_\ 2_{i,t}$代表基础设施援助，$Aid_\ 3_{i,t}$代表生产性援助，$Aid_\ 4_{i,t}$代表贸易政策援助，$Aid_\ 5_{i,t}$为其他财政类型援助。

第二种分类方法是可以按照 OECD 对援助成分的划分，将模型 1 中的对外援助 $Aid_{i,t}$分解为 ODA 类援助和 OOF 类援助①，$ODA_{i,t}$表示中国在 t 年向 i 国承诺的官方发展援助金额，$OOF_{i,t}$表示中国在 t 年向 i 国承诺的其他官方资金金额。两种分类方式的回归结果如表 4-8 所示，其中第（1）列到第（5）列分别为按照 CRS 代码分类的五种援助类型回归结果，异质性检验结果表明，不同援助类型对中国全球价值链的影响不同，基础建设性援助和生产性援助对中国全球价值链地位的向上游迁移的影响非常显著，一方面和该类援助规模、数量最多有关，另一方面基础建设性援助多和通信类、交通类等公共基础设施相关，而生产性援助多和农林渔、采矿等行业密切相关，均容易加深中国与受援国基础产业的合作程度，进而使中国增强对该国原材料、能源的需求，符合理论机制中的叙述；其中第（6）列和第（7）列分别为按照 OECD 对援助构成的分类标准进行的回归结果，结果表明 ODA 类援助能够

---

① OECD 标准下的 ODA（官方发展援助）是指以经济民生建设为目的，捐赠比例不低于 25%，并且援助对象为发展中国家的援助，其他则归入 OOF 类（其他官方资金流动）。

显著提升中国全球价值链生产的地位水平，而 OOF 类援助则相对不显著。

表 4－8　　援助与 GVC 地位：异质性检验—分援助类别

被解释变量：$GVC\_Pos_{i,t}$	(1)	(2)	(3)	(4)	(5)	(6)	(7)
$Aid\_1_{i,t}$	0.0008**						
	(2.428)						
$NAid\_1_{i,t}$	0.0136*						
	(2.265)						
$Aid\_2_{i,t}$		0.0025***					
		(3.361)					
$NAid\_2_{i,t}$		0.055***					
		(3.187)					
$Aid\_3_{i,t}$			0.0026**				
			(2.640)				
$NAid\_3_{i,t}$			0.064**				
			(3.017)				
$Aid\_4_{i,t}$				－0.000			
				(－1.452)			
$NAid\_4_{i,t}$				0.000			
				(Omitted)			
$Aid\_5_{i,t}$					－0.001		
					(－1.510)		
$NAid\_5_{i,t}$					－0.011		
					(－1.092)		
$ODA_{i,t}$						－0.0007**	
						(－2.698)	
$NODA_{i,t}$						－0.007*	
						(－2.032)	
$OOF_{i,t}$							－0.000
							(－0.353)
$NOOF_{i,t}$							0.003
							(0.099)

续表

被解释变量：$GVC\_Pos_{i,t}$	(1)	(2)	(3)	(4)	(5)	(6)	(7)
Constant	-10.815***	-10.103***	-10.495***	-9.223***	-9.699***	-8.970***	-8.808***
	(-4.214)	(-3.588)	(-4.806)	(-4.443)	(-4.336)	(-4.110)	(-3.947)
Control	Yes	Yes	Yes	Yes	Yes	Yes	Yes
Country	Yes	Yes	Yes	Yes	Yes	Yes	Yes
Year	Yes	Yes	Yes	Yes	Yes	Yes	Yes
Sector	Yes	Yes	Yes	Yes	Yes	Yes	Yes
N	23485	23485	23485	23485	23485	23485	23485
r^2	0.816	0.813	0.922	0.809	0.813	0.814	0.853

4.3.2 按行业区分全球价值链地位

不同类型援助的影响在不同领域的价值链地位之间并不是中性的。例如，由于某些援助资源具备战略性质或稀缺性，如钢铁、生产标准等，某些部门会对这些援助反应强烈。因此，本文将中国全球价值链地位的数据尽可能分解为若干子行业分别进行异质性检验。一种区分标准按照亚洲发展银行 MRIO 数据库中 ISIC3 的分类方式，将原有的35 部门依次归类为5 部门，另一种区分标准采用李荣林等（2021）的做法，将 35 部门归类为常见的第一、第二和第三产业，具体的区分方式和匹配关系如表 4－9 所示。

表 4－9 行业匹配关系表

<table>
<tr><th>援助类型</th><th>35 部门分类</th><th>5 部门分类</th><th>产业分类</th></tr>
<tr><td rowspan="9">生产性援助</td><td>农林渔业</td><td rowspan="2">基础产业</td><td>第一产业</td></tr>
<tr><td>采矿、冶炼业</td><td rowspan="8">第二产业</td></tr>
<tr><td>食物、香烟和饮料业</td><td rowspan="5">低技术产业</td></tr>
<tr><td>纺织和纺织产品业</td></tr>
<tr><td>皮革和皮制品业</td></tr>
<tr><td>伐木和木制品业</td></tr>
<tr><td>纸、印刷和出版业</td></tr>
<tr><td>精炼、燃料业</td><td rowspan="2">中等技术产业</td></tr>
<tr><td>化学和化学制品业</td></tr>
</table>

续表

援助类型	35 部门分类	5 部门分类	产业分类
生产性援助	橡胶和塑料业	低技术产业	第二产业
	其他非金属矿物业		
	基本金属和人造金属业	中等技术产业	
	机械制造业		
	电子、光学设备业		
	交通工具业		
	手工生产和回收业	低技术产业	
	电气水供应业		
	建筑业		
贸易政策类援助	汽车销售、维修和燃油	商业	第三产业
	汽车批发业		
	其他分销产业		
基础设施援助	宾馆、酒店业		
	陆上交通业		
	水上交通业		
	空运交通业		
	其他交通辅助业		
	通讯业		
	金融中介业		
	房地产业		
	设备租赁和商业服务		
财政支持性援助	国防和社会安全	私人和公共服务	
社会性援助	教育		
	健康业		
	其他社区服务业		
	雇工私人家庭业		

本文主要以五部门和三行业进行异质性检验，区分援助在不同领域的影响效果，具体回归结果如表 4 - 10 所示，其中第（1）列到第（5）列分别为对基础行业、低技术行业、中等及高等技术行业、商业、私人和公共服务业的 GVC 地位指数进行的回归结果，结果显示援助对中等及高等技术的

表 4 - 10　　援助与 GVC 地位：异质性检验—分行业类别

变量	(1)	(2)	(3)	(4)	(5)	(6)	(7)	(8)
$Aid_{i,t}$	0.000	-0.000	-0.0003***	-0.000	-0.000	-0.001	-0.0013**	-0.001
	(1.598)	(-0.718)	(-3.393)	(-1.224)	(-0.280)	(-1.758)	(-2.695)	(-1.582)
$NAid_{i,t}$	0.010***	-0.000	0.000	-0.000**	0.000	0.006	-0.003	-0.033**
	(9.005)	(-0.907)	(1.603)	(-2.343)	(0.891)	(0.542)	(-0.222)	(-2.418)
Constant	0.029	-0.268	-0.102	0.018	-0.049	0.158	-11.705***	-1.904
	(0.078)	(-1.392)	(-1.733)	(0.277)	(-0.726)	(0.081)	(-4.788)	(-0.837)
Control	Yes	Yes	Yes	Yes	Yes	Yes	Yes	Yes
Country	Yes	Yes	Yes	Yes	Yes	Yes	Yes	Yes
Year	Yes	Yes	Yes	Yes	Yes	Yes	Yes	Yes
N	23485	23485	23485	23485	23485	23485	23485	23485
r2	0.794	0.881	0.836	0.605	0.480	0.647	0.890	0.673

行业地位指数具有显著的向下游迁移的促进作用，该行业主要包括精炼、化工、电子及机械类制造业，向下游迁移表示中国从原材料加工、初始生产等低附加值活动向组装、成品销售等高附加值、更高利润活动转移，是中国国际分工地位的提高和产业升级的体现。但是应当注意的是，该行业内不同细分行业之间的生产特点仍有较大区别，例如高技术电子产品高附加值体现在最上游的设计端和最下游的销售端（微笑曲线规律），因此本文认为该实证结果的解释力有限。另外，第（6）列到第（8）列分别为对第一产业、第二产业、第三产业的 GVC 地位指数进行的回归结果，显示对外援助能够显著推动第二产业向下游迁移，这表明对外援助能够对长期处于低端锁定、低附加值生产的国内制造业产生明显的升级推动能力。

4.4 机制检验

为检验假说 2 的机制效应，本文采用了 Bootstrap 法进行检验。由于本文设置了两类机制，一类是以中国对外投资 $OFDI_{i,t}$ 作为间接因子，另一类是以中国出口 $Export_{i,t}$ 作为间接因子。本文先对 $OFDI_{i,t}$ 进行机制检验：中介效应的分析前提是检验模型 1 中解释变量系数的显著性，模型 1 基准回归的结果已经证明了该前提的可靠性，不予赘述；然后检验模型 2 中的 β_1^* 和 β_3 系数显著性，结果 β_1^* 为 0.009（0.36），不具备显著性，β_3 为 -0.001^{**}（-2.43），在 5% 的置信水平上显著不为 0，综合结果表明存在中介效应，至少应当通过 Bootstrap 法进行验证；本文使用 Bootstrap 法对 $\beta_1^* \times \beta_3$ 和 β'_1 的显著性进行检验，结果如表 4－11 所示，表明对外援助除了对中国全球价值链的地位有显著影响外，同样也通过中国对外投资 $OFDI_{i,t}$ 为路径产生间接影响，中介效应比例大致为 20%，该结论符合本理论机制中对外投资的影响路径总结。

表 4－11　　援助与 GVC 地位：机制检验

统计指标	系数表征	解释	结果
r（ind_ eff）	$\beta_1^* \times \beta_3$	间接效应	0.0002^{**} （0.049）
r（dir_ eff）	β'_1	直接效应	0.001^{**} （0.019）

本文接下来对 $Export_{i,t}$ 进行机制检验：同样，中介效应的分析前提是假

设 1 的实证结果，和前一类相同；模型 2 中的 β_1^* 和 β_3 系数结果为 0.01 *** (3.06) 和 -0.015 *** (-0.30)，在 1% 的置信水平上均显著异于零，综合结果表明存在中介效应，跳过步骤 3 直接检验 β'_1 的显著性，结果显示为 -0.0001 (-0.30)，表明中国出口 $Export_{i,t}$ 的中介效应的确存在，Bootstrap 法对间接效应的计算结果为 0.001 *** (6.77)，进一步说明中国的对外援助以出口为路径对中国全球价值链地位产生间接作用，该结论与理论机制一致。

5. 结论与政策建议

5.1 实证结论

本文通过实证研究得出的结论如下：（1）对外援助的确促进了中国的全球价值链地位，对外援助每提升1%，中国在价值链上的位置向下游迁移0.1%左右；（2）基础设施类援助、生产性援助会使中国和受援国上游产业联系加强，对外援助每提升1%，中国在价值链上的平均位置向上游迁移0.2%左右，ODA援助的效用则相反，推动中国GVC地位整体向下游迁移，推动作用约为0.1%；（3）按行业分类的异质性分析显示对外援助对中国第二产业的价值链地位具有显著的推动作用，对外援助提升1%，第二产业整体向世界下游迁移0.13%左右；（4）对外援助对中国全球价值链地位的影响存在直接和间接两种机制，后者通过中国对外投资和贸易水平作为中介渠道。

5.2 政策建议

5.2.1 发挥促进作用，对外援助支出应稳中有升

对外援助的确能够影响中国在全球价值链中的生产地位。具体而言，基建型、生产性援助会加强中国和受援国基础产业之间的联系，从而加强中国对其上游产业的依赖，价值链地位整体水平上移，是一个局部的短期结果；但对外援助同时直接或通过对外投资扩大、贸易水平提高等间接方式化解国内过剩产能、优化要素供给、提供庞大需求，为中国工业制造业实现产业升级、更新提供动力，使中国行业在全球价值链中整体向下游迁

移，是一个全局的长期结果。在此认知基础上，中国可以增加整体支出规模，尤其加大基础设施建设类、生产性援助支出，促进中国和受援国上游产业的联系。

5.2.2 发挥协同作用，对外援助预算统筹规划

实证结果说明了不同类型的援助对中国 GVC 活动的影响各有不同，例如基础设施援助和生产性援助在短期内都能产生促进中国产业上游化，ODA 类援助则能促进中国产业下游化，除方向不同外，二者程度也各有差异。中国在规范和管理对外援助预算时应考虑筹划和援助规律，具体来说：(1) 通过针对不同国家、不同援助的组合抵消不利因素和实现长期目标，保证跨期效用的最大化，实现长期分工协促的双赢目标；(2) 执行基础建设类援助或生产性援助时应当予以额外关注，辩证看待援助带来的中国和受援国上游产业的影响。

5.2.3 发挥渠道效应，以对外援助撬动产业升级

本文的实证结果还说明了对外援助不仅能够直接影响中国的全球价值链生产地位，还能通过拉动对外直接投资和促进贸易水平从而产生间接影响。因此，除了负担政治和外交任务外，中国通过执行不同类型的对外援助，不仅能够与援助国低端生产部门产生更密切的联系，缓解国内对关键稀缺资源的需求、化解国内过剩产能，还能拉动对外投资以实现产业转移和国内要素释放，促进贸易水平、扩张市场来回馈和激发国内企业升级动力，进而从多个方面协同实现提升中国全球价值链地位的目标。中国应当继续推进以“一带一路”框架为核心的南南合作方式，以平台方式输送更多经济合作和援助项目，同时通过不同的财政政策、货币政策配合对外投资和促贸战略，与对外援助协同配合，共同促进中国全球价值链生产地位的提升。

参考文献

[1] 白永秀，王泽润，王颂吉．丝绸之路经济带工业产能合作研究［J］．经济纵横，2015（11）：28－34.

[2] 陈继勇，余罡，葛明．全球价值链视角的中国对外贸易不平衡及其结构研究［J］．经济管理，2016（4）：11.

[3] 陈杰．“一带一路”背景下的我国对外援助［J］．新经济，2020（8）：64－68.

[4] 陈曦．中国对外援助财政预算管理改革探索［J］．中央财经大学学报，2021（11）：24－35.

[5] 陈子雷．发展援助、政企合作与全球价值链——日本对外经济合作的经验与启示［J］．国际经济合作，2017（12）：48－52.

[6] 程惠芳，阮翔．用引力模型分析中国对外直接投资的区位选择［J］．世界经济，2004（11）：23－30.

[7] 程俊杰．转型时期中国产能过剩测度及成因的地区差异［J］．经济学家，2015（3）：74－83.

[8] 崔文星，叶江．结果导向型援助及其超越——兼论中国国际发展合作与全球发展话语权［J］．国际展望，2022，14（1）：74－94，159－160.

[9] 戴翔，宋婕．“一带一路”倡议的全球价值链优化效应——基于沿线参与国全球价值链分工地位提升的视角［J］．中国工业经济，2021（6）：99－117.

[10] 戴翔，宋婕．“一带一路”有助于中国重构全球价值链吗？［J］．世界经济研究，2019（11）：108－121，136.

[11] 丁秀飞，毕蕾，仲鑫．中国对外直接投资与制造业全球价值链升级的双向影响关系研究［J］．宏观经济研究，2021（12）：69－82.

[12] 董虹蔚，孔庆峰．对中美双边贸易利益结构的测算与分析——基于WWZ方法的测算与实证研究［J］．商业经济与管理，2019（6）：40－56.

[13] 董艳，樊此君．援助会促进投资吗——基于中国对非洲援助及直接投资的实证研究［J］．国际贸易问题，2016（3）：59－69.

[14] 杜运苏，彭冬冬，陈启斐．服务业开放对企业出口国内价值链的影响——基于附加值率和长度视角［J］．国际贸易问题，2021（9）：18.

[15] 冯凯，李荣林，陈默．中国对非援助与非洲国家的经济增长：理论模型与实证分析［J］．国际贸易问题，2021（11）：21－36.

[16] 郝晓，王林彬，孙慧，赵景瑞．中间品进口网络特征与全球价值链分工地位——基于“一带一路”沿线国家网络集约性和广延性的经验分析［J］．西部论坛，2022：1－16.

[17] 何树全，高旻. 基于增值贸易的中国国际贸易竞争力分析 [J]. 世界经济研究，2014 (8)：60-66.

[18] 黄梅波，朱丹丹. 国际发展援助的出口多样化促进效应分析——基于66个受援国面板数据的实证研究 [J]. 财贸经济，2015 (2)：97-108.

[19] 黄友星，李恒丞，杨宇. 对外援助能促进能源对外直接投资吗？——来自中国企业的微观证据 [J]. 自然资源学报，2020，35 (11)：2724-2743.

[20] 江涛. 中国对苏丹的援助：过程、动因与调整 [J]. 中央财经大学学报，2015 (S1)：197-202.

[21] 李芳芳，张倩，程宝栋，熊立春，侯方森. "一带一路"倡议背景下的全球价值链重构 [J]. 国际贸易，2019 (2)：73-79.

[22] 李嘉楠，龙小宁，姜琪. 援助与冲突——基于中国对外援助的证据 [J]. 经济学（季刊），2021，21 (4)：1123-1146.

[23] 林毅夫，巫和懋，邢亦青. "潮涌现象"与产能过剩的形成机制 [J]. 经济研究，2010，45 (10)：4-19.

[24] 刘爱兰，王智烜，黄梅波. 中国对非援助是"新殖民主义"吗——来自中国和欧盟对非援助贸易效应对比的经验证据 [J]. 国际贸易问题，2018 (3)：163-174.

[25] 刘源丹，刘洪钟. 中国对外直接投资如何重构全球价值链：基于二元边际的实证研究 [J]. 国际经贸探索，2021，37 (11)：20-36.

[26] 吕文栋，逯春明，张辉. 全球价值链下构建中国中药产业竞争优势——基于中国青蒿素产业的实证研究 [J]. 管理世界，2005 (4)：75-84.

[27] 马述忠，刘梦恒. 全球价值链背景下中国OFDI的网络化趋势及其默会知识逆向溢出研究 [J]. 对外经济贸易大学学报，2017 (3)：74-85.

[28] 毛蕴诗，王婕，郑奇志. 重构全球价值链：中国管理研究的前沿领域 [J]. 学术研究，2015 (11)：85-93.

[29] 聂名华，徐英杰. 对外直接投资逆向技术溢出与全球价值链升级研究进展 [J]. 科技管理研究，2016，36 (15)：153-158，165.

[30] 欧定余，田野. "一带一路"国家全球价值链中的中国角色——基于国家间投入产出表的分析 [J]. 经济科学，2020 (4)：19-32.

[31] 彭冬冬，林珏. "一带一路"倡议下中国对外援助的贸易促进效应 [J]. 苏州市职业大学学报，2019，30 (2)：2-13.

[32] 齐俊妍，聂燕峰. NEM异质性、上下游嵌入与东道国GVC分工地位 [J]. 国际贸易问题，2018 (7)：82-94.

[33] 齐绍洲，徐佳. 贸易开放对"一带一路"沿线国家绿色全要素生产率的影响 [J]. 中国人口·资源与环境，2018，28 (4)：134-144.

[34] 宋微. "一带一路"倡议下以对外援助促进对外经贸合作的政策思考 [J]. 国际贸易，2020 (6)：80-88，96.

[35] 孙楚仁，何茹，刘雅莹. 对非援助与中国企业对外直接投资 [J]. 中国工业经济，2021 (3)：99-117.

[36] 孙楚仁，徐锦强，梁晶晶. 中国对非援助与受援国出口结构转换 [J]. 财贸

经济，2019，40（7）：82－94.

［37］孙瑾，杨英俊．中国与“一带一路”主要国家贸易成本的测度与影响因素研究［J］．国际贸易问题，2016（5）：94－103.

［38］汪文卿，赵忠秀．中非合作对撒哈拉以南非洲国家经济增长的影响——贸易、直接投资与援助作用的实证分析［J］．国际贸易问题，2014（12）：68－79.

［39］王彦芳，陈淑梅．全球价值链视角下中国钢铁产能过剩形成机制［J］．北京理工大学学报（社会科学版），2018，20（4）：9－18.

［40］王玉萍．对新时代中国对外援助政策调整的思考［J］．现代国际关系，2018（8）：11－64.

［41］王钊．中国的基础设施建设援助与国际发展援助的“共生”——援助国产业结构差异的视角［J］．外交评论（外交学院学报），2020，37（2）：51－81.

［42］温忠麟，叶宝娟．中介效应分析：方法和模型发展［J］．心理科学进展，2014，22（5）：731－745.

［43］吴福象，段巍．国际产能合作与重塑中国经济地理［J］．中国社会科学，2017（2）：44－206.

［44］吴凌芳，戴金平．中国对非援助、直接投资与非洲在全球价值链的地位提升［J］．上海对外经贸大学学报，2019，26（4）：27－37.

［45］颜克高．中国社会组织参与对外援助70年：经验、问题与展望［J］．国外社会科学，2021（1）：31－157.

［46］杨攻研，刘洪钟，范琳琳．援以止战：国际援助与国内武装冲突——来自中国对外援助的证据［J］．世界经济与政治，2019（11）：129－156.

［47］杨攻研，刘小玄，刘洪钟．中国对外援助在中低收入国家的减贫效应研究［J］．亚太经济，2021（4）：120－129.

［48］张汉林，袁佳，孔洋．中国对非洲ODA与FDI关联度研究［J］．世界经济研究，2010（11）：69－89.

［49］朱丹丹，黄梅波．中国对外援助的贸易成本削减效应研究［J］．世界经济研究，2015（7）：100－107.

［50］朱玮玮，徐康宁，王美昌．中国援助是否促进了非洲经济增长［J］．国际贸易问题，2018（7）：108－120.

［51］ADB. Aid for Trade：An Investment-Benefit Road Map from South Asia［R］．ADB Reports，2013.

［52］Arvin，B. M. and S. A. Choudhry，Untied Aid and Exports：Do Untied Aid Disbursements Create Goodwill for Donor Exports［J］．Canadian Journal of Development Studies，1997，18（1）：9－22.

［53］Arvin，M. and C. Baum. Tied and Untied Foreign Aid：A Theoretical and Empirical Analysis［J］．Keio Economic Studies，1997，34（2）：71－79.

［54］Arvis J F，Duval Y ，Shepherd B. Trade costs in the developing world：1995－2010［J］．World Trade Review，2016，15（3）：451－474.

［55］Baldwin，David A. Foreign Aid，Intervention，and Influence［J］．World Politics，

1969, 21 (3): 425 - 447.

[56] Barro, R. J., and J. W. Lee, A New Data Set of Educational Attainment in the World, 1950—2010 [J]. Journal of Development Economics, 2013, 104, 184 - 198.

[57] Bearce, David, H. Foreign Aid Effectiveness and the Strategic Goals of Donor Governments. [J]. Journal of Politics, 2010, 72 (3): 837 - 851.

[58] Beierlein L. Development aid and the governance of global value chains the case of the Bangladesh accord on fire and building safety [J]. Society and Business Review, 2020.

[59] Bermeo S. B. Aid Is Not Oil: Donor Utility, Heterogeneous Aid, and the Aid-Democratization Relationship [J]. International Organization, 2015, 70 (1): 1 - 32.

[60] Borin, A. and M. Mancini. Measuring What Matters in Global Value Chains and Value-Added Trade [J]. Policy Research working paper, 2009.

[61] Bräutigam D. Aid with Chinese characteristics: Chinese foreign aid and development finance meet the OECD-DAC aid regime [J]. Journal of international development, 2011, 23 (5): 752 - 764.

[62] Bräutigam D. The dragon's gift: The real story of China in Africa [M]. Oxford, UK: Oxford University Press, 2009.

[63] Burnside, Craig, Dollar. Aid, Policies, and Growth [J]. American Economic Review, 2000.

[64] Caryn Peiffer and Constantine Boussalis, "Determining Aid Allocation Decision-Mak Arvin and Byron Lew and Edward Elgar. Making: Towards a Comparative Sectored Approach [J]. Handbook on the Economics of Foreign Aid, 2015: 45 - 63.

[65] Clemens M, Radelet S, Bhavnani R. Counting Chickens When They Hatch: The Short-term Effect of Aid on Growth [J]. Working Papers, 2004 (12).

[66] DA Brautigam, Knack S. Foreign Aid, Institutions, and Governance in Sub-Saharan Africa [J]. Economic Development and Cultural Change, 2004, 52.

[67] David, Hummels. The nature and growth of vertical specialization in world trade [J]. Journal of International Economics, 2001.

[68] Dreher A, Fuchs A. Parks B. Aid, China, and Growth: Evidence from a New Global Development Finance Dataset [R]. AidData Working Paper, 2017, 46.

[69] Edwards, J. R., and Lambert, L. S. Methods for integrating moderation and mediation: A general analytical framework using moderated path analysis [J]. Psychological Methods, 2007, 12: 1 - 22.

[70] Elena McLean. Multilateral Aid and Domestic Economic Interests [J]. International Organization, 2015 (69): 97 - 130.

[71] Felicitas, M Zarzoso, Klasen. Aid and Trade -A Donor's Perspective [J]. Journal of Development Studies, 2009, 45 (7): 1184 - 1202.

[72] Francois J F, Manchin M. Institutions, Infrastructure, and Trade [J]. World Development, 2007, 46.

[73] Gnangnon, S. K., and M. Roberts. Aid for Trade, Foreign Direct Investment and

Export Upgrading in Recipient Countries [J]. Journal of International Commerce, 2017, 8 (2): 175.

[74] Gomanee K, Morrissey O, Mosley P. Aid, Government Expenditure, and Aggregate Welfare [J]. World Development, 2005, 33 (3): 355 -370.

[75] Griffin K B, Enos J L. Foreign Assistance: Objectives and Consequences [J]. Economic Development & Cultural Change, 1970, 18 (3): 314 -315.

[76] Hayes. Beyond Baron and Kenny: Statistical mediation analysis in the new millennium [J]. Communication Monographs, 2009, 76: 408 -420.

[77] Head K. Gravity for beginners [J]. University of British Columbia, 2003.

[78] Heinrich, Tobias. When is Foreign Aid Selfish, When is it Selfless? [J]. Journal of Politics, 2013, 75 (2): 422 -435.

[79] Hidemi Kimura, Yasuyuki Todo. Is Foreign Aid a Vanguard of FDI-A Gravity-Equation Approach [J]. RIETI Discussion Paper Series, 2007.

[80] Isaksson, A. S. , and A. Kotsadam. Chinese Aid and Local Corruption [J]. Journal of Public Economics, 2018, (159): 146 - 159.

[81] Jakob Svensson. When is Foreign Aid Policy Credible? Aid Dependenceand Conditionalit [R]. Policy Research Working Paper 1997: 1740.

[82] Johansson L M , Pettersson J. Tied Aid, Trade-Facilitating Aid or Trade-Diverting Aid? [J]. DEGIT, Dynamics, Economic Growth, and International Trade, 2008.

[83] Knack S. Aid Dependence and the Quality of Governance: Cross-Country Empirical Tests [J]. Southern Economic Journal, 2001, 68.

[84] Kojima, K. Japanese Direct Foreign Investment: A Model of Multinational Business Operations [J]. Tokyo: Charles E. Tuttle Company, 1978.

[85] Koopman R, Powers W, Wang Z. Give credit where credit is due: Tracing value added in global production chains [R]. National Bureau of Economic Research, 2010.

[86] Leonardo, Baccini, Johannes. Strategic Side Payments: Preferential Trading Agreements, Economic Reform, and Foreign Aid [J]. Journal of Politics, 2013.

[87] Linn, J. Market size in innovation: Theory and evidence from the pharmaceutical industry [J]. Quarterly Journal Of Economics, 2004 (119) .

[88] Huang X , Lu J. Africa Journal of Management Political Risk and Chinese Outward Foreign Direct Investment to Africa: The Role of Foreign Aid [J]. Africa Journal of Management, 2017, 3 (1) .

[89] Mayer F W, Milberg W. Aid for Trade in a world of global value chains: chain power, the distribution of rents and implications for the form of aid [J]. Brooks World Poverty Institute Working Paper, 2013.

[90] Mclean E V. Multilateral Aid and Domestic Economic Interests [J]. International Organization, 2015, 69 (1) .

[91] Morgenthau H. A Political Theory of Foreign Aid [J]. American Political Science Review, 1962, 56 (2): 301 -309.

[92] Munemo J. Foreign aid and export diversification in developing countries [J]. Journal of International Trade & Economic Development, 2011, 20 (3): 339 - 355.

[93] Novy D. Is the Iceberg Melting Less Quickly? International Trade Costs after World War II [J]. Social Science Electronic Publishing, 2006.

[94] Robert Koopman, Zhi Wang and Shang-Jin Wei. Tracing Value-added and Double Counting in Gross Exports [J]. American Economic Review, 2014, 104: 459 - 494.

[95] Schmookler, J. The changing efficiency of the American economy, 1869 to 1938 [J]. Review Of Economics And Statistics, 1952, 34.

[96] Severine Blaise. On the link between Japanese ODA and FDI in China: a microeconomic evaluation using conditional logit analysis [J]. Applied Economics, 2005, 37: 51 - 55.

[97] Steve Kapfer, Rich Nielsen, Daniel Nielson. If You Build It, Will They Come-Foreign Aid's Effects on Foreign Direct In-vestment [E]. 65th MPSA National Conference, 2017.

[98] Timmer M P , Los B , Stehrer R. Fragmentation, incomes and jobs: an analysis of European competitiveness [J]. Working Paper Series, 2013.

[99] Wijnbergen S. V. 1985. Optimal Taxation of Imported Energy Under Price Uncertainty [J]. Qxford Economic Papers, 1985, 1: 83 - 92.

[100] Woods N. Whose Aid? Whose Influence? China, Emerging Donors and the Silent Revolution in Development Assistance [J]. International Affairs, 2008, 84 (6): 1205 - 1221.

[101] Xu Jiajun and Richard Carey. China's Development Finance: What Issues for Reporting and Monitoring Systems? [J]. IDS Bulletin, 2014, 45 (4): 102 - 113.

[102] Zhao, X. , Lynch Jr. , J. G. , & Chen, Q. Reconsidering Baron and Kenny: Myths and truths about mediation analysis [J]. Journal of Consumer Research, 2010, 37: 197 - 206.

[103] Zhi Wang, Shang-Jin Wei, and Kunfu Zhu. Quantifying International Production Sharing at the Bilateral and Sector Levels [J]. NBER Working Paper 19677, 2013.

[104] Zhi Wang, Shang-Jin Wei, Xinding Yu and Kunfu Zhu. Characterizing Global Value Chains: Production Length and Upstreamness [J]. NBER Working Paper 23261, 2017a.

[105] Zhi Wang, Shang-Jin Wei, Xinding Yu and Kunfu Zhu. Measures of Participation in Global Value Chains and Global Business Cycles [J]. NBER Working Paper 23222, 2017b.

致　谢

三年来我的学习生活磕磕绊绊，收获颇丰。致谢二字简短，难以道尽我对学生时光的感慨，亦不能将感谢之情一一传达，谨以有限篇幅，致以我最高的敬意与最诚挚的感谢。在此感谢中国人民为抗击新冠疫情所做出的不懈努力和伟大牺牲，这些都已融入我的人生底色，任何困境都不能轻易将我打倒。感谢马克思与恩格斯给予我的政治理论教育，感谢卡尔波兰尼、哈耶克和萨缪尔森等一众大师的经济学遗产，感谢约翰纳什和罗杰迈尔森等杰出学者的博弈理论框架，感谢你们将闪耀璀璨、攀至云端的学术理论回归社会价值和人本身，告诉我推动社会进步的从来都是赤子之心。感谢我的父母、朋友及老师在我人生道路上给予我关心与帮助，感谢你们对我的付出与教诲，你们赋予了我生活的意义，是我最宝贵的财富。最后衷心祝愿我自己，在今后依然能够坚持乐观、理性与奋进，永远以饱满和开放的精神面对辽阔但有限的人生。“生活就像海洋，只有意志坚强的人，才能到达彼岸”，谨以此句与君共勉。

论文短评

点评人：耿纯

“对外援助”是政治、经济、外交、社会等多个领域共同关注的话题，也是学术界长期和持续的研究重点。大量实证研究考查受援国的经济发展、社会环境、贸易水平等情况，而对外援助行为对援助国自身的影响受到的关注相对较少。中国的对外援助已开展了 70 余年。新中国成立之初，中国在自身财力十分紧张、物资相当匮乏的情况下就开始向其他发展中国家提供经济技术援助，并逐步扩大援助范围。改革开放以来，随着中国经济不断发展壮大，中国对外援助的规模稳步扩大、方式不断创新、效益日益明显。2020 年底，国家国际发展合作署举办了中国对外援助 70 周年线上图片展，回顾了中国对外援助 70 年历程，从“加强基础设施建设”“促进工农业发展”“推进全球卫生事业”“发展教育事业”“促进公共事业发展”“应对气候变化”“加强能力建设”“紧急人道主义援助”“开展国际合作”九大方面回顾中国对外援助 70 年发展历程，展示中国对外援助成果。70 年来，中国作为一个发展中国家，向 160 多个国家和国际组织提供不附加任何政治条件的援助，为国际发展合作事业做出了积极贡献，赢得国际社会特别是发展中国家的广泛赞誉。

回顾中国对外援助 70 余年的发展历程可以发现，中国的对外援助至少有如下两个明显特点：一是平等互利，不附带任何政治条件；二是充分吸收借鉴中国自身的发展经验，侧重金融支持和基础设施建设。关于中国对外援助的研究，正如胡泽宇同学在其文章中所述，“国内在援助有效性领域的研究主要集中在受援国经济增长（汪文卿和赵忠秀，2014；冯凯等，2021、2022；）、促贸效应（朱丹丹和黄梅波，2015）、减贫效应（杨攻研等，2021）、投资效应（黄友星等，2020）、减少冲突（李嘉楠等，2021）等领域”。以受援国为研究对象的研究选题，有助于提供关于援助效应的广泛认识，但是“对外援助”一词本身，似乎就天然地含有援助国与受援国双方地位不平等的意味。

中国共产党第十八次全国代表大会以来，中国对外援助步入新时代。

习近平主席从全球视角思考责任担当，提出构建人类命运共同体和“一带一路”的重大倡议，倡导正确义利观和真实亲诚、亲诚惠容理念，在一系列重大国际场合宣布了诸多务实合作举措，为破解全球发展难题，推动落实联合国2030年可持续发展议程提出中国方案、贡献中国智慧、注入中国力量。2018年中国成立国家国际发展合作署，标志着中国对外援助顺应时代要求，向国际发展合作转型升级，呈现新气象、实现新发展、进入新时代。2021年中华人民共和国国务院新闻办公室发布的《新时代的中国国际发展合作》白皮书改变了以往西方话语体系中将援助国称为“Donor Countries”（意为给予和捐赠的国家）、受援国称为“Recipient Countries”（意为接受捐赠的国家）的英文翻译，首次采用“伙伴国家”（Partner Countries）这一翻译，不仅体现对话语的重塑，也充分表达了中国认为援助双方是基于“伙伴关系”的合作理念（许志渝和宋天阳，2019）。

胡泽宇同学注意到了上述变化，他在文中写到“近些年来，中国致力于促进全球经济合作，以‘一带一路’为核心的南南援助框架逐渐成熟，伴随着中国与伙伴国之间关系的不断加深，对外援助的边界在拓展和模糊，大量以政府资金为主导的经济合作项目蓬勃发展，这其中不乏援助各国基础设施建设，修建电站、公路、学校等，同时中国还和各国积极签署贸易协定，尽可能将伙伴国纳入互惠合作的贸易框架中来，通过降低贸易壁垒和成本加深彼此的贸易合作”。但是胡泽宇同学的论文仍旧是从援助国的视角出发，不过，如果将这一研究与已有关于对外援助对援助国与受援国之间贸易关系的研究放在一起，则有助于我们理解中国对外援助实践的发展，以及由对外援助到国际发展合作理念的根本变化。

胡泽宇同学的论文条理清晰、结构完整，从对外援助对援助国的经济影响和全球价值链地位提升的影响机制两方面对已有研究进行总结，提出了有待验证的两个研究假说，并将理论分析和实证研究相结合，通过多项稳健性检验、异质性分析和机制分析得到了较为可信的研究结论，并据以提出进一步完善我国对外援助制度的政策建议，是一篇比较规范的学位论文。

总体上，胡泽宇同学的论文从全球价值链的视角考查中国对外援助支出在促进贸易活动方面的影响，进而总结中国财政援助支出的成果和经验，有助于拓展我们关于中国对外援助支出效应的认识，也让人不由得想到中国古语中的那句“赠人玫瑰，手有余香”。《中华人民共和国国民经济和社会发展第十四个五年规划和2035年远景目标纲要》第四十二章“积极参与全球治理体系改革和建设”中提出“积极发展全球伙伴关系，推进大国协调和合作，深化同周边国家关系，加强同发展中国家团结合作……深化对外援助体制机制改革，优化对外援助布局，向发展中国家特别是最不发达国家提供力所能及的帮助，加强医疗卫生、科技教育、绿色发展、减贫、人力资源开发、紧急人道主义等领域对外合作和援助”。因此，对这一研究的进一步深入和拓展可以考虑如何在系统总结中国从对外援助到国际发展合作的转型升级经验的基础上，进一步完善中国的国际合作机制，更好促进国际交流与合作，以中国式现代化发展经验带动其他发展中国家共同发展。